성공은 당신 것

성공은 당신 것

SUCCESS is FOR YOU

부와 성공을 이끄는
마음의 힘 사용법

데이비드 호킨스

박찬준 옮김

David R.
Hawkins

판미동

차례

SUCCESS is FOR YOU

저는 완전히 뜻밖의 행운으로 데이비드 호킨스 박사를 알게
되었습니다.

2004년, 아내와 영국 웨일스 지역에 머무를 때였습니다. 거기
서 새 친구를 사귀었는데 이 친구가 곧바로 영성을 논하기 시작
했습니다. 제게 어떤 영성 책을 좋아하냐고 묻기에, 저는 제가 마
음속으로 따를 수 있는 영적인 길에 끌리고 영적 성장에 책이 중
요한 역할을 하긴 하지만, 현재 영적 성장을 주제로 독서하는 시
간은 얼마 안 된다고 했습니다. 그랬더니 그 친구는 영성 분야에
서 자기가 유일하게 추천할 만한 저자는 데이비드 호킨스 박사

라고 말해 주었습니다.

한 달쯤 뒤에 『의식 혁명』 한 권이 우편함으로 배달되었고, 그 직후 저는 친구와 애리조나주 세도나에서 만나 호킨스 박사의 강연에 참석했습니다. 그가 한 시간 남짓 강연하고 잠시 휴식 시간이 있었을 때, 저는 바로 밖으로 나가 눈물을 흘렸습니다. 감사하는 마음에서 나온 눈물이었습니다.

이후 몇 년은 아내와 함께 사업을 키우고 아들 다섯을 기르는 가운데 빠르게 지나갔습니다. 하지만 우리는 시간을 내서 호킨스 박사 강연에 참석했고, 결국에는 자원해서 뭐든 가능한 대로 도왔습니다. 호킨스 박사가 80대 나이에 이른 뒤로 연중 강연 횟수는 줄었지만, 그가 말을 할 때면 삶의 질을 높여 주는 메시지가 변함없이 귀에 쏙쏙 들어왔습니다.

2012년에 '박사님'이 돌아가셨을 때는 가슴이 미어졌습니다. 그는 저와 수많은 이들에게 신이 주신 선물이었고, 지금도 그러합니다. 그리고 2015년에 박사님이 미출간 원고를 남겨 놓으셨음을 알게 되었습니다. 제목이 『성공은 당신 것 *Success Is for You*』이었습니다. 저는 평생 사업을 한 사람으로서 성공과 실패를 모두 확실하게 경험했기 때문에 이 주제에 관해 박사님이 하신 말씀을 읽고 싶어 안달이 났습니다.

오래전에 '일루미네이션스'라는 회사의 주인이었던 시절, 저는 스타벅스가 소기업에서 세계적 브랜드로 성장하는 데 크게 기여한 대단한 남자와 함께 일했습니다. 어느 날 그는 "역할이 하나인 삶"이 중요하다는 이야기를 했습니다. 사람들은 대개 맡은 역할이 많다고 했습니다. 직장에서 하나, 집에서 하나 맡고 있고, 영적인 삶에서도 하나 맡고 있다는 것이죠. 그가 깨달은 사실은 이랬습니다. 자신이 어떤 사람인지를 알고, 일련의 명확한 가치관들을 삶의 모든 활동에 똑같이 적용할 때, 사람은 최상의 능력을 발휘한다는 것입니다.

호킨스 박사의 많은 저작은 우리가 맡고 있는 하나의 역할, 즉 '나는 어떤 사람인지'를 알아내어 우리가 삶에서 겪는 모든 경험의 맥락으로 삼는 데 도움이 됩니다. 이 새로 발견된 책 속에서 그는 세상살이를 해석해서, 보편적 원칙이란 어떤 것이며 지각된 겉모습은 실제 본질과 어떻게 다른지 누구나 공감할 현실적인 통찰을 보여 줍니다.

호킨스 박사의 저작에 익숙한 독자라면 『성공은 당신 것』에서 우리가 익히 알고 있는 사실들을 엮어 비즈니스와 성공의 세계를 보여 주는 그의 솜씨를 사랑하게 될 것입니다. 그가 들려주는 이야기에 미소를 지을 것입니다. 이를테면 라즈베리 비네그레트 드레싱만 고집스레 내놓는 식당 이야기가 나옵니다. 고객은 그냥 친숙한 사우전드 아일랜드 드레싱이나 블루치즈 드레싱을 원하는데도 말입니다. 한편 호킨스 박사를 잘 모르는 독자에게도 이 책은 완벽한 성공 입문서가 되어, 원하는 일에 집중해 성취할 수 있게 해 주는 심오한 통찰을 제공할 것입니다.

이미 사업체가 있는 이들에게 호킨스 박사는 우리가 시중들 고객은 오직 하나뿐이라고 하며 그 이유를 설명합니다. 또한 조만간 일이나 사업을 시작할 생각이 있는 독자들에게도 이 책은 매우 귀중한 자산이 될 것입니다. 책을 읽은 다음에는 항상 손닿는 곳에 두기를 권합니다.

저는 원고를 받자마자 읽고 나서 여기에 나오는 원칙을 제 삶에 적용하겠다고 결심했습니다. 읽으면서 과거에 어떠어떠한 자질이 발휘될 때 생활인으로서 삶이 가장 만족스러웠는지 생각났습니다. 또한 책을 읽은 덕에 제가 어디서 미궁에 빠졌는지 알게 되어 벗어나기도 했습니다.

몇 달 뒤였습니다. 제가 일로 상당한 스트레스를 받고 있었더니 아내가 박사님 원고를 다시 읽어 보라고 권했습니다. 솔직히 그 순간에는 아내의 권유가 거슬렸지만 다음 날 원고를 집어 들고 일부를 다시 읽었습니다. 그러자 즉시 스트레스가 사라졌습니다. 그 뒤로 제 책상에 『성공은 당신 것』을 둘 지정석을 마련하기로 했습니다.

이 책을 일과 인생을 위한 기본 지침서로 삼기를 권합니다. 이 책을 쓴 이는 위업을 성취한 겸손한 사람이었습니다. 타인을 돕는 데 자신의 재능을 바쳤고, 그 과정에서 세계적으로 유명한 병원을 세운 비범한 사람이었습니다. 게다가 누구를 보든 지금 이 순간 내면에서 어떤 사람인지를 꿰뚫어 봤던 영적인 사람이었습니다.

저는 호킨스 박사를 만난 것에 영원히 감사하는 마음입니다. 그래서 이 추천의 말을 써 달라는 청을 받고 황송했습니다. 이 글을 접하는 것이 영원한 메시지를 소개받는 행운의 순간이 되기를 기도합니다. 우리의 가능성을 일깨우는 친절한 메시지가 이 책에 있습니다. 읽는 이에게 영원한 도움이 될 것입니다.

— 월리 아놀드
팝코노폴리스·일루미네이션스 창업자
캘리포니아주 샌타모니카에서

편집자의 말

성공하고 싶지 않은 사람이 있을까요? 평범한 수준을 열망하
거나 심지어 일부러 실패하고 싶어 하는 사람이 몇이나 있을까
요? 아무도 없을 것입니다. 그렇다면, 모두가 성공을 원한다면,
세상에서 진정한 성공을 거두는 사람이 그토록 적은 까닭은 무
엇일까요? 이 책에서 호킨스 박사는 이 문제를 탐구해 진정한 성
공의 원천은 세상 속에서 존재하는 우리의 태도에 있음을 밝히
고, 그곳으로 우리를 인도할 실용적 지침을 제공합니다.

이 책의 원고는 1991년에 쓴 것입니다. 이후로 기술 면에서 세
상의 거의 모든 것이 바뀌었습니다. 인터넷 접속이 전 세계에 보

급됨에 따라 이전의 많은 정보 시스템은 더 이상 쓸모가 없어졌습니다. 그럼에도 불구하고 이 책에서 말하는 성공을 위한 기본 원칙은 별로 바뀐 것 없이 그대로임을 알게 될 것입니다. 호킨스 박사는 우리에게 이 불변의 원칙을 직접 시험해 보라고 권합니다.

읽다 보면 호킨스 박사가 제2차 세계대전 참전 용사, 정신과 의사, 과학자로서 겪은 개인적 경험을 예로 들어서 주장하고 싶은 바를 분명하게 보여 준다는 점을 알게 될 것입니다. 그가 활용하는 사례 가운데 일부는 당연히 이전 시대를 반영합니다.(현재 자동 응답기를 사용하는 극장이 몇이나 되겠습니까?) 이렇듯 최신 기술로 인해 무색해진 것들을 언급함에도 불구하고 그가 주장하는 바는 유효합니다. 저자의 유머와 가식 없는 소통 스타일 덕분에 독자는 이 책을 읽는 내내 저자가 펼쳐 놓는 여정을 함께하는 기분을 느낄 것입니다.

호킨스 박사는 평생토록 사람을 사랑하는 데 헌신했습니다. 불필요한 고통을 줄여 주었고, 성공하도록 도움을 주었습니다. 그가 평생에 걸쳐 이룬 상당히 많은 일들은 그의 존재 자체에서 비롯한 것이자 그가 진실성에 바탕해 활동했음을 나타내는 것이었습니다. 호킨스 박사는 손을 댄 거의 모든 일에서 성공했습니다. 따라서 그가 이 책에서 설명한 원칙은 수십 년에 걸친 삶의 경험과 수많은 사업상의 모험에서 나온 것으로, 그 효과가 입증된 것입니다. 엄청나게 성공한 이들이 대개 그렇듯이 호킨스 박사는 겸손하고, 말 붙이기 쉽고, 친절하고, 관대하고, 인정이 많고, 다정하고, 기쁨이 넘치고, 유머러스하고, 모든 형태의 생명에 힘이 되어 주는 사람이었습니다. 그와 한자리에 있는 일은 너무나 큰 선물이었습니다.

가슴 깊이 감사하는 마음에서, 진정으로 성공을 원하는 모든 이에게 이 책을 권합니다.

— 다너 라빈슨 박사

편집자

명성과 부를
얻는 길

SUCCESS is FOR YOU

여러분이 이 책을 샀다니 너무 기쁩니다. 왜냐고요? 저는 인생의 낙이 사람들에게 기쁨을 주고, 그들이 성장하고 번성해서 성공하는 과정을 지켜보는 것이라 그렇습니다. 이제 제 성공 비결은 여러분 것이 되었습니다.

성공을 주제로 하는 책에서는 대개 성공하는 '방법'을 설명합니다. 그런데 세상에는 세 가지 수준의 삶이 있습니다. '소유having'가 중요한 삶, '활동doing'이 중요한 삶, '존재being'가 중요한 삶입니다. 많은 저자가 '활동'하는 방법만 설명하지 '존재'하는 태도를 바꿔 '소유'도 잘 할 수 있는 방법은 설명하지 않을 것입니다. 성공은 사실 명성이나 부와는 아무 관련도 없습니다. 성공은 관심의 수준에 달려 있는 일입니다. 그래서 성공한 사람이 '되기'만 하면 '소유'는 자동으로 따라옵니다.

세상을 둘러보면 성공하려고 정신없이 분투하는 사람들이 보입니다. 그들은 모두 '소유'하길 원하는 수준에 있습니다. 그들은 어떤 것을 얻는 방법이 그것을 욕망한 다음에 미친듯이 일하는 것이라고 생각합니다. 그들이 '활동'하는 이유는 오직 '소유'하려는 데 있습니다. 이런 관심의 수준에서 사람들은 시장에서 경쟁하며 한 해 한 해를 기진맥진하게 살아갑니다. 약간의 성공을 거둘 수도 있고, 못 거둘 수도 있습니다.

성공이란 어떤 것일까요? 음, 저는 누가 큰돈을 벌었다고 하면 놀라지 않습니다. 오히려 누가 큰돈을 벌지 못했다고 하면 놀랍니다.

부유하고 유명해지기는 너무나 쉬운 일입니다. 손바닥 뒤집듯이 쉬운 일입니다. 그래서 세상에서 분투하고, 고통받고, 성과 없이 희생하고, 실패로 이어질 것이 뻔한 길을 따라 뱅뱅 돌고 있는 이들을 보면 가슴이 아픕니다.

우리는 새로운 사업체가 잘 될지 안 될지를 개업 시점에서 바로 알 수 있습니다. 실패의 전형적 특징이 이미 드러나 있기 때문입니다. 장소가 잘못되었거나, 위치가 잘못되었거나, 상호가 잘못되었거나, 사업 동기가 잘못되었거나, 상품이 잘못되었거나,

개업 시점이 잘못되었거나, 이미지가 잘못되었거나, 마음가짐이 잘못되었거나, 종업원이 잘못되었거나, 색상이 잘못되었거나, 디자인이 잘못되었거나, 분위기가 잘못되었거나, 음악이 잘못되었거나, 음식이 형편없거나, 서비스가 형편없거나, 대기 시간이 길거나, 품질이 떨어지거나, 포장이 조잡합니다. 나아가 최악의 오류는 개인적 이득만을 위해 생활에 필요한 편익은 제공하지 않고 사람들을 이용하려는 의도가 빤히 보이는 것입니다.

우리는 이 모든 특징을 다시는 안 갈 식당, 기피하는 가게, 불쾌하게 구는 종업원, 건성으로 이루어지는 사업상 거래, 달리 이용할 수 있는 데가 없어 이용하는 곳들에서 목격합니다.

이렇듯 우리는 남들의 사례에서 많이 배울 수 있습니다. 그래서 이제부터는 사례를 들어 이야기할 텐데, 사례마다 어떤 일이 있었는지 알아보는 데 그치지 않고 어떤 원칙이 담겨 있는지 알아볼 것입니다. 즉 이 책은 원칙을 다룹니다. 핵심을 다룹니다. 지극히 정밀하게 맞춘 초점을 다룹니다.

성공은 '밖'이 아니라 '안'에 있다

임상 진료를 맡았을 때 제가 직접 '허리 천자^{腰椎穿刺}'를 해야 했던 짧은 기간이 있었습니다. 허리 천자는 아래쪽 척추의 척추뼈 사이에 주삿바늘을 꽂는 일과 현미경으로 들여다볼 뇌척수액 몇 방울을 뽑는 일로 이루어집니다. 저는 주립 병원에서 쌓은 경험이 있었습니다. 그곳에서는 입원 환자가 들어올 때마다 허리 천자를 해야 해서 사실 저는 몇 년간 수천 번 이 일을 했습니다. 제 개인 병원에서는 허리 천자 한 번에 100달러를 청구하기로 했습니다. 한번은 환자가 몇 분밖에 안 걸리는 일에 왜 그렇게 많이 청구하느냐고 불평하기에 사실대로 밝혔습니다. "주삿바늘을 꽂는 데 5달러, 정확히 어디에 꽂을지를 알아내는 데 95달러입니다." 그러자 환자가 웃었습니다. "그렇군요, 선생님, 알아들었습니다."

'알아듣는다get it'는 것은 능력이 있음을 의미합니다. 눈에 보여주고, 실행하고, 현현하고manifest, 만들어 내고, 구체화할 능력, 세상에서 어떤 일이 일어나게 할 능력이 있음을 의미합니다. 좋은 아이디어가 넘치는 사람들은 많지만 그들의 삶에서는 아무 일도 생기지 않습니다. 그들은 어떤 일이 일어나게 할 파워power*가 없습니다.

*파워*라는 단어에 주목하기 바랍니다. 파워는 우리에게 대단히 중요한 단어이자 이 책에서 논하는 모든 것을 이루어 줄 핵심 비결이 될 것입니다. '소유'하기, '활동'하기, '존재'하기의 실제 차

---

* '능력'이나 '권능'을 의미한다. 저자의 중요 어휘이므로 번역하지 않고 외래어 발음대로 표기한다.(이하 모든 각주는 옮긴이의 주석)

이는 파워에 있습니다. 우리는 이제 파워에 대해 알아보고 그것이 어떤 것인지 알아낼 것입니다. '어떤 일이 일어나게 하는' 비밀의 구성 요소가 파워라는 점을 배울 것입니다.

열두 명에게 똑같은 아이디어가 있어도 한 명만이 아이디어대로 일이 일어나게 합니다. 어떤 차이가 있을까요? 우리는 여러 사람으로부터 똑같은 조언을 받는 경험이 다들 있습니다. 그러다 어느 특정 사람이 그 조언을 하면 딩동댕~! 이제 우리에게 조언이 먹힙니다. 흔히들 "그전까지는 준비가 안 되어 있었다."고 이유를 댑니다. 사실은 진정한 파워가 있는 사람이 우리로 하여금 준비가 되어 있도록 한 것입니다. 그런 사람은 우리의 저항, 우리의 심사숙고, 우리의 질질 끎, 우리의 뒤로 미룸, 우리의 망설임, 우리의 의심, 우리의 혼란, 우리의 '만약에', '그러면', '하지만'을 모두 극복할 파워가 충분합니다. 그래서 어떤 일이 우리에게 명백해 보이도록 해 줍니다. 파워가 있는 사람이 하는 말에 귀를 기울이고 나면 우리는 어떤 것이 맞는 이야기인지 마음속에서 늘 알고 있었다는 느낌이 듭니다. 우리는 늘 알고 있었습니다. 그러나 파워가 있는 사람은 우리로 하여금 마음속에 이미 있던 것을 다른 맥락에서 새삼 의식하게 만드는 능력이 있습니다. '아하'가 일어나는 맥락입니다.

이 '아하' 체험은 특급 수준의 파워를 나타냅니다. 우리가 어떤 것을 '알아듣는' 것은 그 어떤 것의 전압이 방금 증가한 덕분입니다. 이 현상을 직관적으로 보여 주는 것이 머리 위에서 전구가 켜져 빛을 발하는 그림입니다. 빛은 파워이자 에너지입니다. 이 행성에 있는 모든 에너지는 어떤 형태로 나타나 있든 간에 빛을 거쳐서 나온 것입니다. 파워는 빛 속에 있습니다.

이 책에는 파워가 들어 있습니다. 읽는 사람을 일깨워 가뿐히 출발시킬 만한 파워입니다. 실은 수십 번도 출발시킬 만한 파워입니다. 명성과 부는 이미 우리 내면에 있으니, 우리는 발견하러 나서기만 하면 됩니다. 그러면, 이 책을 읽으면 왜 내면에 있는 것을 발견할 수 있을까요? 이 책을 제대로 읽고자 하면 의식이 깨어나기 때문입니다. 의식이 깨어나면 생기가 생깁니다. 이 생기, 생명 에너지 자체가 확실하게 성공하는 비결입니다. 그래서 성공의 비결은 우리 내면에 있다고 하는 것입니다.

'소유'하기, '활동'하기, '존재'하기의 차이를 보여 주는 사례를 살펴봅시다. 총명하고 성공도 한 전문직 남성이 있었습니다. 이 사람은 나이 오십이 되도록 춤추는 법을 배우지 못했습니다. 그 나이가 되도록 댄스 플로어에는 기계적으로 올라갈 뿐이었습니다. 춤추자고 끌려 나오면 음악에 맞춰 몸을 이리저리 흔들긴 했는데, 그나마도 어색하게 남의 시선을 의식하며 정말 간신히 했습니다. 댄스 교습은 수도 없이 받았습니다. 그렇지만 여전히 춤도 못 췄고 다른 사람들 얼굴에서 보이는 환희와 느긋한 행복도 느껴 보지 못했습니다. 60년대에는 디스코 음악이 등장했고 즉

흥적으로 춤추는 프리스타일 댄스가 인기를 얻었습니다. 네, 사교댄스인 폭스트롯 추는 것도 겁나는 판에 댄스 플로어에 올라가 프리스타일로 '거리낌 없이 감정을 표출하는' 것은 이 남자에게 더더욱 불가능한 일이었습니다.(지르박도 전혀 못 추었습니다.)

어느 날 남자가 사교 모임에 참석했더니 그곳에서는 록 음악을 연주하고 있었습니다. 남자는 웬 여자가 달려들어 춤추자고 끌어낼까 봐 겁이 나 댄스 플로어 근처를 피했습니다. 이때 아는 여자가 다가와 말했습니다. "어서 나오세요, 춤추실 수 있어요." "아뇨, 못 춰요. 해 봤어요. 춤은 도저히 안 돼요."

여자는 남자가 근처 댄스 연습장에서 디스코 춤 교습 과정을 막 마친 참이고 결과는 전혀 없었다는 사실을 알고 있었습니다. 여자는 웃었습니다. "방법을 알려 드릴게요." 그러더니 마술과도 같은 말을 했습니다. "발은 보지 마세요. 제 얼굴을 보세요. 제가 몸을 움직이는 식으로 그냥 몸을 움직이고 다리나 발에는 신경 끄세요. 발은 자동으로 딱딱 맞게 움직일 거예요."

남자는 여자의 표정과 몸 놀리는 방식에 진지하게 집중하기 시작했습니다. 조언대로 다리와 발에는 신경을 껐습니다. 아니나 다를까, 여자의 몸자세가 눈에 익자 남자는 어느새 춤을 추고 있었습니다! 정말 아무것도 아니었습니다. 힘이 들지 않았습니다. 춤춘다는 생각도 하지 않았습니다. 춤이 그냥 '저 스스로' 시작되고 일어났습니다. 남자는 마치 늘 방법을 알고 있었던 것처럼 춤추기 시작했습니다. 자동이었습니다. 환희로웠습니다. 새처럼 자유롭게 느껴졌습니다. 갑자기 남자는 너무나 도취되어 믿기지가 않았습니다. 환희와 해방감과 에너지가 솟는 것이 느껴졌습니다. 그날 밤 그는 어지러울 정도로 춤을 추었습니다!

춤 잘 추고 싶은 갈망을 억압하고 충족하지 못한 채로 오랫동안 마음고생한 시간은 이제 다 끝났고, 남자는 잃어버린 시간을 벌충하기 시작했습니다. 매일 밤 디스코텍에 갔고, 새벽 3시 전에 잠자리에 드는 일이 드물었습니다. 몇 년을 그랬습니다. 그저 춤을 멈출 수가 없었습니다. 남자가 밤에 서너 시간만 자고도 낮에는 여전히 이전처럼 할 일을 다 하며 사는 것을 보고 다들 놀랐습니다. 말하자면 남자는 솟아오르는 에너지에 그냥 올라타고 있었을 뿐이고, 그 사실이 환희로 나타나고 있었습니다.

이 남자의 친구는 댄스 교사가 아니었지만 전문가들이 수년 동안 못 해낸 일을 몇 초 만에 해냈습니다. 이 사례에 이 책이 전하는 비결이 담겨 있습니다. 이 책은 자동으로 힘들이지 않고 춤추는 비결을 전합니다. 명성과 부는 그와 같습니다. 얻는 데 힘이 들지 않습니다. 환희가 따릅니다. 명성과 부를 얻는 일은 우리가 '어떤 것을 알아들은 get it' 결과로 일어납니다. 남자는 이제 춤추는 법을 알았으므로 춤이 그냥 일어나게 했습니다. 남자는 시각적인 사람이 아니었지만, 춤추고 있으면 손과 몸이 움직이는 길을 따라 어떤 패턴이 마음에 떠오르기도 했습니다. 남자에게 이런 유의 일이 일어난 적은 결코 없었습니다.

남자는 또한 '수피 댄스''를 추는 비결을 알게 되었습니다. 춤을 출수록 에너지가 더 생긴다는 사실도 알게 되었습니다. 한 무리의 사람들과 디스코를 추러 가면 같이 춤추던 여자들이 차례로 지쳐 버리곤 했습니다. 탈진해서 댄스 플로어에서 내려갔습니다. 남자는 춤을 오래 출수록 파워와 에너지가 늘었습니다. 지칠 줄을 몰랐습니다. 그만 춤추고 집에 가는 유일한 이유는 디스코텍이 문 닫을 시간이 되었기 때문이었습니다. 밤새도록 출 수도 있었습니다. 내적 파워가 '무제한'이었습니다.

남자는 춤을 출 때 몸이 어떤 내적 균형 상태에 이르러 마치 보이지 않는 중심 주위를 도는 것처럼 된다는 사실을 알게 되었습니다. 남자가 균형을 유지하는 모습은 꼭 팽이 같았습니다. 팽이는 일단 돌기 시작하면 힘들이지 않고 돕니다. 이것이 그가 춤춘 방법입니다. 에너지가 소모되지 않을 뿐만 아니라 오히려 증가했습니다. 실제로 남자는 몇 시간을 춤출 수도 있었는데, 아마 끝없이 출 수도 있었을 것입니다. 식사하거나 화장실에 가려면 멈춰야 했을 텐데 그럴 필요조차 느끼지 못했습니다. 몇 시간 동안 춤을 춰도 내면의 체험은 전혀 바뀌지 않았기 때문이었습니다.

이 남자는 거의 매일 밤 함께 춤추러 가는 무리가 있었습니다.

---

* 수피(Sufi)는 이슬람교 신비주의 분파의 수행자이며, 수피 댄스는 수피들이 의식에서 추는 팽이처럼 빙글빙글 도는 춤이다.

무리 중에는 처음 함께 춤을 추었던 그 여자가 있을 때가 많았습니다. 이들은 시내의 주요 디스코텍에서 유명해졌습니다. 디스코텍 주인들은 두 사람이 오기를 맨날 고대했습니다. 오면 입장료도 안 받고 들여보내고는 잘해 줬습니다. 디스코텍에서 사람들은 대개 우두커니 서서 한잔하며 춤추러 나설 용기를 내려고 애씁니다. 댄스 플로어에 오르는 첫 커플이 되는 일이 어떤 것인지 우리는 알죠. 다들 플로어에 맨 먼저 나서기를 꺼립니다. 이때 디스코텍 주인이 두 사람에게 고개를 끄덕이면 이들은 환희에 찬 상태로 힘들이지 않고 미끄러지듯 댄스 플로어에 올랐습니다. 그러면 그 높은 환희의 상태가 장내의 모든 이에게 영향을 미치는 듯했습니다. 갑자기 무대의 조명이 환하게 들어온 듯했습니다. 그리고 관중은 한동안 지켜보기만 했습니다. 내놓고 말하자면 이 커플은 정말 대단했기 때문이었습니다.

이처럼 명성과 부에 이르는 중간 단계는 없습니다. 어떤 것을 알아듣는 순간 우리는 그것을 얻은 것입니다. 얻은 바를 밖으로 나타내 그것이 세상에 등장하는 것을 지켜보는 일은 이미 일어난 일에 따라오는 결과일 뿐입니다. 성공은 '이 안'에서 이미 일어난 일에 따라오는 결과로 '저 밖'에서 일어나는 일입니다. 우리는 이미 최고의 비결 하나를 얻었습니다. *명성과 성공의 원천은 '이 안'에 있지 '저 밖'에 있지 않습니다!*

앞다투어 성공을 좇으면 왜 모두 헛일로 돌아가기 마련인지 이제 알 수 있습니다. 그렇게 하는 사람들은 엉뚱한 데서 성공을 찾고 있습니다. 애초에 '저 밖'에 있지 않은 것을 '저 밖'에서 찾고 있습니다. 그들은 사방에서 남들이 저 밖에서 갖고 있는 성공의 상징을 봅니다. 기다란 리무진, 고급 거주지, 사치스러운 옷, 자신에게 걸맞은 사교 클럽 등을 앞으로 분투해서 얻어야 한다고 결론을 내립니다. 그렇지만 성공의 숨은 비결은 희열에 있습니다. 눈덩이를 굴려 놓은 다음 편안히 앉아, 가속도가 붙어 커지는 눈덩이를 희열 속에서 지켜보는 것입니다.

성공은 노력이 아니라 부력浮力에서 나온다

이제 저는 여러분 모두가 성공하려고 그만 애쓰길 바랍니다. 저는 여러분이 '성공하는 법' 책을 다 던져 버리길 바랍니다. 저는 여러분이 친절하고 우호적인' 사람이 되길 바랍니다. 어이없게도 그저 친절하고 우호적이기만 하면 성공하려고 분투할 때보다 세상의 돈을 더 많이 벌 수 있습니다. 이 시점에서 제가 여러분에게 요구하는 것은 이것뿐입니다. 친절하고 우호적인 사람, 개방적인 사람이 되세요. 개방적인 것은 친절하고 우호적인 것

---

* 이 책의 핵심 개념인 'friendly'를 '친절하고 우호적인'으로 옮겼다.

에 포함됩니다. 그렇죠? 친절하고 우호적인 것에는 상대방에게 말할 기회를 주고 잘 듣는 것도 포함됩니다. 기꺼이 이렇게 하는 사람은 골칫거리가 생기지 않습니다.

저는 어렸을 때 해마다 여름 캠프에 가서 맥주병이 되어 버렸습니다. 수영하기가 겁났습니다. 방법을 알 수 없었습니다. 아무리 수영 강습을 받아도 여전히 맥주병이었습니다. 한번은 위스콘신주에 있는 호수로 친구들을 만나러 가서 함께 작은 돛단배를 타고 물에 나갔습니다. 그러다 애들답게 장난으로 몸싸움을 하기 시작했는데, 아차 하는 사이에 친구 셋이 저를 들어 올려 배 밖으로 던졌습니다. 저는 몇 초 동안 미친듯이 팔다리를 흔들다 말고 문득 마법과도 같은 순간을 맞았습니다. 제가 갑자기 물에 등을 대고 누워 발로 차면서 아래위가 뒤집힌 평영을 하기 시작한 것입니다. 원 세상에, 정말 아무것도 아니었습니다! 그냥 물에 떠서 한가하게 첨벙거리기만 하면 되었습니다. 힘이 들지 않았습니다. 환희로웠습니다. 저는 맥주병에서 돌고래로 변신했습니다. 모든 수영법을 다 할 수 있었습니다. 자동으로 평영을 하다가 자유형으로 바뀌더니 그다음에는 배영을 하고 있었습니다. 이 일이 있은 뒤로 저는 수영 전문가가 되었습니다. 이렇듯 진정한 성공은 물에 뜬 코르크 마개가 되는 것과 같습니다. 코르크는 광분하는 노력이 아니라 자체 부력으로 뜹니다.

이 책의 목적은 스스로 원하기만 하면 큰돈을 벌어 성공하고 유명해질 수 있다는 신념과 확신을 여러분이 '얻는' 데 있습니다. 명성과 부를 얻는 것은 공식을 갖고 있는 사람이라면 잠시 시간만 내면 되는 일입니다. 그리고 그것이 명성과 부가 여러분 것이 되는 길입니다. 여러분이 그동안 돈 많이 들여 참석한 주말 비즈니스 발표회, 의식 수련, 방법론 연수회는 모두 여러분이 지식을 얻는 데 기여했습니다. 그러나 이런저런 사실과 노하우를 얻는다고 성공이 보장되지는 않습니다. 관련된 다른 요인들이 있습니다.

이 비밀의 요인들이 우리가 이 책에서 탐구할 것들입니다.

1장

바나나를
잡으려면

SUCCESS is FOR YOU

원숭이를 우리에 넣고, 우리 바깥에 원숭이 손이 살짝 못 미치게 바나나를 둔 유명한 실험이 있습니다. 원숭이가 바나나를 보자마자 원숭이 뒤에서 우리 문이 열렸습니다. 그러나 원숭이는 눈앞의 창살들 사이로 팔을 뻗쳤습니다. 원숭이는 손이 살짝 못 미치는 데 있는 바나나를 움켜잡으려고 미친듯이 애쓰며 몸부림치다가 어깨가 빠질 지경이 되었습니다. 그렇게 몇 시간, 몇 주, 몇 달을 몸부림쳐도 바나나는 내내 손이 살짝 못 미치는 데 있을 것이었습니다. 원숭이가 바나나를 잡으려면 거기서 등을 돌리고 이미 열려 있는 문으로 나가기만 하면 되는데 말이죠.

알다시피 원숭이가 그렇게 '아하'를 얻어get 열려 있는 문을 보는 순간 성공은 자동으로 따라옵니다. 이미 일어난 일이 눈에 보이게 현현하기만 하면 됩니다. 열려 있는 문을 보는 순간 원숭이는 바나나를 가진 셈이나 마찬가지였습니다. 손에 쥘 수 있는 만큼 많이 가질 수도 있고 먹을 수도 있었습니다. 명성과 성공은 정확히 이와 같은 것이어서 우리가 어떤 것을 보는 순간에 일어납니다. 성공은 이미 일어난 일이 자동으로 현실에 나타나는 것입니다. 세상에서 명성과 성공이라 여기는 것은 이미 '일어난' 일을 상징하는 것이자 눈에 보이도록 밖으로 나타낸 것일 뿐입니다.

문제는 세상 사람들이 '저 밖'과 '이 안'을 혼동한다는 데 있습니다. 세상에서는 돈이나 성과, 기다란 리무진, 기타 성공에 따라오는 모든 것이 결과가 아니라 원인이라고 생각합니다. 그래서 사람들은 원숭이처럼 바나나를 잡으려고 분투합니다. 이제 주위를 둘러보면 수많은 사람들이 날이 가고 해가 가도록 바나나를 잡으려고 몸부림치는 모습이 보일 것이고, 왜들 그러고 있는지 알 만할 것입니다. 명성과 성공은 행복과 마찬가지로 직접적으로 추구할 수 있는 것이 아닙니다. 행복은 분투로 성취할 수 있는 것이 아닙니다. 행복은 내면에서 희열과 환희, 만족을 느끼는 데 따른 자동적 결과입니다. 행복은 어떤 유형의 사람이 되어 세상에서 어떤 태도로 존재하면서 삶을 대하면 자동으로 얻어지는 것입니다. 진정으로 행복한 사람은 형편이 어떻든 행복합니다.

저는 부자로서도 행복했고 빈털터리로서도 행복했습니다. 독신
자로서도 행복했고 기혼자로서도 행복했습니다. 학생으로서도
행복했고 선생으로서도 행복했습니다.

환희의 원천은 매 순간 속에 있습니다. '저 밖'에 있는 것과는
완전히 무관합니다. 명성과 성공도 정확히 그와 같습니다. 필연
적으로 일어나는 것입니다. 눈덩이는 굴려 놓기만 하면 비탈 아
래로 자동으로 내려갑니다. 그 외에는 더 해야 할 일이 없습니다.
정확성과 균형을 유지하는 데는 힘이 들지 않습니다. 파워는 힘
이 들지 않습니다. 파워는 우아함, 균형, 수월함, 자신감, 확신입
니다. 세상 사람들은 포스force*에 잘못 의존하고 있습니다.

야구 역사상 가장 위대한 타자들은 근육이 엄청난 것으로 유
명하지 않았습니다. 사실 역대 최고의 스타플레이어들보다 이두
박근과 어깨가 우람한 사람들은 수도 없이 많습니다. 야구가 포
스로 할 수 있는 일이었으면 그들 모두가 성공했을 것입니다. 경
쟁이 벌어지고 있는 시장을 둘러보면 모두가 자기 자신을 최대
한도로 강제하는 모습이 보일 것입니다. 그러나 파워는 그와는
다른 어떤 것입니다. 야구 배트의 운동량이 공의 운동량을 아주
정통으로 때려야 그 충격으로 날아간 공이 승부를 결정하는 법
입니다.

---

* '강제력'을 의미한다. 저자의 중요 어휘이므로 번역하지 않고 발음대로 표기한다.

포스가 아니라 파워를 갖춰라

앞으로 연구할 중요한 원칙 하나를 살펴보겠습니다. 포스와 *파워의 차이*는 무엇일까요. 이 차이를 아는 것이 결정적으로 중요합니다.

제2차 세계대전 때 독일 사람들은 당대 최강의 군사력을 결집했습니다. 아돌프 히틀러는 포스에 의지한 끝에 제정신을 잃고, 자멸을 초래하고, 실각하고, 죽음을 맞고, 인류의 혐오 대상이 되고, 전 국민에게 패배를 안겼습니다. 포스는 일정 기간 동안 성공의 환상을 불러일으킬 수도 있습니다. 그러나 자살한 유명인들 모두의 사례에서 볼 수 있듯이, 성공을 상징하는 것들은 성공의 참모습이 아닌 것이 명백합니다.

파워의 원천은 어디에 있을까요? 파워는 우리가 내면에 보유하고 있는 어떤 것입니다. 윈스턴 처칠이 영국 사람들의 의지에 불을 지폈을 때 그는 파워를 현현한 것이었습니다. 그 결과로 히틀러의 포스는 파워를 만났습니다. 그리고 포스는 파워를 만나면 항상 집니다.

이 원칙을 한결 더 명확히 설명할 수 있는 예를 들어 봅시다. 그 예는 바로 마하트마 간디의 파워가 대영제국의 포스와 만난 일입니다. 이 마주침으로 충돌한 시점에서 대영제국은 세계 역사상 최강의 포스였습니다. 대영제국은 지구의 3분의 2를 다스

렸지만 몸무게 40킬로그램의 '갈비씨'에게 무릎을 꿇었습니다. 그들의 지배 체제에서 '유색 인종'으로 폄하되던 이였습니다. 포스와 파워의 차이를 이해하는 사람이라면 그 이해에 바탕해 대영제국의 몰락을 예견할 수 있었을 것입니다. 마하트마 간디는 보편적universal 진리에서 나온 원칙에 바탕했습니다. 애초에 동등하게 창조되었기에 모든 인간은 동등하다는 원칙입니다. 이 원칙은 미합중국 헌법에 파워를 부여하는 원칙들과 동일한 것입니다. 그리고 보편적 원칙은 한계 없는 파워와 같습니다.

　대영제국을 움직인 것은 사리사욕이었고, 사리사욕은 힘에 한계가 있습니다. 대영제국은 인류 전체에 기여한다는 원칙이나 생명에 이바지한다는 원칙처럼 파워가 엄청난 보편적 원칙에는 관심이 없었습니다. 대영제국 자체의 이익을 추구하는 데만 관심이 있었습니다. 대영제국에서 인상적인 모습을 보여 줬지만 그 자체로 한계가 있는 포스가 마하트마 간디의 의지가 지닌 한계 없는 파워, 인도 사람들의 의지를 굳게 다지고 하나로 모아 불을 지핀 파워와 만났을 때, 대영제국의 패배는 필연적인 일이었습니다. 역사책에 기록된 정치적 사건이나 여타 모든 일은 결과일 뿐입니다. 원인이 아닙니다.

　정말로 중요한 첫 번째 비결은 원인과 결과에 대해 세상 사람들과 반대로 이해하는 것입니다. 원인은 파워로서 '이 안'에 있습니다. '저 밖'에 보이는 것들은 결과에 지나지 않습니다. 결과는 자동으로 따라옵니다. 삶을 좌우하는 보편 법칙으로 인해 따라올 수밖에 없습니다. 세상 사람들이 결과를 부러워하는 것은 엉뚱한 것을 부러워하는 것입니다. 그러면서 모방하려고 애쓰지만 모방할 것을 잘못 알고 있습니다. 자신의 삶에서 모방으로 효과를 보려면 결과가 아니라 원인을 모방해야 합니다. 바나나 소유는 결과입니다. 결실입니다. 결과는 성공의 '저 밖'에 있는 것인데 반해 성공은 오직 '이 안'에 있는 것에서 비롯합니다.

성공의 비결은 열려 있는 문을 발견하는 '아하' 체험에 있습니다. 우리는 이 비결만 있으면 세상에 그것을 현현하는 데서 즐거움을 얻을 수도 있고, 현현하지 않는 데서 즐거움을 얻을 수도 있습니다. 일단 내적 통달을 성취하고 나면 더 이상 통달 여부를 입증할 필요가 없습니다. 진정한 무술 고수는 거리에 나가 싸울 일을 찾지 않습니다. 반대로 깡패가 고수를 건드리면 고수는 깡패를 구슬려 싸움을 피합니다. 고수가 충돌을 피하려고 갖은 수를 쓰는 것은 속으로는 자신의 능력을 완벽하게 확신하고 있기 때문입니다. 깡패는 모르고 있지만 고수는 단 한 방으로 깡패의 목을 부러뜨릴 수도 있습니다.

무술과 마찬가지로 성공은 힘이 들지 않는 일입니다. 우아한 일입니다. 수월한 일입니다. 균형을 잡는 일입니다. 정밀한 일입니다. 초점을 맞추는 일입니다. 정곡과 핵심을 찌르는 일입니다. 원인과 결과를 혼동하지 않는 일입니다. 성공은 이렇게 다른 것입니다. 정말로 성공했는지 알아내는 비결 하나는 환희가 있는지 보는 것입니다. 하루를 마칠 때 지치고 기력이 다한다면 그건 바나나를 움켜잡으려고 애쓰는 원숭이 짓을 했기 때문입니다. 더 나은 상품을 창안하면 문턱이 닳도록 세상 사람들이 몰려옵니다. 머리 싸매고 애쓸 필요가 전혀 없습니다.

성공하려면 시간이 얼마나 걸릴까요? 딱 한순간이 걸립니다. 예를 들어 이 글을 읽는 데는 시간이 걸릴 수 있지만 실제로 '알아듣는 것'은 한순간입니다. 아직은 모르는 어느 순간에 문이 열리고, 그러면 우리는 사실 늘 알고 있었다고 속으로 느낍니다.

앞에서 이야기한 남자는 춤을 시작하자마자 자신이 이미 방법을 알고 있었다는 사실을 깨달았습니다. 심리학상, 신경학상, 해부학상으로 어떤 일이 일어난 것일까요? 남자의 좌뇌가 우뇌와 연결된 것일까요? 좌뇌와 우뇌 사이의 문이 열린 것일까요? 우뇌는 아날로그 컴퓨터와 비슷해서 만사를 아는 것과 관계가 있고, 좌뇌와는 연결되어 있지 않습니다. 좌뇌는 디지털 컴퓨터와 비슷해서 아는 것에는 한계가 있지만 선형적인 자료 처리 능력이 있습니다. 좌뇌로 춤을 추는 것은 골치 아프고, 어색하고, 따분하고, 진 빠지고, 즐겁지 못한 일입니다.

좌뇌는 바나나를 잡으려고 분투하다 스스로 탈진하고 우리를 탈진시킵니다. 좌뇌가 바나나를 움켜쥐는 양은 끝없이 분투하기에 딱 알맞습니다. 원숭이가 바나나 한 개에라도 손이 닿는다면 어떤 면에서는 운이 없는 것입니다. 이제 정말로 가망이 없어지기 때문입니다. 그런 경험을 하면 원숭이는 바나나를 얻을 수 있는 방법이 창살을 상대로 안간힘을 쓰는 것이라고 확신하기 때문입니다. 그리고 여생 내내 그렇게 프로그래밍된 대로 움직입니다.

이제 우리는 세상의 상태가 이해됩니다. 세상이 왜 그런 식인지 이해가 됩니다. 아주 운 좋은 원숭이라면 분투하다 탈진해서 쓰러지고, 탈진 상태에서 우리 문밖을 보고 전구가 번쩍 켜질 것입니다. 세상 사람들 대부분이 바나나를 움켜쥐는 양은 그들이 있는 바로 그곳에 자신을 영구히 가두기에 딱 알맞습니다. 그래서 진정한 성공의 세계에는 경쟁이 전혀 없습니다.

저는 귀에 못이 박히도록 이 생각을 거듭 말하고 싶습니다. *진정한 성공의 세계에는 경쟁이 전혀 없습니다.* 어느 분야에서든 그 정상에 이르면 그곳에는 경쟁이 전혀 없습니다. 피라미드의 정상에는 극소수만 있습니다. 정상에 있는 이들은 거칠 것이 없습니다. 무슨 문제가 있겠습니까? 어느 지역에서 최고인 식당의 주인이라면 성공을 위해 분투할 필요가 없습니다. 성공이 자동으로 따라옵니다. 사람들이 식당 앞에 줄을 섭니다.

지역 최고의 자동차 정비공이 일자리 찾느라 애먹을 일이 있을까요? 없습니다. 지역의 모든 정비 공장이 그에게 일자리를 제공할 것입니다. 그는 고객으로 이루어진 추종자 집단을 끌고 다니기 때문입니다. 제가 살던 소도시에는 사실상 지역 내 어느 정비 공장에서도 일자리를 얻을 수 있는 정비공이 있었습니다. 그는 추종자 수가 엄청났습니다. 어디를 가든 고객들이 따라왔습니다. 그는 최고였고, 모두가 그 사실을 알고 있었습니다.

이쯤 되면 사람들은 빤한 문제를 모르는 척하려고 갖은 핑계를 댑니다. 이렇게 반문할 것입니다. "교육도 못 받고 세상에서 성공할 수 있습니까? 저는 고작해야 웨이터라고요." 좋습니다. 웨이터들을 봅시다. 저는 전국에서 제일 유명한 뉴욕 동부 지역 클럽 몇 곳의 수석 웨이터들과 알고 지냈습니다. 어느 날 밤 새벽 2시에 클럽 밖에서 그중 한 사람과 이야기 나누던 때가 생각납니다. 그때 기다란 리무진이 다가와 인도 가까이에 섰습니다. 저는 당연히 클럽 주인의 차라고 생각했습니다. 그런데 매우 놀랍게도 수석 웨이터가 뒷좌석에 타자 차가 출발했습니다. 그의 리무진이었습니다! 클럽 주인은 몇 시간 전에 들어가고 없었습니다.

이 수석 웨이터는 1년에 2억 원을 벌었습니다. 그러니 웨이터가 되려면 사상 최고의 웨이터가 되세요. 모든 고객을 왕족처럼 대하세요. 그러면 자신의 성공은 보장됩니다. 우리는 수석 웨이터의 성공이 '그가 사람들을 대하는 태도'에서 비롯한다는 사실을 알 수 있습니다. 물론 그는 자기 일이 돌아가는 방식을 알아야 합니다. 이는 기본입니다. 여기서 차이 나는 것은 오로지 마음가짐입니다. 에너지가 차이 나고, 동기가 차이 납니다. 파워에서 비롯하는 차이가 납니다.

형편없는 웨이터는 탐욕에 바탕합니다. 맨날 바나나에 손을 뻗칩니다. 진정한 수석 웨이터는 돈 걱정할 필요가 전혀 없지 않겠습니까? 그는 줍니다. 그는 탁월함을 현현합니다. 우리도 세상에 탁월함을 현현한다면 돈 걱정할 필요가 전혀 없습니다. 세상 사람들이 기어코 우리를 찾아냅니다. 일자리를 알아볼 필요가 없어집니다. 다른 회사들이 끊임없이 전화해서 성가시게 굴 것입니다. 그들이 원하는 바가 우리에게 있기 때문입니다. 우리에게는 노하우가 있습니다. 삶의 어느 한 분야에서 진정으로 성공하는 법을 알기만 하면 다른 어떤 분야에서도 성공할 수 있습니다. 그 분야에서도 성공하기로 결정했고 그 일로 기쁨을 얻는다면 말입니다. 기법은 정확히 동일합니다.

에디트 피아프*는 사상 최고의 엔터테이너 가운데 한 사람이었습니다. 피아프는 제가 본 공연자들 중에서 뉴욕 나이트클럽의 야박한 청중을 무릎 꿇린 유일한 사람이었습니다. 그녀가 노래하면 모두가 눈시울을 적셨습니다. 피아프는 청중 전체를 손바닥에 올려놓고 마음대로 요리했습니다. 피아프는 파워가 있었습니다. 우리의 흥미를 끌고, 열광시키고, 사로잡고, 내면에 잠들어 있던 정서적 체험을 깨우는 파워가 있었습니다. 불어로 노래해

---

* Édith Piaf(1915~1963): 프랑스의 가수, 작곡가, 배우

가사를 알아듣는 사람 하나 없는데도 그랬습니다.

성공적인 사람들 모두의 비밀은 '그것'이 있다는 점입니다. 이 책의 목적은 '그것'이 무엇인지 알아내는 데 있습니다. 어떤 사람들은 '그것'이 있지만 있다는 사실을 모릅니다. 의식하지 못하고 자각하지 못합니다. 모두 알다시피 어떤 분야에 대단한 재능이 있는 사람들이 있습니다. 그들에게 어떻게 그렇게 할 수 있냐고 물으면 모르겠다고 할 것입니다. 그들은 그냥 그렇게 합니다. 그들로서는 달리 존재할 길이 있을 수가 없습니다. 그들이 존재하는 식이 그럴 뿐입니다.

안과 밖, 어디서 찾을까

방법을 설명하는 책들이 책이 지향하는 목표를 달성하지 못하는 것은 좌뇌 방식으로 설명하려고 애쓰기 때문입니다. 일이 이뤄지는 방식을 원인과 결과로 설명하지만, 막상 원인을 제대로 짚어 주지는 못합니다.

한번은 어느 단체와 강연 계약을 했는데, 그곳의 대표는 강연 입장권을 다 팔지 못할까 봐 걱정했습니다. 백 퍼센트 성공하지 못할 일이라면 저는 애초에 계약을 하지 않았을 것이었습니다. 대표에게 안심하라고 했지만, 그래도 그가 그러지 못할 것임을 알고 있었습니다. 말할 것도 없이, 강연장에는 입석밖에 남지 않았고 강연은 대성공이었습니다. 당연한 일이었습니다.

내면에서 알고 하는 일은 뭐든 어긋나는 법이 없고, 심지어 일이 벌어지기도 전에 그렇습니다. 올바른 방향으로 나아가고 있을 때는 그 점을 알고 있다는 완벽한 확신이 내면에 있고, 자신에게 결과는 이미 명백합니다. 엠파이어 스테이트 빌딩은 (그 시점의) 세계 최고층 빌딩 건립이라는 발상을 후원하기 위해 뭉치자고 합의한 순간부터 이미 존재했습니다. 그 발상, 그 합의, 그 생각, 그 비전, 그 흥분 속에는 수천 명의 인부와 수천억 원의 자금을 동원할 만한 파워, 세계적으로 유명해지고 뉴욕 최고의 명소 가운데 하나가 될 만한 파워가 있었습니다. 은행 돈, 인부, 엔지니어, 건축가, 건축 자재를 모으는 일은 세상 속에 벌어진 결과에 지나지 않았고, 그런 결과는 그 이면에서 파워가 동원하고, 조직하고, 구체화한 것이었습니다.

물리학의 법칙과 우주의 법칙에서 알아차릴 수 있는 사실 한 가지는 포스는 항상 반대 포스를 불러일으킨다는 점입니다. 바로 이 사실에 우리가 탈진하는 까닭이 있습니다. 이 사실을 살펴보면 어떤 포스도 반대 포스 없이는 일어날 수 없다는 점을 알 수 있습니다. 어떤 것이 다른 것에 압력을 가하려면 반드시 그에 저항하는 뭔가가 있어야 합니다. 저항이 없으면 압력도 없습니다. 움직임은 이 두 포스가 이루는 미묘한 균형 속에서 생기는 것입니다. 제트 엔진으로 추진되는 비행기가 대기 속에서 공기의 저항을 받으면 날개 윗면의 공기 흐름에 진공이 생기고, 이 진공에서 발생한 양력으로 비행기가 뜹니다. 그리고 제트 엔진의 추진력과 공기의 저항이라는 두 포스 사이의 차이가 비행 속도로 나타납니다. 이와 같이 포스는 반대 포스를 야기합니다.

반면, *파워의 비밀은 아무런 저항도 받지 않는다는 것입니다!* 그리스 신화에서 시시포스는 중력의 포스에 맞서 바위를 비탈 위로 굴려 올리려고 애씁니다. 근력이 들어 올리는 포스와 중력이 내리누르는 포스 사이에 생기는 수학으로 계산 가능한 차이가 바위의 이동으로 나타납니다. 전자가 후자보다 크면 바위는 비탈 위로 올라갑니다. 이 균형이 뒤집히면 바위는 비탈 아래로 내려갑니다. 포스로 성공의 사다리를 올라 정상에 도착하려고 애쓴다는 것은 이 시시포스의 게임을 한다는 것을 의미합니다. 시시포스가 게임에서 얻은 것이라곤 악성 치질뿐이었습니다. 우리는 물론 시시포스 이야기의 진짜 결말을 압니다. 현실의 시시포스는 술을 심하게 마시기 시작했고 마약도 많이 하다가 약물 과용으로 죽었습니다.

세상에는 이렇게 되는 사람들이 많지 않습니까? 성공이라 여긴 것을 잠깐 맛본 다음 성공의 배를 놓쳐 버린 이들이 많습니다. 그들은 성공한 것처럼 보였지만 실제로는 그렇지 않았습니다. 무엇 하러 그들을 모방합니까? 우리는 어떤 것을 당장 특징짓는 단면이 아니라 그것이 보여 주는 장기 변화를 살펴보는 데 관심이 있습니다. 성공한 증거는 최종 결말에 있습니다. 잘 나가다 이후에 파탄을 맞이하는 길은 우리가 가고 싶은 길이 아닙니다. 그렇지만 세상 사람들은 대부분 그러고 있지 않습니까? 그들이 바보 같은 타블로이드판 신문을 읽고 싶어 안달하는 이유는 거기 나오는 것과 같은 원피스나 바지를 사고, 같은 차를 사고, 같은 식당에 가고, 같은 유명인의 이름을 들먹이며 아는 척하고, 같은 신문에 자기도 나오고 싶어서입니다. 하지만 다 헛된 일이지 않을까요?

파워는 이런저런 사실이나 입장, 소유하고 있는 '저 밖'의 것에서 나오지 않습니다. 파워는 그런 것을 대하는 내면의 태도에서 나옵니다. 살펴보면 세상의 어떤 사실에도 파워가 전혀 없음을 알 수 있습니다. 그런 사실에 어떻게 반응하고, 어떻게 생각하고, 어떻게 영향받는지에 따라 사실에 파워가 부여될 뿐입니다. 사실을 대하는 마음가짐이 우리의 체험을 결정합니다. 음악 소리가 크면 누구는 짜증이 나고 누구는 신이 납니다. 사물의 질은 '저 밖'이 아니라 우리 안에 있습니다. 그래서 성공은 곧 사물을 대하는 태도입니다. 일련의 마음가짐입니다. 스타일입니다. 올바르게 동기를 부여받아 그에 걸맞게 비전을 품으려는 의도입니다. 이런 요인을 갖추면 성공은 자동으로 보장됩니다. 달리 아무것도 할 필요가 없습니다.

우리의 마음가짐이 바르면 모두들 우리를 기어코 찾아낼 것입니다. 모두들 우리와 함께 있고 싶어 할 것입니다. 모두들 우리 파티에 오겠다고 아우성을 칠 것입니다. 우리는 여느 파티 주최자들과는 달리 사람들이 파티에 올지 안 올지 더 이상 걱정하지 않을 것입니다. 정반대 상황을 보게 될 것입니다. 더 이상 못 들어오게 막지 않으면 장소가 미어터질 것입니다.

우리가 이미 바나나 몇 개는 얻었다는 점은 인정하겠습니다. 제가 염려하는 것은 우리가 바나나를 다발로 갖고 있지는 않다는 점입니다. 바나나 나무로 가득한 열대 지방 섬에서 살고 있다면 바나나를 저장할 이유가 전혀 없습니다. 바나나를 모으거나 몰래 어디다 감춘다면 마을 사람들이 모두 우리를 보고 미쳤다고 생각할 것입니다. 이 책의 주제를 알아듣고 나서 주위를 둘러보면 대단히 재미있을 것입니다. 사람들 모두가 바나나를 비축하는데 우리는 한가하게 바나나 숲속을 거닙니다. 이런 상황이 얼마나 슬픈지도 알게 될 것입니다. 목마른 사람들 모두가 물웅덩이 속에 앉아 있고, 사랑에 굶주린 사람들 모두가 사랑에 에워싸여 있고, 가난한 사람들 모두가 돈에 에워싸여 있고, 실패자들 모두가 성공에 에워싸여 있고, 벼랑 끝에 몰린 사람들 모두가 기회에 에워싸여 있습니다. 그들에게 이 사실이 보이지 않을 뿐입니다.

전해지는 바에 의하면 붓다는 제자 마하가섭에게 무언중에 깨달음을 전달했습니다. 이 중대한 역사적 순간에 붓다는 아무 말 없이 마하가섭에게 꽃 한 송이를 건넸고, 그 순간 마하가섭은 깨달음을 얻었습니다. 깨달음을 얻으려는 어떠한 분투도, 노력도, 수행도, 안간힘도 없었습니다. 그런 좌뇌적인 것은 전혀 없었습니다. 이 일은 갑작스러운 '아하'였습니다. 완전하고 전체적인 '체험'이었습니다.

붓다는 마하가섭이 이미 깨달았지만 그 사실을 알아차리지 못하고 있음을 확실하게 알고 그렇게 한 것이었습니다. 자, 우리는 마하가섭이 '알아들은' 뒤에 밖에 나가 기다란 리무진 한 대를 샀는지 안 샀는지는 알지 못합니다. 그러나 전해지는 이야기로 미루어 볼 때 그 점은 중요하지 않은 것이 분명합니다. 마하가섭이 그런 차를 세상에서 어떤 쓸모가 있는 것으로 생각했다면 저는 그가 한 대 샀을 것이라고 확신합니다. 실제로 어떻게 되었는지는 다음 사실로 입증됩니다. 다 가진 사람은 어떤 것도 필요로 하지 않습니다.

그러니 이번에는 '필요'라는 이름의 곤경, 궁지, 장애물을 전체적으로 살펴봅시다. 필요는 본질적으로 우리의 진실을 부인합니다. 우리가 어떤 것을 알지 못한다고 말합니다. 실제로는 알고 있습니다. 아는 바와 연결되어 있지 않을 뿐입니다. 다 가지고 있으면 어떤 것도 필요로 하지 않습니다. 공식을 갖고 있으면 굳이 공식대로 실행할 필요가 없습니다. 하지만 원한다면 완전히 자유로이 실행합니다.

아무리 애써 눈알을 굴려도 자기 뒤통수를 볼 수는 없습니다. 자기 뒤통수를 보는 일은 완전히 다른 원리를 통해 이루어집니다. 이 일에는 거울이 필요합니다. 이것이 이 세상이 존재하는 목적입니다. 세상은 우리에게 우리의 뒤통수를 보여 주는 거울에 지나지 않습니다. 어떤 사람이 보고 있는 그 사람 개인의 세상은 그가 원인의 수준에서 원칙으로 여기는 바를 반영하고, 원인의 수준은 그의 마음속에 있습니다. 성공이 자동으로 이루어지려면 어디서 찾을지를 알면 됩니다. 어떤 것을 찾을지가 아니라 어디서 찾을지를 알면 됩니다. 우리가 어떤 것을 소유하고 있는지, 어떤 활동을 하고 있는지가 아니라 어떤 존재what we are인지를 보는 것입니다. 찾는 것을 자기 내면에서 발견하기만 하면 애써 '저 밖'을 뒤질 필요가 없어집니다.

무의식적 마음속에서 개념들이 가장 가깝게 연결되려면 이상하게도 정반대로 연결됩니다. 그래서 그저 원인과 결과를 뒤집기만 하면 많은 문제의 해답을 얻습니다. 원인과 결과에 대한 신념 체계를 잠시 접어 두고, 연습 삼아 원인과 결과가 거꾸로라고 생각해 보면 답이 금방 드러납니다. 그 '아하' 느낌을 얻습니다. 프로이트는 20세기로 접어들 무렵 꿈에 관한 그의 저서에서 처음으로 이 사실에 주목해, 무의식적 마음이 작동하는 메커니즘 하나는 어떤 것을 그 반대의 것으로 위장하는 것이라고 했습니다. 동전의 앞뒷면을 뒤집으면 성공의 비결을 얻습니다.

경쟁을 포기하라

자, 지금까지 우리는 이론처럼 들리는 이야기에 마음을 혹사했습니다. 이론이라고 하면 신비주의적 이론, 심리학적 이론, 이론을 위한 이론, 실존주의적 이론 등 우리의 마음이 이름을 붙인 어떤 이론처럼 들립니다. 이렇게 되는 까닭은 저항에 있습니다. 우리의 좌뇌는 자기가 계속 사물을 운영하고 담당하고 싶어 합니다. 좌뇌는 자기가 그저 더 큰 어떤 것의 하인이어야 마땅하다는 사실을 듣고 싶어 하지 않습니다. 좌뇌는 우리가 이 사실을 알아차리길 원치 않습니다. 우리가 자기를 동전의 유일한 면으로 생각하기를 원합니다.

정말입니다. 동전에는 앞뒷면이 있지만 좌뇌는 우리가 이 사실을 알기를 원치 않습니다. 이는 자연스러운 일입니다. 그래도 됩니다. 좌뇌를 충족하기 위해 현실적인 사례를 드는 것으로 이 장을 마치겠습니다. 사례는 정보와 납득을 원하는 좌뇌의 욕구를 만족시킵니다.

지금까지 제가 이야기한 것은 사실 모든 사례에 숨어 있는 기본 원칙입니다. 좌뇌는 이 원칙에 저항 못 하니 좌뇌를 잘 다뤄

봅시다. 좌뇌에 대단히 중요한 기능이 없지는 않습니다. 우리가 그 기능을 내려놓고 싶은 것도 아닙니다. 좌뇌는 우리가 알고 있는 바를 실행합니다.

성공이 어려워지는 것은 '양자 모두'를 택하지 않고 '양자택일'을 하기 때문입니다. 경쟁과 성공을 좇는 세상에서 '양자 모두'를 택한다는 것은 더 이상 적이나 경쟁자를 만들지 않고, 다른 이들을 적이나 경쟁자로 여기지도 않는다는 뜻입니다. 대신에 다른 이들을 선두 주자 내지는 영감과 자극의 원천으로 여겨야 합니다. 선두 주자가 없으면 그레이하운드 개들은 잠재력을 최대한 발휘해 달리지 않을 것입니다. 적이나 경쟁자로 여겼던 이들을 그냥 영감과 자극을 주는 원천으로 보세요. 그들이 도전하는 바는 우리 내면에 있습니다. 외부에서 우리가 그들과 맞서는 것이 아닙니다. 무술 챔피언은 결코 상대방을 마스터하지 않습니다. 오로지 자기 자신을 마스터합니다.

누구와도 경쟁하기를 포기하세요. 경쟁자는 가능한 일을 보여주는 본보기일 뿐이며, 따라서 에너지원입니다. 큰 전쟁이 끝날 때면 맞서 싸우던 사령관들이 서로를 치하하지 않습니까? 승리자와 그 맞수가 서로를 예우와 존경으로 대합니다. 그들은 서로를 장군으로 호칭합니다. 우리 내면에 어떤 위대한 것을 보유하려면 먼저 타인에게서 그런 위대한 것을 알아볼 줄 알아야 합니다. 재판이 끝나면 변호사들은 악수를 나눈 뒤에 함께 식사하러 갈 때가 많습니다. 권투 챔피언들은 서로에게 감사합니다. 조 루이스* 같은 진정한 챔피언은 상대가 지닌 최상급 경기력 없이는 자신이 도저히 스타가 될 수 없었음을 알고 있었습니다. 우리에게 적이나 상대, 경쟁자로 보이는 사람들은 사실 우리가 스타가 되도록 영감과 자극을 주는 이들입니다.

누가 부럽다는 것은 내겐 어떤 것이 없고 그에겐 있어서 그가 밉다고 하는 것과 같습니다. 그것이 '저 밖'에 있다고 생각하는 것입니다. 그런 생각을 당장 끝내야 합니다. 그는 자기 내면에서 그것을 발견했을 뿐입니다. 우리가 할 일은 우리 내면에서 같은 일을 하는 것뿐입니다. 온갖 책에서 자기 확신이나 이기려는 마음가짐 같은 것이 성공의 열쇠라고 말합니다. 그런 것은 모두 결과입니다. 그런 마음가짐 자체를 가져오는 원인이 아닙니다. 성공의 열쇠가 있는 사람이라면 자신감 있고, 미소를 띠고 있고, 인심이 후하고, 외향적이고, 유능하고, 소통을 잘할 것입니다.

---

* Joe Lewis(1914~1981): 미국의 프로 권투 선수로 헤비급 세계 챔피언 타이틀을 12년간 26번 방어했다.

2장

성공을
해부해 보니

SUCCESS is FOR YOU

성공과 관련된 원칙을 알아내기 위해 대표적 사업 유형을 사례로 삼아 낱낱이 분석해 봅시다. 독자가 익히 알고 있고 접해 본 경험도 많은 업종 하나를 살펴보는 것입니다. 이렇게 하면 제가 주장하려는 바를 독자가 바로바로 이해하면서 함께 이 실습을 아주 확실하게 해 나갈 수 있습니다.

저는 일부 식당은 엄청난 성공을 거두지만 다른 곳은 문 닫는 경우가 많다는 사실에 주목해 왔습니다. 새로 문 연 가게의 실패율은 주지하다시피 50퍼센트입니다. 남은 50퍼센트 중에도 살아남으려고 분투하는 곳들이 더 많습니다. 그런 곳들은 버티고는 있지만 별로 행복하지가 않습니다. 식당이 열 집이면 그중 한 군데도 안 되는 곳만 최고 등급의 유명 식당이 되어 손님들이 기어코 찾아오는 곳이 될 가능성이 있습니다. 분명 그런 식당의 주인은 어느 곳에서든 뜻대로 할 수 있고, 최고의 셰프들도 마찬가지입니다. 자신이 하는 일을 사랑하는 최고의 셰프들은 일에 전적으로 완전하게 헌신합니다. 그들은 배우는 일과 배운 바를 타인과 공유하는 일에 지극히 열성적입니다. 그들은 사람들에게 기쁨을 주는 일에 의욕을 느낍니다. 음식을 차려 주고, 만족스럽게 먹게 하고, 행복해하게 하고, 저녁 시간이 성공적이었다고 느끼게 하는 일입니다.

성공적인 위대한 댄스 밴드*, (심지어 대중은 잘 알지도 못하는) 정상급 밴드의 예로 레스터 레이닌**이 이끈 밴드가 있습니다. 사교계 인명록에 나오는 사람들 사이에서는 중요한 행사라면 그곳에 반드시 레스터 레이닌의 음악이 있어야 했습니다. 그의 음악은 '드레스 코드'처럼 필수적이었습니다. 모두가 그의 악단을 잡으려고 경쟁했습니다. 그의 밴드는 몇 년 치 예약이 잡혀 있었습니다. 그가 놀랄 만한 성공을 거둔 비결 하나는 듣는 이들에게 기쁨을 주는 음악, 그들에게서 최고의 흥을 이끌어 내는 음악을 연주한 것입니다. 그는 감명을 주거나 과시하려고 연주하지 않았

---

* 댄스장에서 댄스 반주를 하는 밴드
** Lester Lanin(1907~2004): 미국의 재즈/팝 음악 밴드 리더

습니다.

 다른 많은 밴드나 악단이 하는 연주를 들어 보면 그들이 쫄딱 망하는 이유를 알 수 있습니다. 그들은 이런 것도 연주할 수 있다고 감명을 주려고 무대에 섭니다. 청중이 춤을 추거나 여흥을 즐기게 하는 데에는 전혀 관심이 없습니다. 한번 지켜보세요. 그들이 왈츠를 연주하면 갑자기 댄스 플로어가 붐빕니다. 왈츠를 추려고 다들 일어나서 나옵니다. 그러면 정말 놀랍게도 남은 저녁 시간 동안에는 다시는 왈츠를 연주하지 않습니다. 당연히 안 합니다. 그들은 자기들이 준비한 레퍼토리를 연주하고 싶어 합니다. 자기들의 다재다능함을 과시하고 싶어 합니다. 하고 싶은 대로 빠른 룸바*를 연주합니다. 그러면 청중의 절반이 바로 사라집니다. 하고 싶은 대로 프로그레시브 재즈**를 연주합니다. 그러면 댄스 플로어가 완전히 빕니다. 그런 뒤에는 하고 싶은 대로 깜찍 떠는 솔로 곡 몇 개와 솔직히 남겨 두는 편이 나았을 기괴한 곡 몇 개를 연주합니다. 이런 공연은 창조적일 수는 있어도 사회적으로는 재앙입니다. 원칙이 잘못되었고 동기가 잘못되었습니다. 사리사욕과 애정 없는 마음가짐을 보여 줄 뿐, 청중의 환희와 화기애애한 분위기로 나타날 활기를 보태 주지는 못하기 때문입니다. 그들은 사람들에게 기쁨을 주는 일에는 관심이 없습니다. 스

---

* 루바에서 발달한 빠른 춤 또는 그 춤곡
** 재즈와 근대음악을 결합시킨 진보적이고 지적인 재즈

타가 되는 데에만 관심이 있습니다. 바나나를 잡으려고 애쓰다가 바나나를 놓칩니다.

아는 사람 중에 크게 성공한 연주자가 있었습니다. 그는 후에 자기 댄스 밴드를 만들어 대공황 기간 내내 생활비를 벌었습니다. 자, 그는 사람들이 죄다 일어나 느린 왈츠를 듣고 싶어 하면 느린 왈츠를 많이 연주했습니다. 제게 "이 사람들은 왈츠 패거리네. 출동!"이라고 하고는 모두가 행복해하고 만족해할 때까지 왈츠곡을 죄다 내놓았습니다. 어떤 사람들이 폴카*를 좋아한다고 하면 머리가 빙빙 돌 정도로 밤새 폴카를 연주해 줬습니다. 그는 꼭 보여 줘야 하는 공식 같은 것이 없었습니다. 공식이 있다는 것은 연달아 다른 종류의 음악을 연주해야 함을 의미할 뿐이었습니다. 룸바를 추고 싶어 하는 사람이 몇이나 되겠습니까? 몇 군데만 가 보면 알 수 있을 것입니다.

이런 사례에서 나타나는 원칙은 '관찰과 즉각 대응의 원칙'입니다. 같은 식당에 가서 같은 것을 주문하고 그런 것은 없다는 말만 듣고 돌아서야 하는 때가 얼마나 많습니까. 그런 식당은 어느 정도로 무신경하고 대응을 못 할까요? "에스프레소 커피 있어요?" 하고 물으면 "없습니다."라고 하거나 "에스프레소 기계가 고장 났네요."라는 뻔한 대답을 합니다. 대박 나고 싶은 사람은

---

* 19세기에 보헤미아 지방에서 시작되어 유행한 빠른 춤 또는 그 춤곡

에스프레소 기계 수리업을 하면 될 정도입니다. 한번은 어떤 동네에 들렀더니, 에스프레소가 있다고 써 붙여 놓고 정작 물어보면 기계가 고장 났다고 하는 식당이 세 군데 중 한 군데꼴이었습니다.

사람들이 계속 같은 식당에 가서 "다이어트 콜라 있어요?"라고 묻는데 직원들이 계속 없다고 말한다면, 그들에게는 다음과 같은 실패의 열쇠가 있는 것입니다. 귀 기울이지 말고, 즉각 대응하지 말고, 관찰력을 갖지 말라. 고객에게 절대 기쁨을 주지 않는 것을 관행으로 삼고, 고객이 제안할 수 있는 어떤 아이디어에 대해서도 허세와 자부심에 찬 저항을 하라.

전에 살던 동네에서 저는 거의 모든 식당에서 진저에일*을 찾았습니다. 음료 서비스 바가 따로 있는 식당들이었습니다. 몇 곳에서는 수십 번을 찾았습니다. 절반 이상의 식당에서 거듭 진저에일은 없다고 했습니다. 자, 잘 구비된 바가 있는데 진저에일은 없다는 것이 상상이 됩니까? 이들은 항상 세븐업**은 있다고 했습니다. 어쩌라고? 저는 세븐업을 원하지 않았습니다. 저는 진저에일을 원했습니다.

이렇게 되면 우리는 슬슬 열이 받습니다. 그렇죠? 분명 이들은 우리를 배려하지 않습니다. 우리가 진저에일을 마실 수 있든 말

---

* 생강 맛을 첨가하고 알코올 성분은 없는 매우 대중적인 음료
** 레몬/라임 맛인 탄산음료 브랜드

든 관심이 없습니다. 우리에게 뭐라도 기쁨을 주려는 의도가 전혀 없습니다. 자기만족에 빠져 있습니다. 이들의 입장에서 보기에 자기들은 부족한 것이 없습니다. 이익을 내고 있기 때문입니다. 뭐가 되었든 더 알아야 할 것이 없다고 생각합니다. 이들의 관점에서 자기들은 이미 성공에 도달했습니다. 그러나 이들은 하나도 어려울 것 없는 사소한 일에서 원칙을 저버렸습니다. 이들이 1년에 1억을 번들 대수겠습니까. 성공한 사람들에게 1년에 1억은 쥐꼬리만 한 액수입니다. 전혀 아무것도 아닙니다. 저는 아이디어가 수없이 많고 그 하나하나가 1억의 가치가 있습니다. 이게 무슨 대수겠습니까?

저는 그들이 얼마나 벌든 관심이 없습니다. 그런 식당은 실패작입니다. 그런 곳이 살아남는 것은 자리 덕분입니다. 그런 곳이 동네에서 유일한 멕시코 식당이라면 멕시코 음식을 사랑하는 사람들은 물론 그곳에 갈 것입니다. 그들이 왜 그곳에 갈까요? 달리 갈 데가 없기 때문입니다. 이게 성공한 건가요? 흥! 저는 사양하겠습니다.

어느 식당에서 식사를 하다 그 식당에는 버터가 없다는 말을 듣는 충격적인 경험을 한 적이 있습니다. 웨이트리스에게 물었습니다. "내가 지금 빵에 바르고 있는 게 뭐죠? 맛이 끔찍하네요." 웨이트리스가 말했습니다. "무염 버터인데요." 저는 무염 버터를 싫어합니다. 무염 버터는 질색입니다. 맛이 윤활유 같습니다. 저는 진짜 버터를 원합니다. 웨이트리스가 말했습니다. "저희는 무염 버터밖에 없습니다." 저는 대체 *왜* 그 집에 버터가 없는지 알고 싶습니다. 이 사람들은 대체 뭐가 문제일까요? 무신경한 걸까요? 둔감한 걸까요? 교육을 못 받은 걸까요? 이 질문들 전부에 대해 답은 '그렇다'입니다.

그곳 주인 얼굴을 보니 바빠 보였습니다. 어쨌거나 관광버스가 그곳을 지나갔습니다. 관광버스 덕분에 보장되는 매출이 분명 있었습니다. 행복은 전혀 보지 못했습니다. 환희는 전혀 보지 못했습니다. 넘치는 생기와 삶의 열정에서 나오는 광채라고는 보지 못했습니다. 늘 뚱해 있는 사람만 보였습니다. 만성 궤양과 편두통이 있는 사람처럼 보였습니다. 저는 이 남자가 은행에 얼마를 갖고 있든 관심이 없습니다. 이 사람은 만족에 머물렀습니다. 만족이 행복이라고 생각했습니다.

당신은 이미 성공의 법칙을 알고 있다

행복은 행복이고 만족은 만족일 뿐 이 둘은 다른 것입니다. 사람은 누군가의 가슴에 단도를 찔러 넣고 비트는 것에서 만족을 얻을 수도 있습니다. 이건 만족입니다. 그러나 이렇게 해서 이 사람이 행복한 삶을 누리게 될 것 같지는 않습니다. 행복은 성공을 어떤 것으로 여기는지에 달려 있습니다. 성공을 대하는 태도 전반에 달려 있습니다. 성공이 어떻게 이루어지는지 아는 것에 달려 있습니다. 학교에서 부정행위를 한 덕분에 'A' 학점을 받으면 행복했습니까? 성공했습니까? 환희가 있었습니까? 그럴 가치가 있었습니까? 어떤 관점에서 보면 물론 위기를 넘긴 것입니다. 시험에 합격했습니다. 통과했습니다. 그러나 자존감은 전혀 커지지 않았고 성공을 가져올 요소들도 전혀 커지지 않았습니다. 자신감, 열정, 통달의 환희 같은 것 말입니다. 반면에 시험공부를 해서 'A'를 받았다면 우리는 순수한 환희를 느꼈을 것입니다. 이 환희는 정당하게 시험에 임한 덕분입니다. 이 환희는 진짜입니다. 실제입니다. 이때 우리는 자신이 파워를 현현하고 있음을 깨닫습니다.

세상에서 성공을 상징하는 것들도 마찬가지일 수 있습니다. 겉치레 수준으로 돌아가는 일을 흉내 내서 받은 'A'는 성공이라고 할 수 없습니다. 돈은 중요하지 않습니다. 돈이 우리에게 행복의 일부인지 아닌지가 중요합니다. 돈 때문에 사람이 비참해진다고 하면 대개 믿지 않을 것입니다. 그러나 알다시피 어떤 이들에게는 이것이 사실입니다. 돈 때문에 그들은 공포, 허영심, 자부심, 편집증, 오만, 심술 속에서 살고 있습니다. 그들은 다른 사람들에게 경멸스럽게 여겨집니다. 그들 중 일부는 측은하기도 합니다.

이 점을 보여 주는 좋은 예로 로또 1등 당첨자들에게 벌어지는 일이 있습니다. 당첨 이후 5년을 통계 낸 결과는 처참합니다. 그들은 파산하는 비율이 높습니다. 일부는 자살합니다. 이혼율도 어마어마합니다. 빈곤, 고통, 불행이 전형적인 모습입니다. 그들은 완전히 망하고 파멸했습니다. 명성이나 유명인의 지위에도 같은 일이 생깁니다. 어떤 이들에게 명성은 숨 막히게 하는 것이고, 어떤 이들에게는 환희의 원천입니다. 어떤 이들은 사인 수집광들을 피해 숨고, 어떤 이들은 그들을 사랑합니다. 어떤 차이가 있을까요? 세상에는 사람들이 함께 누리는 성공을 하는 이들이 있고, 사람들이 경멸스럽게 여기는 성공을 하는 이들이 있습니다. 이것이 차이입니다.

어떤 이들이 진정한 성공을 하면 우리는 우리가 그들을 한 인간으로서 존경함을 알게 됩니다. 우리가 존경하는 것은 그들의 소유물도 아니고 그들의 활동도 아닙니다. 그런 것들이 흥미로울 수 있긴 합니다. 그보다는 그들이 어떤 사람*who they are*인지가 우리에게 감명을 줍니다. 우리가 그들이라는 존재와 친해지길 바라는 것은 그들에게 '그것'이 있음을 알기 때문입니다. 무의식적으로 우리는 '그것'이 우리에게 옮기를 희망합니다. 그들과 시간을 보내면 '그것'을 좀 얻게 될까요? 이것이 "돈은 옮는다."는 옛말의 근거입니다. 돈이 옮는 것이 아닙니다. 돈을 현현하는 법에 대한 앎이 다른 이들에게 옮습니다.

이 원칙을 모르는 이들에게 돈을 줄 수는 있습니다. 그러나 아마 그들은 또다시 무일푼이 될 것입니다. 저는 이 사실을 제2차 세계대전 중 해군에서 복무할 때 알게 되었습니다. 우리는 급여를 받는 날이면 주사위 노름을 하곤 했습니다. 늘 같은 친구들이 잃고 같은 친구들이 땄습니다. 가난한 이들에게는 돈을 쏟아부어도 소용이 없습니다. 돈을 소유하는 것은 마음가짐이 현현되는 일일 뿐입니다. 가난은 당신의 머릿속에 있습니다. 통장에 있지 않습니다.

성공은 많은 사람을 파멸시킨다는 말이 있습니다. 이 말은 오해입니다. 진짜 성공은 사람의 삶에 번영을 가져옵니다. 가짜 성공은 사람의 삶에 끝내 파멸을 가져옵니다. 이 두 가지 성공의 차이는 각각이 바탕하는 원칙에 있습니다. 문제의 답을 아는 덕분에 받는 'A'와 커닝 페이퍼 덕분에 받는 'A'의 차이가 세상에서 보이는 모든 차이를 대변합니다.

성공에 필요한 것이 우리 내면에 이미 있음을 알면 자신감이 생깁니다. 그것은 우리가 어디에 있든 우리와 함께 있습니다. 그래서 우리를 세상 어디에 떨어뜨려 놓든 성공이 벌어집니다. 저를 낯선 동네에 돈도 소지품도 없이 떨어뜨려 놓아 보세요. 저는 제가 1년 내로 성공적인 사업체를 소유할 것이라고 장담합니다. 어째서냐고요? 저는 머릿속에 공식을 갖고 다니기 때문입니다. 공식은 '저 밖'에 있지 않습니다. '이 안'에 있습니다.

이것이 제가 반복해서 주장하는 요점입니다. 이 책에서 정보를 공유하는 방식은 나선형을 그리는 식입니다. 똑바른 일직선의 '여기서 시작하라.'는 접근법이 아닙니다. 같은 영역 주위를 끊임없이 맴돌면 순전히 익숙해진 덕분에 정보를 얻습니다. 외울 필요가 없습니다. 다 읽었을 때면 정보를 갖고 있을 것입니다. 순전히 익숙해지는 덕분에 내 것이 됩니다. 너무나 잘 알게 되어 "아니 이런, 늘 알고 있던 거네." 하게 될 것입니다.

이 방식으로 학습하다 보면 그렇게 말하게 됩니다. 필요한 것은 다른 방향에서 보는 것뿐입니다. 원숭이가 해야 할 일은 그뿐입니다. 그렇죠? 바나나는 그만 보세요. 바나나 말고 열려 있는 문을 보세요. 손바닥 뒤집듯이 쉬운 일입니다. 180도 뒤집는 일입니다. 동전의 반대 면을 보는 일입니다. 세상에서 가장 쉬운 일입니다. 힘이 들지 않는 일입니다. 원숭이가 자유를 얻으려면 어떻게 해야 할까요? 원숭이가 해야 할 일은 쓰러져서 보는 것뿐입니다. 일부 운 좋은 원숭이들에게 이는 그냥 어쩔 수 없는 일이었습니다. 이 일이 제게 처음 일어났던 때도 그랬습니다. 저는 창살 사이로 팔을 뻗으려고 애쓰다 포기하고 극도의 탈진 상태에 이르렀습니다. 탈진한 채 바닥에 쓰러져 전적으로 완전하게 항복했습니다. 답이 바로 그곳에 있었습니다. 얼굴에 솟은 코처럼 너무나 두드러지게, 너무나 명백하게 그곳에 있었습니다.

식당 이야기로 돌아가서 모든 경험을 하나로 모아 봅시다. 그러면 제가 의도하는 바가 명백해질 것입니다. 먼저, 실패하는 가게에는 독특한 이름이 있습니다. 주인의 허영심을 채워 주는 이름일 것이 분명합니다. 예를 들어 '라 룰라드 드 라 메 판타스티크La Roulade de la Mer Fantastique' 같은 길고 복잡한 프랑스 이름입니다. 이 이름이 주인에게 감동적일 것은 확실합니다. 아무도 발음을 못 할 뿐입니다. 저는 가게 이름이 괴상해서 망한, 특히 외국어 이름이어서 망한 가게들을 많이 알고 있습니다. 우리는 그런 가게에 주문하는 일을 항상 쑥스러워합니다. 틀림없이 가게 이름을 잘못 발음할 것이기 때문입니다. 그런 상호가 첫 번째 장애물입니다.

그다음에 할 일은 주소도 알려 주지 않고 건물에 절대 번지수도 붙여 놓지 않는 것입니다. 그러면 찾기 힘들 것입니다. 이것이 실패를 위한 계책 2번입니다. 큰 회사들은 항상 그렇게 합니다.

예를 들어 보겠습니다. 집 안에서 마음에 드는 물건 하나를 아무거나 집어 들고 제조자 표시를 살펴보세요. 이를테면 이렇게 쓰여 있을 것입니다. '일리노이주, 시카고시, 윌슨'. 연락처를 이렇게 짧게 하는 것으로 "세상 사람들 모두가 '시카고의 윌슨'이 누군지 모를 리 없다."는 그들의 자만심은 충족될 것입니다. 그러나 솔직히 말해 그들의 자만심이 먹히는 몇 안 되는 팬들 말고는 '시카고의 월슨'이 누군지 저도 모르고 다른 사람들도 모릅니다. 만약 제가 그들의 제품을 좋아해서 더 사고 싶다면 저는 이제 어떻게 하면 살 수 있을지 알아내는 긴 과정을 거쳐야 합니다. 전화번호 안내 서비스에 문의해도 안내원은 저에게 주소를 알려 주지 않습니다. 전화번호만 알려 줄 수 있다고 합니다. 이는 제가 '시카고의 월슨'에 전화해 그들의 인간미 없는 교환원을 거쳐 통화 중 대기에 들어가지만 아마도 연결이 안 될 것임을 의미하고, 이는 제가 다시 전화해야 한다는 것을 의미합니다.

지금 저는 어느 업체에 고작해야 연락 한번 하려고 시간과 에너지를 소모했습니다. 돈을 써서 이 업체를 부자로 만들어 주려고 안달이 난 참인데 말입니다. 이들은 장애물을 너무 많이 세웠습니다. 이들이 어떻게 생존할지 궁금합니다. 제품에 이렇게 쓰여 있으면 얼마나 좋을까요. 일리노이주 시카고시 3번가 2960번지 월슨 금속(이러면 적어도 그들의 업종을 알 수 있습니다.) 그리고 전화번호. 그들이 저에게 이 작은 편의를 제공하면 저는 그들의 이익과 매출에 쉽게 도움될 수가 있습니다. 저는 그들이 직접 누군가가 그들에게 연락하는 과정을 조사해서 그 과정을 처음부터 끝까지 겪는다는 것이 어떤 일일지 상상해 보길 바랍니다.

밝히지 않은 주소 뒤에 숨어 있는, 상호를 발음할 수 없는 식당을 끝까지 찾아낸 뒤에 우리는 종업원의 굳은 표정이나 거짓 미소로 이루어진 형식적인 절차를 거칩니다. 그런 뒤에는 종업원이 우리 이름을 대기자 명단에 올려놓는 등의 다음 순서를 거칩니다. 일단 음료 바bar로 보낼 것이 뻔합니다. 거기서 그들은 마실 것을 권해 되도록 많은 돈을 받아 내길 희망할 것이고, 그런 뒤에야 마지못해 테이블에 앉힐 것입니다. 그런데 그 전에 잠깐 화장실에 들른다면 테이블이 아까부터 비어 있었음을 보게 될 것입니다.

이제 그다음으로 알게 되는 것은 화장실이 아주 더럽다는 사실입니다. 냄새가 납니다. 역겹고 엉망입니다. 옛말에 "뒷간을 보면 부엌이 보인다."고 했습니다. 이미 우리는 식욕이 떨어졌습니다. 요리사들이 비누도 수건도 없는 화장실을 다녀오는 모습이 그려집니다. 세균의 이미지가 떠오르거나 이 식당에서 설사병을 옮을 수도 있겠다는 생각이 스칩니다.

화장실이 깨끗하더라도 전혀 매력적이지는 못합니다. 화장실을 입에 담기도 민망한 것이나 기능 위주의 필수 설비로만 여기고 창조적 실내 디자인을 할 기회로는 보지 못하는 청교도적 마음가짐만 잔뜩 반영하고 있습니다. 이 점을 잊지 맙시다. 주인의 배려 수준, 전문 기술 수준, 창조성 수준은 고객의 화장실 체험을 통해 드러납니다. 화장실 실내 장식에서 그 식당이나 가게의 등급이 의문의 여지없이 밝혀집니다! 엉망인 화장실은 가게 주인이 고객의 안락과 안녕, 안전에 무심할 뿐만 아니라 우리가 그의 가게에서 겪은 체험 전반의 질에도 별로 관심이 없다는 점을 적 나라하게 보여 줍니다.

여기서 우리는 중요한 원칙 하나를 얻습니다. 모든 거래는 '체험의 질'이라고 부를 수 있는 장 안에서 이루어집니다. 성공하려면 고객이 하는 체험의 질에 초점을 맞춰야 합니다. 고객에게 파는 일이나 고객에게서 돈을 받는 일이나 거래를 성사하는 일이나 고객에게서 뜯어내는 일이 아니라, *고객이 하는 체험의 질*에 초점을 맞춰야 합니다. 이렇게 하는 업체를 알게 되면 우리는 그곳에 대해 열변을 토합니다. 진정한 성공은 공유된다는 특징이 있습니다. 다른 이들과 공유되지 않는 성공에서는 성공을 상징하는 것들만 눈에 띕니다. 우리는 체험을 통해 이 사실을 알고 있습니다. 우리가 친구들에게 얘기해서 어떤 장소를 공유하는 것은 그곳에 있어 본 체험이 아주 좋았기 때문입니다.

이 아주 좋은 체험이 어떤 것이었는지는 사례에 따라 다르고 상황에 따라 다릅니다. 그 점은 별로 중요하지 않습니다. 중요한 것은 우리가 아주 좋은 체험을 했다는 사실입니다. 예를 들어 저는 항상 바샤스 슈퍼마켓에서 물건을 샀습니다. 왜 그랬을까요? 이 회사 사장인 에디 바샤가 개인적으로 모든 고객에게 보내는 편지를 써서 신문에 게재한 것을 읽었기 때문입니다. 바샤는 편지에서 그의 마음 씀씀이를 보여 줬습니다. 그는 장애인을 고용했습니다. 직원 이직률도 전혀 없는 듯했습니다. 그의 직원들은 말도 안 되게 친절하고 우호적이었습니다. 깜짝 놀랄 정도였습니다. 그들은 어떻게 매장에 하루 종일 서 있을 수 있었을까요? 말 그대로 수백 수천의 사람들을 상대하느라 틀림없이 피곤했을 텐데도 그들은 뚱해 있거나, 억울해하거나, 비관적이거나, 무례하거나, 냉담하지 않았습니다. 어떻게 그 모든 종업원들이 계속 그렇게 진심으로 친절하고 우호적이었을까요? 음, 제 짐작에 바샤스에는 '그것'이 있었습니다.

또 한 가지. 바샤스는 점포 앞에 고객을 위한 편의 시설이 있었습니다. 사람들이 앉아 친구와 이야기도 하고 신문도 읽을 수 있는 테이블이 여럿 있었습니다. 아무도 그들을 들볶지 않았습니다. 아무도 그들을 재촉하지 않았습니다. 아무도 그들에게 뭐라도 팔려고 하지 않았습니다. 바샤스는 이익 보려는 동기 없이 작은 마을 모임 공간을 그냥 제공했습니다. 다른 업체는 그런 테이블이나 의자가 없었습니다. 한 평도 빠짐없이 제품 진열대로 채우고 거기서 이익을 얻으려고 애썼습니다.

에디 바샤가 모임 공간으로 할당한 평수만큼 손해를 봤을까요? 물론 안 봤습니다. 나아가 그는 테라스를 통째로 제공해 거기서 사람들이 빵 매장이나 식품 매장에서 산 것을 가지고 앉아 시간에 상관없이 먹기도 하고 지나가는 사람들 구경도 하면서 그곳을 노천카페처럼 활용할 수 있게 했습니다. 빵 매장에는 심지어 "사랑으로 구운 빵"이라고 쓰여 있었습니다. 물론 화장실도 바로 가까이에 있었습니다. 게다가 온갖 종류의 편의 설비도 제공되었습니다. 복사기나 휴지통, 기타 생활 편의 시설들이 오로지 고객의 편의를 위해 제공되었습니다. 그 모든 것이 고객의 기쁨을 위해 제공되었습니다.

자, 이 모든 것을 종합하면 어떤 것이 될까요? 바샤스가 제공한 것은 친절하고 우호적이며 따뜻하고 다정한 공동체 체험이었습니다. 다들 체험이 저와 비슷했고, 그 결과로 고객들은 충성심이 생겼습니다. 저는 동네에 바샤스와 경쟁이 될 슈퍼마켓이 몇 개가 더 생기든 관심이 없었습니다. 그런 곳에서 몇 푼을 더 아낄 수 있든 관심이 없었습니다. 에디 바샤가 제 마음을 사로잡은 수단은…… 호의였습니다.

성공은 호의goodwill에 자동으로 따라오는 결과입니다. 누가 에디 바샤가 한 일을 모방하고서 자기도 성공할 것이라고 생각한다면 그것은 전적으로 자신을 기만하는 일이 될 것입니다. 바샤의 성공은 그의 태도에서 비롯한 것이었습니다. 바샤는 무슨 일을 하든 성공했을 것이 틀림없었습니다. 바샤의 고객들은 바샤와 체험을 함께한다고 느꼈습니다. 같은 입장에서 체험을 공유하고 있다고 느꼈습니다. 바샤와 더불어 체험한다고 느꼈습니다. 거의 바샤를 더 큰 가족의 일원인 것처럼 느꼈습니다. 바샤의 파워는 호의적인 마음가짐 속에 있었고 올바른 동기에서 비롯한 의도 속에 있었습니다.

이런 체험을 가까운 자동차 관리국 방문 체험과 비교해 봅시다. 그곳에서는 분명 아무도 우리에게 별 관심이 없습니다. 가구는 차갑고 매력적이지 못한 회색빛 철제입니다. 사무원의 태도에는 귀찮음과 짜증, 심지어 경멸까지 묻어 있습니다. 우리는 지저분한 환경에서 길게 줄을 서 기다리지 않으면 안 됩니다. 형편없는 체험입니다. 다들 자동차 관리국에 가기를 싫어합니다. 우리가 그곳에 가는 것은 가지 않으면 안 되기 때문입니다. 선택의 여지가 있다면 아무도 안 가려고 할 것입니다. 그곳은 끌어당김 *attraction*의 파워가 전혀 없습니다.

여기서 우리는 다음 원칙을 얻습니다. 포스로 사람들은 뭔가를 잡으려고 애쓰다 탈진합니다. 끌어당김으로 우주는 사람을 일으켜 세웁니다. 파워는 자기장과 비슷하다고 할 수 있습니다. 어떤 사람들의 장은 우리를 밀어내고 어떤 사람들의 장은 우리를 끌어당깁니다. 어떤 자리에 가거나 파티에 참석할 때면 우리가 만나 보기를 고대하는 사람들이 있습니다. 그들과 마주치면 활기가 솟는 기분이 듭니다. 반면에 우리는 어떤 이들과는 마주치지 않으려고 길을 피합니다. 그들을 만나고 나면 진이 빠지는 기분이 들기 때문입니다.

그렇다면 우리가 자문할 것은 이것입니다. *나는 다른 사람들이 어떻게 느끼게 하고 있을까?* 긴 신청서를 작성하는 일, 길게 줄을 서 기다리는 일, 엉망인 화장실을 이용하는 일, 불편한 의자에 앉아 있는 일, 준비된 그늘이 없어 땡볕에 주차하는 일로는 사람들이 기분 좋게 느낄 수 없습니다.

그늘 이야기가 나왔으니 식당 입구도 살펴봅시다. 입구에 차양이 있습니까? 입구가 미적으로 장식되어 있으면 (제가 보장하는데) 그 장소의 에너지가 완전히 바뀌어 새로운 고객층을 끌어당기기도 합니다만 입구에 차양이 있으면 고객이 편합니다. 만찬 참석을 위해 한껏 차려입었는데 차에서 내려 비를 맞고 싶은 사람이 있겠습니까? 이에 대비가 된 식당이라면 발레파킹이 가능해야 하되 그 이용이 필수여서는 안 됩니다. 저는 발레파킹 이용이 필수인 탓에 일부 디스코 클럽을 기피했던 이들을 많이 알고 있습니다. 틀림없이 클럽 주인은 자기가 고객들에게서 몇 달러 더 짜내고 있다고 생각했겠지만, 사실 그는 고객을 무더기로 돌려보내고 있었습니다. 모든 고객은 어떤 직관적인 수준에서 주인의 동기를 눈치챕니다. 아무도 속일 수 없습니다. 똑같은 발레파킹 서비스가 고객을 편하게 해 주려는 주인의 배려를 보여 줄 수도 있고, 고객에게서 몇 푼 더 짜내려는 주인의 탐욕을 보여 줄 수도 있습니다. 우리는 어떤 무의식적인 수준에서 그 차이를 압니다.

식당 안으로 들어가면 실내 장식과 조명과 음악이 전체 분위기를 이루어 우리에게 들이닥칩니다. 이 이야기만 해도 책 한 권감입니다. 이 방면에 사람들이 얼마나 무감각한지를 살펴보면 놀라 자빠지게 됩니다. 예를 들어 음악이 너무 시끄럽습니다. 프로그레시브 재즈거나 헤비메탈입니다. 게다가 절대로 멈추지도 않습니다. 연구에 의하면 사람들은 주기적으로 음악 소리에서 벗어날 필요가 있습니다. 그래서 이 점을 연구한 사람들은 레퍼토리를 짤 때 침묵의 주기를 넣습니다. 이 방면에 무감각한 사람들은 끔찍한 방송국의 음악 채널을 고정해 놓거나 자기들이 좋아하는 테이프를 생각 없이 틀어 놓습니다. 업주라면 본인이 좋아하는 테이프는 제쳐 놓고 고객이 좋아하는 음악을 골라야 합니다.

이탈리아 식당이 동네에 있었는데 그곳 주인은 초기 로큰롤과 그 시대 전체의 팬인 것이 분명했습니다. 그곳의 음악은 혐오스러웠습니다. 같이 있던 사람들이 음악이 정말로 끔찍했다고 평하지는 않았지만, 저는 다시는 그 식당에 가지 않았습니다. 주인 남자는 그 음악을 사랑했지만 다른 사람들은 모두 질색했습니다. 사람들은 이탈리아 식당에서 어떤 음악을 기대할까요? 베르디의 오페라나 이탈리아 길거리 음악이 조용하고 은은하게 깔리기를 원합니다. 그래야 대화에 방해가 안 되고 종업원들이 주문받는 데 지장을 주지 않습니다.

음향은 지극히 중요합니다. 하지만 대다수 식당의 주인들은 귀가 먹은 것이 확실합니다. 소리가 이리저리 튀고 울립니다. 벽이나 바닥의 표면이 딱딱해서 소리가 증폭됩니다. 계속되는 큰 소음도 주인이 창조한 것이라면 아무 문제가 없습니다. 주인이 비즈니스상 원하는 분위기가 그런 것이기 때문입니다. 제가 말하는 것은 강압적인 소음입니다. 예를 들어 비즈니스 상담이나 로맨틱한 대화를 하고 싶은데 음향이 끔찍합니다. 여기에 냉난방장치가 진동하는 소리와 주방에서 고속으로 돌아가는 배기 팬소리가 더해지면 문제는 더욱 심각해집니다. 소리는 우리의 주요 감각을 자극합니다. 냄새와 마찬가지로 말이죠. 가게 안에 좋은 냄새를 창조하는 데 얼마나 들까요? 사실상 아무것도 들지 않습니다.

색상과 장식은 또 다른 중요한 주제입니다. 우리는 그 가게가 이 주제를 중시한다는 사실 자체에서 감명받지, 반드시 그 스타일이 마음에 들어서 감명받는 것은 아닙니다. 그보다는 우리를 위해 경험을 창조하려는 노력에 들어간 에너지의 양이 얼마나 되는지가 중요합니다.

장소도 엄청나게 중요할 수 있습니다. 뉴욕시 맨해튼섬 동부에서 성공하는가 못 하는가는 식당이 도로 어느 편에 위치하는지에 달려 있는데, 그 사실을 파산한 뒤에야 아는 사람들이 많습니다. 공연 관람 후에 제일 좋은 차들은 동쪽을 향합니다.

다음으로는 그 장소에서 영업하던 가게들이 파산하거나 실패한 적이 있는지 알아봐야 합니다. 그 장소에서 파산하거나 실패한 가게가 한 군데뿐이더라도, 그 자리에 새 가게를 열었다가 타격을 받을 확률이 50퍼센트는 된다고 할 수 있습니다. 그 장소에서 두 가게가 실패했다면 확률을 95퍼센트로 올리겠습니다. 그 장소에서 세 가게가 실패했다면 그곳을 고려하는 것조차 바보 같은 일입니다. 전에 살던 동네에서 저는 가게 10여 곳이 잇달아 파산한 건물들이 어딘지 알고 있었습니다. 그런 장소에는 뭔가 매우 잘못된 것이 분명 있었습니다. 이런 경우에 작용하는 요인들이 있지만, 이 책에서 더 살펴보지는 않겠습니다. 다만 흔한 말로 하자면, 어떤 장소들은 에너지가 안 좋아 아무리 페인트칠과 분칠을 해도 바로잡히지 않는다고 할 수 있습니다.

이 장의 주안점은 다 밝혔습니다. 고객이 호의를 체험하는 것이 중요함을 깊이 자각하고 즐거운 체험을 창조하기 위해 업주가 진심으로 노력하는 것이 참으로 중요합니다. 사려 깊고 세심하게 배려하면 이득도 되고 즐거울 뿐만 아니라 사방에서 찬사가 쏟아질 것입니다. 모든 사람은 매력에 매료됩니다. 본인에게 매력이 없으면 매력을 고용해야 합니다!

디즈니 월드의 성공은 고객과 접촉하는 종업원들 전체가 외향적이고 친절하고 우호적이며 정중하다는 점에 상당히 덕을 보고 있습니다. 그들은 사람들을 가족처럼 대합니다. 이처럼 고객이 '마음 편하게' 해 주는 것이 중요합니다. 이는 유별날 것 없는 예의와 환대일 뿐인데, 오늘날의 따분한 기업체들에는 이것이 너무나 부족합니다. 따분한 환경은 따분한 종업원을 배출하고 둔하고 따분한 고객을 유치해서, 그로 인해 경험 전체가 따분해집니다. 사람들은 우리가 어떻게 하든 다 봐주지만 따분하게 하는 것만은 봐주지 않습니다!

그러면 이제 식사를 하러 갑시다.

3장

먹어 봐야
맛을 알지

SUCCESS is FOR YOU

자, 어느 사업체가 우리의 호기심을 끌거나 유혹해서 어떻게든 우리를 문 안에 끌어들였습니다. 이곳이 식당으로서 형편없는 사례라면 이미 우리는 식욕을 거의 잃었을 테고, 이곳이 훌륭한 사례라면 우리는 기대가 클 겁니다. 이미 사람들에게 긍정적 경험을 안겨 준 곳이기 때문입니다. 우리는 이제부터 이 식당에서 할 경험에 대한 낙관적 기대에 차게 됩니다.

알다시피 기대하거나 예상하는 대로 경험의 질이 결정되는 경향이 있습니다. 어떤 것이 엉망일 거라고 예상하면 실제로 그럴 때가 아주 많습니다. 기대에 따라 마음가짐이나 입장이 생기면 그에 따라 우리가 어떤 경험을 할지도 결정됩니다. 그러므로 고객들의 기대는 결정적으로 중요합니다. 이 상업 시설에 또 가길 고대할 것인가, 아니면 또 가게 될까 봐 겁먹을 것인가. 이 점이 중요합니다.

식당에서는 문에 들어선 다음에 벌어지는 일이 매우 중요합니다. 저는 식당이나 다른 가게의 주인들이 왜 이 시점에서 생기는 문제를 전혀 알아차리지 못하는지 궁금합니다. 그 문제는 바로 *대기 시간*입니다. 대기 시간은 고객에게 기대가 생긴 뒤에 그 기대가 채워지기까지 비어 있는 시간입니다. 이 빈 시간이 엄청나게 중요한 것은 모든 고객은 뭔가가 필요해서 오기 때문입니다. 우리는 그 장소나 그 제품이나 그 음식이나 그 서비스가 필요합니다. 그래서 우리는 조급하게 굽니다. 불만을 느낍니다. 이 만남의 시점에서 그들은 우리를 아주 조심스럽게 대해야 합니다. 이 시점에서 우리의 자부심이 작동하기 시작하기 때문입니다. 중요한 사람처럼 대우받으면, 우리는 그곳을 사랑할 것입니다. 보살펴 주길 바라는 욕구가 채워지지 않으면, 그곳은 이제 어떤 일로도 우리에게 기쁨을 줄 수 없습니다. 이미 우리라는 존재를 정중히 대우하지 않았기 때문입니다.

지금 이야기하고 있는 것은 종업원이 다가와 마침내 우리 주문을 받기까지 따분한 대기실에서 (아니면 대기실도 없는 곳에서) 끝없이 기다리는 상황입니다. 우리가 배고플 때 5분은 아주 오랜 시간입니다. 우리가 배부를 때 5분은 아무것도 아닙니다. 여기에는 큰 차이가 있습니다. 고객이 앉자마자 테이블로 다가가는 직원을 두는 목적은 업주가 고객을 보살피고 사람대접한다는 점, 고객의 위장胃臟만 아니라 고객이라는 사람도 대접한다는 점을 고객이 느끼게 하는 데 있습니다.

마치 식당에 위장만 오고 사람은 오지 않은 것처럼, 위장에만 집중하는 근시안적인 요리사나 식당 주인이 많습니다. 우리는 보살핌을 잘 받으면 위장에는 무엇을 집어넣든 만족할 것입니다. 그래서 성공적인 상업 시설에서는 예외 없이 우리의 체험을 배려하기 때문에, 즉 우리의 입장을 잘 알고 있기 때문에 이 문제를 확실하게 해결합니다. 다루는 방법은 상황에 따라 달라지지만, 원칙은 항상 이 문제를 해결하겠다는 목적과 동기로 이 문제를 확실하게 마무리하는 것입니다. 이 같은 의도는 고객들이 현장에서 느낍니다.

우리가 느끼는 의문은 이렇습니다. 이 식당에서는 왜 손님이 자리에 앉아 주문할 준비가 되면 지체 없이 주문 받는 전담 직원을 두지 않을까? 이들은 왜 스위치만 누르면 손님이 주문할 준비가 되었음을 알리는 작은 불을 달아 놓지 않을까? 이들은 왜 이 지극히 중요한 시점에 맨날 주방으로 사라져 버릴까? 이들은 이따가 돈 받을 때가 되면 틀림없이 또 그럴 것입니다. 체험 전체에서 가장 결정적인 두 시점을 망칩니다. 첫 시점과 끝 시점을 망칩니다. 우리는 서빙 받을 때까지 기다려야 하는 것에 이미 짜증이 났는데, 이제 돈 낼 때가 되면 또 한 번 짜증이 납니다. 이렇게 해서는 지지자를 얻어 사람들에게 영향을 줄 수가 없습니다.

이 시점에서 우리는 인간 대 인간으로 종업원과 만납니다. 형식적이고 기계적이고 무신경한 종업원이 있고, 활기에 차 있어 우리가 좋아하는 종업원이 있습니다. 어떤 차이가 있을까요? 차이는 그들이 '존재하는' 정도에 있습니다. 그들은 '우리와 함께 있'거나 함께 있지 않습니다. 우리와 함께 있는 종업원은 우리와 함께 있지 않는 종업원에 비해 두 배의 팁을 받습니다. 그러한 피드백은 팁의 형태로도 나타나고 인기와 평판, 재방문 고객의 형태로도 나타납니다. 왕족처럼 대우받는다면 우리는 그 식당을 기억하고 다시 갈 것입니다.

성공적이지 못한 어떤 것에 제가 짜증이 나는 것은 그것이 따분하기 때문입니다. 나쁘다는 말이 아닙니다. 그저 따분하다는 말입니다. 세상의 어떤 일이, 식당에 우두커니 앉아 있다가 드디어 누가 한가롭게 걸어와 관심 있는 척하면서 그 유명한 질문 "이제 주문할 준비 되셨습니까?"를 해 주길 기다리는 일보다 따분할 수 있을까요? '잘 있어라! 우리는 주문할 준비가 10분 전에 되셨단다.'가 우리 마음속을 스치는 대답입니다.

이것이 패스트푸드 체인 같은 차갑고 인간미 없는 기업들이 보여 주는 전형적인 모습입니다. 그런 곳에는 아무도 없습니다.

어떤 인간도 없습니다. 우리는 대형 슈퍼마켓 체인이나 요즘의 흔해빠진 소매점에서도 같은 경험을 합니다. 제품 진열대 사이를 헤맵니다. 찾고 있는 물건을 어디서도 찾을 수 없습니다. 주위를 둘러봐도 아무도 없습니다. 이뿐만 아니라 누가 종업원인지 알아볼 수 있도록 표시하지도 않는 업체들이 많습니다. 이러면 우리는 종업원처럼 보이는 사람에게 말을 걸었다가 "직원 아닌데요." 소리만 듣고 멋쩍어할 가능성까지 무릅쓰며 돌아다녀야 합니다. 급기야 우리는 "이런 젠장." 하고는 나가 버립니다.

우두커니 기다리게 만드는 식당에서 우리는 나가 버립니다. 우리는 너무 배고프고 조급합니다. 그러나 더욱 중요한 것은 우리가 화를 내는 까닭이 우리의 필요, 우리의 행복, 우리의 편의, 우리라는 사람의 기쁨을 그들이 경멸하는 데 있다는 점입니다. 그들은 단지 우리의 돈을 원합니다. 이 점은 분명합니다. 그렇죠, 우리가 여기서 식사할 만큼 매우 배가 고프다면 무슨 상관이 있겠습니까? 고객들에게 사실상 아무것도 주지 않고 돈만 뜯어내는 일이 벌어질 수 있습니다. 고객들은 위장 때문에 돈을 뜯기는 셈입니다. 달리 어떻게 할 도리가 있겠습니까?

다음으로 우리가 겪는 일은 같은 식당을 계속 이용하는데 해가 바뀌어도 메뉴가 절대 바뀌지 않는 것입니다. 마치 요리사가 과거에 학원에서 배운 이후로 새로 요리법 익힌 것이 아무것도 없는 듯합니다. 똑같은 메뉴만 고수하는 것은 융통성 없기, 유연성 없기, 하는 법을 다 익혀 쉬워진 일에만 붙잡혀 있기를 원칙으로 삼는 것이나 마찬가지입니다. 이는 창의성, 다재다능함, 독창성이 부족한 데다가 사람들이 얼마나 쉽게 질리는지 모르고 있음을 보여 줍니다. 물론 일부 메뉴는 동일하게 고정되어 있어야 합니다. 또한 일부 메뉴는 고객이 (기대로 애가 타고, 흥미롭고, 흥분되는) 신선한 경험을 하도록 끊임없이 바뀌어야 하고, 창조적이고, 새로워야 합니다.

작은 동네 식당이 생각납니다. 좀 웃기는 곳이었는데, 왜냐면 메뉴 구성이 너무 남의 시선을 의식한 과시적인 것이었기 때문입니다. 샐러드드레싱을 주문하니 라즈베리 비네그레트가 있고 지금은 그게 다라고 했습니다. 라즈베리 비네그레트 아니면 페타 치즈*라니, 하! 저는 페타 치즈 드레싱은 질색입니다. 라즈베리 비네그레트 드레싱도 질색입니다. 저는 음식 취향이 무척 평범한 사람입니다. 저는 사우전드 아일랜드 드레싱을 좋아합니다. 블루 치즈 드레싱을 좋아합니다. 이런 것이 없다면 저는 다시 가지 않을 것입니다.

저는 초콜릿광이기도 한데 저만 그런 것이 아닙니다. 세상에는 초콜릿광이 많습니다. 어떤 식당들은 확실히 디저트 부문에 노력을 기울입니다. 그래서 큼직하고 인상적인 디저트 상을 차려

---

* 염소젖이나 양젖으로 만드는 그리스 치즈

놓는데 전부 과일입니다. 저는 초콜릿을 좋아합니다. 어느 식당이 메뉴에 초콜릿이 하나도 없고 그런 메뉴를 계속 고집할 것이라면, 저는 다시 가지 않을 것입니다.

앞에서 말한 동네 식당에 갈 때마다 저는 초콜릿으로 된 메뉴가 있냐고 물었습니다. 그들이 애초에 사람 말을 들을 줄 알았다면 제 이야기를 들었을 것이고, 식당 주인에게 가서 이렇게 말했을 것입니다. "아시다시피 몇몇 손님은 초콜릿을 좋아해요. 어떤 손님은 진저에일과 다이어트 콜라를 좋아하고요. 블루 치즈 드레싱을 좋아하는 손님도 있습니다. 그러니 그런 것을 내놓으면 어떨까요?"

그렇다고 그들이 라즈베리 비네그레트 드레싱만 내놓는 덕분에 얻고 있다고 생각하는 가짜 위신을 포기할 필요는 없습니다. 라즈베리 비네그레트를 내놓아도 되고 그것을 특색으로 삼아도 됩니다. 그 식당은 라즈베리 비네그레트를 내놓으면 어떤 괴이한 방법으로 식당이 매우 특별한 곳이 된다는, 사회적 지위에 대한 기이하고 하찮은 생각에 바탕한 곳이기 때문입니다. 그러나 또한 그들은 한쪽에 사우전드 아일랜드 드레싱 한 병을 놓아두어도 됩니다. 허쉬 초콜릿 시럽 한 깡통이나 다이어트 펩시 한 캔, 진저에일 한 병을 갖다 놓는 데 돈이 얼마나 들까요? 많이 들어갈까요? 그럴 리가요.

매우 많은 기업들이 도산하는 이유는 그들에게서는 배려를 찾아볼 수 없다는 데 있습니다. 배려도 전혀 없고 즉각적 대응도 전혀 없습니다. 관찰하고 귀 기울이고 배울 수 있는 능력이나 자발성이 전혀 없습니다. 확실히 이런 기업 사람들은 현재 상황에 만족합니다. 형식적인 사업체를 소유하고 형식적인 태도로 운영하면서 형식적인 수준의 성공만 거둡니다. 이들에게는 형식적인 고객들이 와서 형식적인 환경에서 형식적인 시중을 받습니다. 이들은 삶 전체가 따분함의 수준에 있는데, 제가 보기에 그런 삶은 치명적입니다. 흔히들 탓하는 스트레스보다는 따분함 때문에 죽는 사람이 더 많은 것이 사실입니다. 따분함은 가장 큰 스트레스 요인 가운데 하나입니다. 그래서 고객이 전화하면 통화 중이라고 기다리게 하는 업체는 고객을 잃습니다. 통화 중 대기가 길어질수록 더 많이 잃습니다.

이것이 제가 뉴욕 동부 지역에서 병원을 운영했을 때 수신 전화 회선을 10개나 두었던 이유입니다. 누가 "통화하기 힘들었다."고 말만 하면 저는 즉시 회선을 하나 더 늘렸습니다. 어느 업체에 연락했는데 계속 통화 중이어서 결국에는 "이런 젠장." 하고 끊어 버릴 때가 얼마나 많습니까? 누가 그런 업체를 필요로 하겠습니까? 그런 업체가 고객을 배려하지 않는다는 점은 명백합니다. 전화로 들려오는 목소리도 차가운 기계 같습니다. 아니면 누가 자기들에게 전화를 해서 화가 난 것처럼 행동합니다.

예를 들어 제가 피닉스시에 있는 알루미늄 제품 제조사 몇 곳에 전화했을 때였습니다. 어떤 여자가 받았는데 여자는 제가 전화해서 거의 화가 난 것 같았습니다. "사업자 등록번호 갖고 있는 게 확실한가요?" 여자는 마치 도매업체가 실수로 소매를 했다가는 그 길로 끝장이라도 나는 양 묻고 또 물었습니다.

자, 푸딩 맛이 어떤지를 알려면 푸딩을 먹어 봐야 합니다. 식당에서 대기 시간이라는 장애물을 통과했으면, 다음으로 만날 것은 음식 자체입니다. 요리사가 되고자 하는 사람이라면 사상 최고의 셰프가 되세요. 그 같은 의도를 사람들이 음식에서 느끼는 때는, 이상하게도 셰프가 아름다운 시각적 경험을 창출하려고 음식이 접시에 담긴 모습이나 접시가 배열된 모습에도 신경을 쏠 때입니다.

제가 아는 가게 중에 오믈렛 전문이라고 광고하는 곳이 있었습니다. 하지만 그곳에 가면 평범한 오믈렛이 나왔는데, 이상하리만치 맨날 납작했습니다. 아마 파슬리 쪼가리가 들어 있고 감자는 넣는 시늉만 했을 것이었습니다. 그 지경인데도 장사가 되었습니다. 그곳이 장사가 된 것은 가게가 그 위치에 있고 아침 식사에 굶주린 손님들이 있기 때문이었습니다.

자, 혹시 기회가 되면 프랑스 노르망디 해안에 있는 몽생미셸 섬*에 가보세요. 제게 그곳은 세계에서 가장 경이로운 곳 가운데

---

* 섬 전체가 요새 겸 수도원인 것으로 유명하다.

하나였습니다. 좁고 구불구불한 작은 거리를 따라 올라가니 오믈렛을 전문으로 하는 식당이 나왔습니다. 들어가니 활활 타오르는 불이 보였습니다. 높다란 요리사 모자를 쓰고 큼직한 구리 그릇과 거품기를 든 셰프들이 있었습니다. 이렇게 창의성 넘치는 모습을 보여 주며 그들은 계란을 재빠르게 휘저었고 뭔지 모를 비밀의 재료들도 넣었습니다.(아마 그들이 쏟는 피땀 말고는 아무것도 넣지 않았을 수도 있습니다.) 그들은 오믈렛에 정말로 심혈을 기울였습니다.

손님들은 모두 이 모습을 보는 것으로써 창조의 전 과정에 참여를 했습니다. 오믈렛은 간단한 요리가 아니라 그 이상의 것이라는 점이 분명하게 드러났습니다. 어느 손님이 주문한 오믈렛 하나의 창조 과정에 장소 전체가 참여하는 듯했습니다. 다 된 오믈렛을 보니 두께가 틀림없이 10센티미터는 되었습니다. 납작한 1센티미터 두께가 아니었습니다. 10센티미터 두께의 정말로 마음에 드는 창조물이었습니다! 차이가 무엇일까요? 그 오믈렛은 자부심을 가질 만한 탁월한 통달의 수준에서 만들어진 것이었습니다. 제가 납작 오믈렛 식당의 주인인데 제 앞에 그런 탁월한 오믈렛이 차려진다면, 저는 부끄러워 죽고 싶을 것입니다. 그리고 즉시 몽생미셸의 이 사람들이 어떻게 이런 놀라운 오믈렛을 창조하는지를 반드시 알아내려고 할 것입니다.

형편없는 식당에서 먹고 나오면 우리는 이런 생각이 듭니다.

'여기 주인은 다른 데서 먹어 본 적이 한 번도 없나? 잘 만든 디저트가 어떤 모양인지 모르나 보지? 머리는 어디다 두고 다니는 걸까?' 성공적인 사업주는 고객을 위해 체험을 창조하길 원합니다. 고객(과 자기 자신)을 존중하고 고객이 하는 체험의 질을 존중하기에 자기가 이룰 수 있고, 배울 수 있고, 창조할 수 있고, 상상할 수 있는 최선의 것을 고객과 나누길 원합니다. 이렇게 할 때 성공은 자동으로 이루어집니다.

'인간의 본성'이 우리의 유일한 고객

앞에서 이야기했듯이 '탁월함'은 대단히 중요합니다. 간단히 말해 탁월함은 모방할 수 있는 것이 아닙니다. 탁월함은 탁월함에 대한 헌신에서 나오는 우수한 질郡로, 명백히 결과에 해당하는 것입니다. 원인이 아닙니다. 여기서 저항하기 좋아하는 좌뇌가 또다시 끼어들 것입니다.

"그래요, 하지만 난 창조적인 사람이 아닙니다. 창조적인 사람들은 우뇌형 인간입니다. 그들은 그렇게 태어났고 난 아닙니다. 난 창조적 상상력이 없습니다."

실제로는 이런 말 가운데 어느 것도 진실이 아닙니다. 모든 사람은 창조적 상상력이 있습니다. 그렇지 않으면 이 행성에서 살아가는 것조차 불가능합니다. 우리의 창조적 상상력이 일일이 기대치를 내놓아야 그 기대치에 따라 우리가 하루 종일 그 모든 일을 할 수 있는 것입니다. 우리는 당연히 창조적 상상력이 있습니다. 우리가 그 중요성을 깨닫지 못하고 있을 뿐입니다.

진정으로 창조적인 사람은 배려하고 공유하고 다정하고 참여하는 마음가짐, 타인의 경험이 어떨지를 상상해 타인을 위해 가능한 한 최상의 경험을 창조하려고 진심으로 노력하는 마음가짐에 바탕하는 사람입니다. 이런 마음가짐의 제일 좋은 대체물로 많은 업체가 생존을 의지하는 것은 싼 가격입니다. 이런 마음가짐이 전혀 없으면 그들은 싼 가격과 많은 양에 의지합니다. 자기들이 하는 일을 잘하지 못하면 그들은 차이를 메꾸기 위해 그 일을 많이 할 수밖에 없습니다.

이윤을 말하는 것이 아닙니다. 이윤은 결과일 뿐 이윤을 높이는 것은 진정한 이익의 원인이 아닙니다. 우리가 완벽하게 통달해서, 탁월하게, 존중심을 가지고 하는 모든 일은 자동으로 이익을 냅니다. 성공하는 사람들 절대다수의 비결은 자신이 가장 좋아하는 일을 하되 그 일을 최대한도로 하는 것입니다. 이는 우리가 종이 인형이나 가짜 수염을 만들든, 집에서 허수아비를 만들든, 새집이나 좌변기 변좌를 만들든, 그 밖에 자신이 좋아하는 무엇을 만들든 성공할 수 있음을 뜻합니다. 자신의 의도 덕분에 그 일에 통달하게 되기 때문입니다. 탁월함이란 나의 의도가 내가 진실성 있게 임하는 분야에 나타난 것입니다. 진정으로 성공하는 사람이 발휘하는 진짜 파워는 다른 사람의 인간적 속성humanness에 진심으로 부합하는 데서 나옵니다.

그렇다면 고객과의 관계는 고객의 인간적 속성과 맺는 것이지 그저 고객이 요구하는 자질구레한 구매 조건과 맺는 것이 아닙니다. 즐거움을 주는 사람이든 노래하거나 춤을 추는 사람이든 설계하고 제작하는 사람이든 진정으로 성공하는 사람들은 자신이 제공하는 서비스의 구매자가 항상 동일한 고객임을 알고 있습니다. *이 세상을 통틀어 고객은 하나밖에 없습니다.* 이 고객이 누구인지만 알면 아무런 어려움 없이 뭐든 팔거나 성과를 거둘 수 있습니다. 이 고객의 이름은 '인간의 본성human nature'입니다. 외국어 코스가 되었든 자동차 리스가 되었든, 우리가 어떤 서비스에 등록하거나 약정을 맺는 이유는 그 서비스가 우리 인간이 지닌 본성의 어떤 면에 호소하기 때문입니다. 고객은 하나밖에 없고, 그 고객은 인간의 본성 자체입니다. 각각의 개별 고객은 특정 경우에서 인간의 본성을 대표하고 있을 뿐입니다. 그들에게 제공해야 할 것은 보편적인 어떤 것입니다.

앞에서 파워는 진실로 보편적인 것을 알아보는 데서 생기지 한계 있는 것에 노력하는 데서 생기지 않는다고 했습니다. 남자든 여자든 아이든, 인간의 본성은 보편적인 것입니다. 어느 사업주가 현재에 이를 수 있도록 해 준 것은 오로지 인간의 본성입니다. 그리고 그가 사업체를 유지할지 못 할지, 그 사업체가 성공할지 못 할지를 결정짓는 것도 오로지 인간의 본성입니다. 더 나은 수법 같은 것은 아무 의미도 없습니다. 더 나은 수법이 의미 있는 것은 어떤 중요한 인간적 욕구에 도움될 때뿐입니다. 인정받고, 중요하게 여겨지고, 축하받고자 하는 욕구를 누가 중요한 것으로 알아주는 때뿐입니다.

　말할 것도 없이 저는 인색하고 탐욕스럽고 욕심 많은 마음가짐과 관대하고 트여 있고 인심 좋은 마음가짐을 구분해서 이야기하고 있습니다. 좌뇌는 또다시 이럴 것입니다. "그래요, 난 그런 자질이 없습니다." 이는 또다시 '저 밖'에 있는 것을 모방하려고 애쓰는 것입니다. 관대하고, 배려하고, 통 크고, 창조적이고, 지략 있고, 적응력 있는 마음가짐은 모두 그 사업을 지휘하는 사람이 지닌 인간의 본성에서 자동으로 생겨나는 것입니다. 이런 마음가짐은 인간의 본성 자체의 자질이고, 따라서 우리 모두의 내면에 있는 것입니다. 우리는 스위치는 어디에 있고 우리 내면의 파워 전자석은 어떻게 켜는 것인지만 알면 됩니다. 어떻게 하면 대가를 치르고 성공을 얻으려 애쓰는 대신에 성공을 끌어당길까요? 성공이 우리를 뒤쫓아야 마땅한 일입니다. 우리가 성공을 뒤쫓는 것은 마땅한 일이 아닙니다. 온 세상이 성공을 뒤쫓고 있지만 그게 무슨 의미가 있겠습니까? 성공하는 사람들은 사실 성공을 추구하지도 않습니다.

고객의 돈을 쉽게 생각하지 말라

이 장을 마무리하면서 우리도 식사를 마칩시다. 이제 계산서를 받을 시간입니다. 이때 또 한 번 대참사가 벌어집니다. 계산서 줄 시간이 언제인지를 모르는 종업원은 단 한 명도 없습니다. 그런데도 종업원들은 지금이 마침내 자기들의 이익을 실현할 시간, 즉 팁을 받을 시간이라서 일부러 주방에 숨는 것 같습니다. 종업원은 생활비를 벌고 손님은 긍정적 기분과 호감을 느끼며 가게에서 나갈 시간이지 않겠습니까? 그런데 이 마지막 결정적인 순간에 종업원들이 사라지면서 체험 전체의 성공이 아슬아슬해집니다.

약속 시간이 다가올 수도 있고 연극의 시작 부분을 놓칠 수도 있고 기타 등등의 사정이 있는데, 돈을 움켜쥐고는 누가 제발 이 돈 좀 받아 달라고 애원하면서 식당에 앉아 있은 적이 얼마나 많습니까? 심지어는 마지못해 우리 돈을 받기로 결정한 뒤에도 이제 그들은 또 20분 동안 사라집니다. 계산서 가지고 뭘 할까요? 어디로 갔을까요? 우리는 그들이 거스름돈 같은 것을 들고 복도를 뛰어오는지 궁금해합니다. 아니면 드디어 거스름돈을 들고 나타났는데 액면 금액이 잘못되었습니다.

예를 들어 점심값이 20달러면 그들은 50달러 지폐를 받아 거스름돈으로 20달러 지폐와 10달러 지폐를 가져옵니다. 서비스가 엉망이었는데도 불구하고 우리는 마음씨 좋게 그들이 최소한으로 기대하는 15~20퍼센트의 팁에 해당하는 3~4달러를 남기고 싶었는데, 이제 그들은 우리가 쉽게 그러지 못하도록 성공적으로 저지한 것입니다. 우리는 종업원 팁을 떼먹고 가거나, 아니면 다시 종업원의 시선을 끌려고 애쓰며 또다시 10분을 날려야 합니다. 종업원은 금전등록기까지 한 번 더 왕복 여행을 하는데, 거기선 아무도 뭐가 문제인지를 몰라 끝없는 시간이 걸립니다. 드디어 종업원이 1달러짜리 다섯 장을 가지고 돌아오는데 마치 우리가 자기에게 폐를 끼쳤다는 태도입니다. 이런 젠장, 우리는 생각합니다. 그건 당신 돈이라고. 이것도 모자라 그들은 음식값에 세금을 얹어 그 액수를 우리에게 합계 금액으로 제시하는 무례까지 보탭니다. 이제 우리는 세금에 대해서도 15~20퍼센트의 팁을 달라는 기대를 받는 것입니다.

음식값이 75달러면 계산서에 최소 15퍼센트의 팁이 청구됩니다. 그렇겠죠? 적어도 5달러의 세금이 붙으면 식삿값은 이제 최소 80달러입니다. 이건 종업원이 80달러의 최소 15퍼센트를 팁으로 기대한다는 뜻입니다. 여기서 다음 원칙이 나옵니다. *여러모로 고객의 안녕을 책임진다.* 고객의 돈을 가볍게 생각하면 안 됩니다. 고객이 돈을 허비하지 않도록 해야 하고, 바가지를 쓰지 않도록 해야 합니다. 불편이나 짜증을 느끼지 않도록 고객을 보호해야 합니다. 사업체 소유자인 우리가 이렇게 하지 않으면 누가 하겠습니까? 우리가 운이 좋다면, 가끔 있는 '훌륭한' 직원이 할 것입니다. 그런 행동에 그가 어떤 사람인지가 나타나는 것이니까요. 우리는 그런 행동을 모방할 수 없습니다. 우리도 그런 존재거나 아니거나 둘 중 하나입니다.

우리가 일련의 올바른 마음가짐들을 나타낸다면 성공은 도저히 피할 수 없는 일이 됩니다. 이것이 최고 일류들이 자주 제의를 거절하는 이유입니다. 제의 받은 대로 성공할 수 있을지를 모르기 때문이 아닙니다. 그건 이미 끝난 결론입니다. 당연히 할 수 있습니다. 성공은 자동으로 따라옵니다. 그들이 알고 싶은 것은 굳이 할 가치가 있는 일일까 또는 과연 흥미로운 일이기나 할까 하는 점입니다.

그러면 우리는 왜 최고 일류들을 돈 주고 부릴 수 없을까요? 그들은 비매품이기 때문입니다. 그들은 부족한 것이 없습니다. 그뿐입니다. 기이하게도, 돈 주고 부릴 수 없다는 사실이야말로 우리가 그들에게 강력히 끌리는 이유 가운데 하나입니다.

4장

부족한 것이
없을 때

SUCCESS is FOR YOU

우리는 경험적으로 세상에서 어떤 사람들은 부족한 것이 없고,[*] 다른 사람들은 그렇지 못하다는 것을 알고 있습니다. 하는 일이 무엇인지는 상관없습니다. 부족한 것이 없으면 잘못되는 일이 별로 없습니다. 손대는 일마다 거의 다 이익으로 돌아옵니다.

성공을 흉내 내려고 헛되이 노력하는 사람들을 관찰해 보면, 그들이 원예 재능 없이 정원을 잘 가꾸려고 애쓰고 있다는 것을 알 수 있습니다. 원예 재능이 있는가, 이것이 우리의 관심사입니

_____

[*] 영어에서 'have(got) it made'는 성공이나 행복한 삶에 필요한 것이 다 있다. 즉 '부족한 것이 없다.'는 뜻이다.

다. 원예 재능은 정원사의 마음가짐과 같아서 원예 재능이 있는 사람은 어디서든 성공적인 정원을 가꿀 것이기 때문입니다. 정원에서 자라는 것들은 중요하지 않습니다. 정원에서 자라는 것들은 결과입니다. 원인은 원예 재능에 있습니다.

그렇다면 부족한 것이 없다는 것은 노하우가 있음을 의미합니다. 우리가 어디를 가든 따라오고 무슨 일을 하든 나타나는 노하우입니다. 데이터를 많이 축적하는 것은 흥미로운 일입니다. 온갖 교육 과정을 수료하고 대학을 다니고 책을 읽으면 데이터로 가득 찹니다. 저는 데이터에 관심 가진 적이 전혀 없습니다. 데이터 습득은 매우 기계적인 일입니다. 컴퓨터의 일입니다. 우리가 알아야 할 것은 필요한 데이터를 골라낼 수 있도록 데이터를 이용할 수 있는 곳입니다. 온갖 쓸모없는 정보를 지니고 다니는 것은 아무 의미도 없습니다. 편리하긴 하겠지만 성공과는 무관합니다. 멋지긴 하겠지만 성공의 열쇠는 아닙니다.

기막힌 춤꾼이 춤추는 모습을 보게 되면, 그 춤꾼이 하는 동작을 다 따라 해 보면서 거울을 보세요. 같은 춤이 전혀 아닐 것입니다. 무엇을 빠뜨렸을까요? 그들이 지닌 능력의 핵심, 이 핵심이 나오는 근원을 파악하지 못했습니다. 다년간 연습하는 것은 그 사람 안에 이미 존재하고 있는 어떤 것이 외부로 완벽하게 나타나게 하는 과정일 뿐입니다. 물론 매일 여러 시간 연습하면 전문 지식과 표현 능력은 늡니다. 하지만 자신이 갖고 있는 것 이상을 내놓는 일은 여전히 불가능합니다.

수준 낮은 기량에 숙달된 사람들은 많습니다. 따분하고, 생기 없고, 기계적인 종업원들이 그렇습니다. 이들은 따분해하기, 무관심하기, 빚지기, 인기 없기로는 최고이고 동료와 상사가 인내하게 만들기로도 최고입니다. 이들은 사실 어떤 것에 숙달되어 있을까요? 따분한 인간이 되려고 일부러 애써 보세요. 제 말뜻을 알게 될 것입니다. 매우 힘든 일입니다. 그렇게 하려면 미칠 것입니다.

따분함을 비하하지는 맙시다. 기계적 직능 또한 세상에 제자리가 있는 것이고 확실히 세상은 그런 직능 없이는 돌아가지 못하기 때문입니다. 숙달 수준이 너무 낮아 아직 따분한 수준에도 이르지 못한 이들도 있습니다. 재미없고 판에 박히고 따분한 것에 매우 만족해하는 사람도 많이 있습니다. 그런 것은 안도감, 안락감, 안전감을 주기 때문입니다. 나름대로 훌륭한 목적에 기여하기 때문입니다. 우리에겐 안락감과 안전감도 필요하고, 확고히 자리 잡았다 싶은 영역도 필요하고, 솔직히 말해 아직 발전에 관심이 없는 영역도 필요합니다. 그래서 따분하거나 형식적인 삶인지는 중요하지 않습니다. 그런 삶이 행복에 도움되는지가 중요합니다.

제가 군 복무 중이었을 때, 진급을 거절하거나 장교 후보생 학교에 들어갈 기회를 포기하는 친구들이 많았습니다. "아니요, 사양하겠습니다." 그들은 이런 식이었습니다. "지금 있는 데서 부족한 것이 없습니다." 그들이 부족한 것이 없다고 느낀 것은 그들이 성공했다는 증거입니다. 바라는 바를 이미 찾았기 때문에 더 찾을 필요가 없는 것입니다. 꼭 맞는 역할을 찾아내서 그 역할에 행복하고 편안하게 몰두하는 것은 아주 멋지고 좋은 일입니다. 살살 부추겨서 그 역할을 그만두게 하려고 줄곧 애쓰는 이들을 조심하세요. 그들은 틀림없이 무슨 무슨 '의식' 훈련을 잔뜩 받았고 열광할 만한 경이로운 아이디어로 가득 차 있습니다. 그들을 너무 신임했다가는 어느새 그들로 인해 계획이 틀어져 버릴 것입니다.

목표를 이룬 데 만족하는 것으로 행복할 수 있다는 점을 이해하는 것이 중요합니다. 그래서 제 군대 동료들 입장에서는 더 진급할 필요가 없었습니다. 원하는 바를 이미 이루고 있었습니다. 이 일을 다른 시각으로 봅시다. 원하는 바가 입수 가능한 것이자 원하는 범위도 정해져 있는 것이라고 합시다. 이것을 손에 넣으면 두 가지가 따라옵니다. 만족과 행복입니다. 혹은 따분함과 환멸이 따라옵니다. 찾고 싶었던 것이 그 안에 없다면 말입니다.

우리가 세상에서 하는 일을 묘사하자면, 여기서 저기로 이동하기, 어떤 과제를 시간 내에 해내기, 어떤 것을 이곳에서 다른 곳으로 옮기기, 이것이 전부입니다. 의문은 이렇습니다. 우리의 사업이 성취된 뒤에는 그 사업에 어떤 일이 벌어질 것인가? 우리의 삶은 우리에게 없는 것과 우리에게 있는 것 사이를 계속 오갑니다. 우리에게 그것이 없다가 이제는 있습니다. 우리는 새 목표를 세울 때마다 '우리에게 그것이 없어서 그것을 원한다.'는 느낌에 바탕하여 세웁니다. 그런 뒤에는 그것을 얻거나 얻지 못하는 일이 벌어집니다. 그것을 얻지 못하면 우리는 불행하다고 말합니다. 그것을 얻으면 우리는 만족스럽다고 말합니다. 목표에 한계가 있으면 성공도 한계가 있습니다. 더욱 보편적인 원칙에 헌신하는 사람은 자신의 목표가 항상 성취되는 과정 중에 있고, 그 과정에는 결코 끝이 없습니다. 끝이 없는 이유는 매 순간이 그 자체로 완전해서 이미 끝을 본 것과 같기 때문입니다. 우리의 목표가 고객들로 하여금 정말 기분 좋고 유익하고 즐겁고 삶에 도움되는 체험을 하게 하는 것이라면, 우리가 그런 목표를 현실화할 방법에는 결코 끝이 있을 수가 없습니다. 매일 새로운 희열을 맛볼 것입니다.

그렇게 하는 식당들이 있습니다. 그런 식당은 실내 장식도 매력적이고 메뉴들도 아주 맛있어서 그곳에서 하는 체험 전체가 독특하고 대체 불가능합니다. 이런 경험을 제공하는 사업체 소유주의 동기는 당근을 뒤쫓는 노새의 동기와는 다릅니다. "원한다, 노력한다, 얻는다."는 프로그램에 전적으로 바탕하는 사람은 끊임없이 당근을 뒤쫓습니다. 그리고 원하는 바와 그 성취 사이에 항상 시간/공간의 간격이 존재합니다. 이런 일련의 마음가짐들에 바탕해 사람들은 목적지에 다다르길 안절부절 고대하며 평생을 보냅니다. 이렇기 때문에 행복은 언제나 무지개의 끝에 있고 우리가 지금 당장 있는 곳에는 절대 없습니다.

'나의 목적이나 목표, 동기 한 가지는 즐거운 시간을 보내는 데 있다.'라고 결정하면 우리는 성공합니다. 진정으로 성공하는 사람들의 전형적 특징 한 가지는 이 순간에 하고 있는 일을 항상 즐긴다는 점입니다. 그들은 과정을 즐깁니다. 저는 같은 그림에 몇 년간 공을 들여 온 화가들이나 같은 소설에 몇 년간 공을 들여 온 소설가들을 알고 있습니다. 이들은 이미 즐거운 시간을 보내고 있습니다. 그러니 급할 게 있겠습니까? 진정으로 성공하는 사람들은 성공을 연속적으로 끝없이 창출하는 능력이 내면에 있습니다. 큰돈 버는 법의 비밀을 알면, 관심을 사로잡을뿐더러 해 볼 만한 가치가 있는 일이 생기지 않는 한, 일에 신경도 쓰지 않게 될 때가 많아집니다.

'부족한 것 없음'은 욕구에서 나오는 것이 아닙니다. '저 밖'에서 결과를 좇을 때 나오는 것이 아닙니다. 부족한 것 없음은 우리가 내면에 있는 확실한 것에 연결될 때 나오는 마음가짐입니다. 사람들은 이것을 느낍니다. 그래서 우리를 원합니다. 확실하게 우리를 필요로 합니다. 우리는 사람들에게 기여할 능력이 있고, 그래서 우리는 소중합니다. 우리는 사람들에게 기여할 의도가 있고, 그래서 사람들은 우리를 찾습니다. 이런 능력과 의도로 일하는 것이 우리 스타일이고, 그래서 우리는 인기가 있습니다.

통속 심리학에서는 흔히 '기쁨쟁이'*를 낮잡아 봅니다. 저는 기쁨쟁이가 아닌 사람들을 많이 압니다. 사실 그들은 기쁨망침쟁이입니다. 그러니 '남 기쁘게 하기'를 분석해서 그것이 어떤 것으로 이루어져 있는지 알아봅시다. 중요한 것은 남 기쁘게 하기 자체가 아닙니다. 중요한 것은 맞추는 '방법'과 그 이면의 의도입니다. 사람들이나 그들의 인간의 본성이 지닌 어떤 특성을 기쁘게 하지 못한다면 성공은 단념해야 할 것입니다. 성공은 오로지 우리가 우리의 고객, 독자, 청취자, 기타 누군가의 인간의 본성이 지닌 어떤 것을 기쁘게 하고 만족시키는 덕분에 이루어지는 것입니다.

'남 기쁘게 하기'가 비하적인 통속어인 것은 이 말이 자신의 진실성을 저버림을 암시하기 때문입니다. 사람들은 이 말을 굴종이나 수동성, 자기 학대와 동일시합니다. 그래서 이렇게 이해에 한계가 있는 사람들은 남 기쁘게 하기를 잘못된 일로 여깁니다. 그 결과로 우리는 자기도취적 성향의 '미 제너레이션'**을 겪고 있습니다. 이들은 자기 자신을 기쁘게 하고, 거리낌 없이 감정을 표출하고, 삶의 무도회에서 혼자 춤춥니다. 이들의 목표는 내면

---

* 남의 기분 맞추기, 남 기쁘게 하기를 일삼는 사람을 일컫는 용어인 피플 플리저(people pleaser)를 '기쁨쟁이'로 옮겼다.
** Me generation: 자기 몰두/도취가 특징인 젊은 층을 가리키는 용어로 1970년대에 미국에서 등장했다.

에서 자만심을 충족하는 것인 듯합니다. 진정한 인간적 가치와는 참다운 연결점이 없습니다.

어떻게 하면 진심으로 사람들을 기쁘게 해서 성공할 수 있을까요? 자기 일에서 챔피언이 되면 됩니다. 그러면 사람들이 기뻐합니다. 중요한 것은 우리의 상품이 아닙니다. 상품을 통해 전해지는 우수함입니다. 사람들이 사는 상품에 어려 있는 어떤 것입니다. 명가수이자 정말 대단한 명사인데 목소리는 결코 대단치 않은 이들을 꼽아 봅시다. 패츠 월러, 지미 듀란티, 밥 딜런*. 하지만 이들은 모두 마력이 있고 우리는 그것을 카리스마라 부릅니다. 누구에게 카리스마가 있다는 것은 그가 어떤 현존_presence_을 보여 주고 있음을 뜻합니다.

저항을 활용하기

우리는 이제 성공의 핵심에 접근하고 있습니다. 성공이 사람들에게 자동으로 일어나는 것은 그들의 현존_presence_ 덕분임을 알 수 있습니다. 이런 사람들은 모두 있는 그대로 존재할 배짱과 자신감이 있어 보인다는 점도 알 수 있습니다. 이들은 다른 사람들에

---

* Fats Waller(1904~1943): 미국의 재즈 음악가. Jimmy Durante(1893~1980): 미국의 가수, 피아노 연주자, 배우. Bob Dylan(1941~): 미국의 가수, 작곡가, 작사가

게는 제약이 될 만한 것을 기회로 삼습니다. 앞에서 이야기했듯이 사실 자체에는 파워가 없습니다. 파워가 있는 것은 사실을 대하는 우리의 마음가짐입니다. 왜 모두가 밥 딜런을 보려고 아우성쳤을까요? 지미 듀란티가 미남이었습니까? 대단한 피아노 연주자였습니까?

토머스 에디슨이 역사상 최고 위인의 한 사람으로 꼽히는 까닭은 무엇일까요? 에디슨이 이룬 일 덕분에 세계가 어둠을 밝혔고 우리 모두의 생활 방식이 영원히 바뀌었지만, 요즘 같으면 사람들이 에디슨을 가까운 정신 분석가에게 보내 강박적 일중독을 극복하게 할 것이라고 저는 확신합니다. 8000가지였나요, 1만 가지였나요? 에디슨은 전구의 필라멘트를 만들기 위해 깜짝 놀랄 만한 가짓수의 물질을 시험한 끝에 알맞은 물질을 기어코 알아냈습니다. 그는 그런 물질이 있음을 내내 알고 있었습니다. 남은 문제는 그것을 끝까지 찾아내서 정확히 짚어 내는 일뿐이었습니다. 그런 물질이 있다는 사실이 에디슨에게 전적으로 확실했던 것은 그와 관련된 근본 원리를 알고 있었기 때문이었습니다. 에디슨은 저항을 활용하는 법을 알고 있었습니다. 빛은 전기에서 나오는 것이 아니라 전기에 대한 전선의 저항에서 나오는 것입니다. 에디슨은 포스 자체가 아니라 포스에 대한 저항이 지닌 특성을 활용했습니다. 답은 계속해서 전압을 높이는 것이 아니었습니다. 그보다는 포스의 에너지에 근접한 저항을 찾아내

그 상호 작용과 충돌로부터 원하는 결과가 나오게 하는 것이었습니다. 이렇게 저항도 활용한다는 사실에서, 성공을 가로막을 수 있는 장애는 세상 어디에도 없음을 알 수 있습니다.

저항은 극복해야 할 어떤 것이 아닙니다. 저항은 수용하고, 활용하고, 도약대로 이용해야 하는 것입니다. 육상 선수인 로저 배니스터가 세계 기록을 깨고 4분 내 1마일* 주파에 최초로 성공한 것은 4분이라는 시간이 그에게는 장애가 아니었기 때문입니다. 그에게 4분은 도약대였습니다. 배니스터가 4분 벽을 돌파하기 전까지는 아무도 돌파하지 못했습니다. 그가 돌파하고 나자 다른 사람들도 잇따라 돌파하기 시작했습니다. 그들은 그동안 어디 있다가 그제야 나왔을까요? 4분 제한을 대하는 배니스터의 입장은 달랐습니다. 그에게 4분 제한은 활력제, 동기 부여 요소, 매력 있는 미끼, 자극, 지렛대가 되었습니다. 그는 4분 제한이 자신에게 도움되게 했습니다. 사람들 모두를 열광케 한 것은 이 남자의 위상stature입니다. 그가 이룬 일은 그 위상이 현실로 나타난 것에 지나지 않습니다. 현존presence은 위상입니다. 위상은 자기 평가입니다. 배니스터는 부족한 것이 없었습니다. 성공은 단지 시간문제였습니다.

---

* 1마일은 약 1600미터다.

탁월한 사람만이 기쁨을 공유한다

제가 자란 도시에 있던 어느 훌륭한 식당에서는 항상 주인이 나와 손님을 맞았고, 모든 일이 손님 마음에 들게 처리되고 있는 지를 진심으로 챙겼습니다. 얼마 있으면 셰프까지 잠깐이라도 주방에서 나왔습니다. 셰프는 멋진 칠면조 구이나 오리 두 마리, 큼직한 연어 주위로 마요네즈를 점점이 두른 커다란 쟁반을 들고 나오곤 했습니다. 그러면 모든 고객은 그들과 인사라도 나누고 기분 좋은 식사 체험을 공유할 수 있었습니다. 셰프에게는 고객과 만나는 것 자체가 어떤 에너지로 응답을 받을 수 있는 가장 좋은 기회였습니다. 이런 체험을 하면 돈만 뒤쫓는 주인의 손님이 되어 버린 기분이 아니라 진짜 귀빈이 된 기분이 들지 않을까요? 그리고 장소의 분위기도 전혀 다르게 느껴집니다.

그러므로 성공은 공유될 때 비로소 성공답습니다. 식당 주인은 자신의 성공에서 얻는 환희와 희열을 공유합니다. 셰프는 주방에서 나와 자신의 창작품에서 얻는 환희와 희열을 선보입니다. 그러면 고객들은 그 창작품에서 확실하게 환희와 희열을 얻습니다. 장소 전체에 호의가 넘칩니다. 모두가 이 경험 속에서 부족한 것이 없습니다. 결정적인 것은 고객들도 이런 주인과 셰프가 운영하는 가게를 체험하면서 부족함이 없다는 점입니다. 남을 기쁘게 하려면 사람들이 뭘 좋아하는지 정말로 아는 것이 관건입니다.

샌프란시스코에 기막히게 좋은 작은 중국 식당이 있었습니다. 모두가 이 식당을 사랑했습니다. 음식이 환상적이었습니다. 서비스가 기가 막혔습니다. 손님으로 미어터졌습니다. 이 식당은 인기가 엄청났지만 오히려 집처럼 편안했습니다. 주방을 가리는 칸막이가 없었고 테이블은 소박한 것이었습니다. 이곳의 주인 남자는 (제 기억에 '크레이지 찰리' 같은 이름이었는데) 손님들에게 어디에 앉으라고 하고는 오늘은 뭐가 좋고 뭐가 안 좋으니 뭘 먹으라고 알려 줬습니다. 그는 손님들이 하는 말에 구애받지 않고 그들을 기쁘게 했습니다. 그는 성질 고약하고 무례하고 키도 작고 볼품없었지만 모두가 그를 아주 좋아했습니다.

사람들은 그가 탁월한 음식을 위해 헌신하는 것에 끌렸고 그가 퉁명스럽게 던지는 유머도 좋아했습니다. 열광을 식게 할 만한 점이 그에게서는 열광을 일으키는 점이 되었습니다. 심히 거슬릴 만한 점이 마음을 끄는 점이 되었습니다. 그는 자신이 하는 일에 능했고, 그 사실을 알고 있었습니다. 그는 누구도 맛본 적 없는 최고의 중국 음식을 만들었습니다. 게다가 솜씨가 워낙 빨라 대기 시간이 없었습니다.

이 위치에 이르면 많은 기회주의적인 사업가들은 값을 올리려 들었겠지만 크레이지 찰리는 그러지 않았습니다. 그는 자기 일에 완벽했습니다. 기막히게 맛있는 음식을 내놓았을 뿐만 아니라 적당한 가격에 먹을 수 있게도 했기 때문입니다. 만약 그가 추천하지 않은 메뉴를 누가 주문하려 들면 그는 그 손님에게 나가라고, 비싸고 고급스럽고 음식은 끔찍한 식당으로 가라고 명령하곤 했습니다. 그에게서 노여움을 산 손님은 다시 오지 않았습니다. 확실히 그는 그런 손님에게서 매상 올릴 필요가 없었습니다. 안 그래도 사람들이 그의 식당 앞에 줄을 섰습니다. 그는 사람들이 탁월한 것과 그렇지 않은 것을 가리도록 입맛을 길들이는 데만 온통 관심이 있었습니다. 그가 식당을 하는 목적, 식당을 하면서 느끼는 환희는 그런 탁월함을 체험할 수 있도록 모두와 공유하는 데 있었습니다. 그 외에는 그가 자기 식당을 가지고 추구할 만한 목적이 전혀 없었습니다.

크레이지 찰리는 아무 걱정도 없고 염려도 없었습니다. 그는 어디서든 성공작을 만들 수 있었고 그 점을 알고 있었습니다. 그는 순수하게 헌신하고 순수하게 목적을 추구하며 목표 성취의 수단이 순수했기에 크게 존경을 받았습니다. 우리는 진실된 것을 존경합니다. 우리는 가짜인 것을 대하면 입에 발린 말은 해 줘도 정말로 존경하지는 않습니다. 명성은 탁월함에 자동으로 따라오는 것입니다. 중국 음식 애호가와 마니아들 사이에서 크레이지 찰리는 명사였습니다. 그의 명성은 저절로 퍼졌습니다.

애리조나주 남부의 작은 마을에 산 적이 있습니다. 얼마나 작으냐면 식당 둘, 모텔 하나, 주유소 둘을 빼면 마을에 이렇다 할 것이 없었습니다. 인구는 600명이었고, 아무도 이 마을에 대해 들어 본 적이 없었습니다. 작은 가게들 사이를 거닐다 재미있어 보이는 곳이 눈에 띄었습니다. 말안장 같은 마구나 허리띠, 허리띠 버클 같은 것을 파는 곳이었습니다. 실내가 지저분한데도 불구하고 어떤 수공예의 장인이 있을 것 같다는 느낌을 받았습니다. 아니나 다를까, 알고 보니 거기 주인은 존 웨인*에게 하나에 6000달러짜리 은제 버클을 만들어 준 사람이었습니다. 세계적으로 유명한 사람들이 죄다 그에게 주문했습니다. 듣도 보도 못한 마을에 듣도 보도 못한 사람이 사는데, 그의 명성은 긴 대기자 목록이 있을 정도로 퍼져 있었습니다.

제가 아는 뉴욕의 어느 이발소는 예약을 하려면 그곳의 기존 고객인 친구에게서 추천과 소개를 받아야 했습니다. 모든 일이 예약으로만 가능했습니다. 이 이발사는 엘리트 고객만 받았습니다. 그래서 배타적인 회원제 클럽에서처럼 회원 대기자 목록이 있었습니다. 사람들은 사실상 그의 기존 고객 중 하나가 죽어야 새로 회원이 되어 그곳에서 이발을 할 수 있었습니다. 그는 이발비를 두둑이 받았기 때문에 한 시간에 네 명만 받으면서도 대다수 전문직 종사자들보다 많이 벌었습니다.

우선 그는 손님의 시간에 신경을 썼습니다. 그래서 성공한 사업가들이 그를 아주 좋아했습니다. 어떤 손님이 3시에 이발 약속

---

* **John Wayne**(1907~1979): 미국의 영화배우, 서부극의 주연 배우로 유명하다.

을 했으면 그 손님은 정확히 3시에 의자에 앉을 수 있었습니다. 그리고 정확히 3시 15분이면 이발을 마쳤습니다. 15분 이발이 보장되었고 대기 시간은 전혀 없었습니다. 이 이발사는 모든 고객을 매우 중요한 인물처럼 대했습니다. 누가 《에스콰이어》 잡지 최근호 있나요?"라고 말만 한번 꺼내면 다음번에 왔을 때 《에스콰이어》 잡지가 그 사람의 눈에 띄게 될 것이었습니다. 이 이발사는 즉각적으로 대응했습니다. 그리고 고객의 이름을 비롯해서 고객에 관한 모든 것을 기억했습니다. 그는 세심하게 배려하고 자기를 내세우지 않았지만 부족한 것 없음에 확실하게 바탕하고 있었습니다. 그는 일부 성공한 사람들처럼 그 점에 대해 오만하지 않았습니다. 그는 자만에 찬 부자연스러움이 없었습니다. 자기 일에 유능하다는 사실을 알고 있는 데서 나오는 바위처럼 단단한 자존감이 있었습니다.

어떤 사람이 자기 일에 유능하면 그 사람은 진정한 기쁨쟁이가 됩니다. 우리는 모두 탁월함에 지극히 기뻐합니다. 대단한 솜씨에 지극히 기뻐합니다. 대단한 솜씨가 있는 사람의 무엇이 기쁨을 줄까요? 그의 가슴입니다. 중요한 것은 챔피언의 가슴입니다. 우리는 그들의 창조성에 갈채를 보냅니다. 그들의 사업에 축하를 보냅니다. 탁월함에 대한 그들의 헌신에 찬사를 보냅니다. 우리는 그들이 속으로 하는 자기 평가를 높이 살 뿐만 아니라 우리 있는 데서 하는 자기 평가도 높이 삽니다. 파바로티가 위대한 것은 그의 목소리 때문만이 아닙니다. 세상에는 훌륭한 이탈리아 테너들이 많습니다. 파바로티는 위대한 사람에게서 보이는 진짜 겸손이 있습니다. 진심 어린 '남 기쁘게 하기'는 영합하는 것이 아닙니다. 탁월함을 현현하는 것입니다.

온 세상이 탁월함에 갈채를 보냅니다. 웨이터인지, 영화배우인지, 엄마인지, 이웃의 요리 달인인지, 서부에서 가장 빠른 총잡이인지는 중요하지 않습니다. 그들의 명성은 퍼져 나갑니다. 그들은 명성을 위해 할 일이 아무것도 없습니다. 애써 인터뷰 건을 찾거나, 홍보 전문가에 돈을 내거나, 신문 기자들에게 알랑거릴 필요가 없습니다. 그들은 아무에게도 아무것도 팔 필요가 없습니다. 그들은 돈으로 살 수 있는 사람들이 아니기 때문입니다. 진실성과 진실성에서 나오는 파워 때문에 그들을 돈으로 사는 것은 불가능합니다. 이는 그들이 편의를 위해 원칙에서 벗어나 갑자기 방향을 바꾸는 일이 없을 것임을 의미합니다.

편의를 위해 원칙을 저버리는 사람은 약해집니다. 그러는 과정에서 파워를 잃습니다. 우리가 어떤 이들의 경력이 파탄을 맞이하는 것을 보는 건 그들이 바로 그렇게 하기 때문입니다. 그들은 진짜로 성공을 손에 쥐었습니다. 그러나 편의를 위해 그것을 저버리는 실수를 하고 '왕년에 이랬다.'는 역사의 일부가 되어 버립니다.

5장

일 망치는 법

SUCCESS is FOR YOU

어떤 사업에서든 성공하려면 자신이 해야 할 일뿐만 아니라 하면 안 될 일도 알고 있어야 합니다. 그리고 하면 안 될 일이 어떤 것인지 알려면 *해야* 할 일의 원칙부터 알아야 합니다. 사실 일을 망친 때는 그냥 시기만 한 레몬으로 맛있는 레모네이드를 만들 기회이기도 합니다. 그래서 이 장의 목적은 실수에 힘입어 더욱 향상할 수 있도록 실수를 분석하는 데 있습니다. 아울러 후회와 쓰라림을 훌훌 털고 먹구름의 가장자리에서 밝은 빛을 발견하는 것도 중요합니다. 그러기 위해 식당 비즈니스의 예로 돌아가 봅시다.

일을 망치는 사례로 가장 쉽게 관찰할 수 있는 것은 성공한 식당이 확장을 결정하는 때입니다. 사실 이 결정 이후로 성공을 유지하는 식당이 있다는 이야기는 거의 들어 보지 못했습니다.

많은 가게나 기업에서 같은 일이 벌어지는 것은 자기들이 어떤 점 덕분에 성공했는지를 깨닫지 못했기 때문입니다.

'루이지네 스파게티집'은 손님으로 미어터집니다. 식탁보는 싸구려 방수포이고 식당은 시내의 열악한 지역에 있지만 잘 돌아갑니다. 그래서 루이지는 확장을 해야겠다고 결심합니다. 옆 가게가 임대 계약이 끝날 때가 되자 그 자리를 인수합니다. 루이지는 종이와 연필을 가지고 앉아 테이블 수를 두 배로 늘리면 고객이 두 배로 늘 것이고, 그러면 이익도 두 배로 늘 것이라고 추정합니다. 그리고 죄다 바꾸는 일에 들어갑니다. 그의 식당과 옆 가게 사이의 칸막이벽을 없애야 합니다. 방수포로 된 식탁보도 더 이상 용납할 수 없습니다. 루이지가 이 재앙을 가속하고 싶으면 아예 '리모델링 공사로 휴업 중'이라고 표지판을 써 붙이면 됩니다. 정말로 사업이 폭삭 망하게 하고 싶으면 그렇게 하는 것이 더 빠른 길입니다. 매주 일정한 요일 저녁에 오는 습관이 있는 손님들이 확실하게 갈 데를 잃도록 하는 것입니다. 그러면 그들은 예컨대 월요일 밤마다 갈 이탈리아 식당을 새로 찾아야 합니다. 저는 그들이 새로운 식당을 찾아낼 것이라고 장담할 수 있습니다. 루이지가 자기들을 쫓아낸 데에 분개할 것이기 때문입니다.

다시 문을 열면 그들은 그냥 호기심에서 한 번 올 것입니다. 그러나 이상하게도 더 이상 같은 가게가 아닙니다. 왜 그럴까요? 왜냐면 그곳의 장점이 그 붐비는 분위기 자체, 가족끼리 있듯이 격식도 가식도 필요 없다는 점, 소매를 걷어붙이고 평소 자기 모습대로 있을 수 있는 장소이자 옷을 갖춰 입거나 예약할 필요가 없는 장소라는 점에 있었기 때문입니다. 이런 점들이 사람들을 그곳으로 끌어당겼습니다. '루이지네 스파게티집'에서 나오는 음식은 훌륭하면서도 빨리 나오고 값이 쌌습니다.

그러나 확장 비용을 대려면 가격을 올려야 했습니다. 루이지가 큰돈을 빌렸기 때문입니다. 이자로 내는 돈만 해도 숨넘어갈 지경이었습니다. 사실 그는 파산이 다가오고 있었습니다. 그러면 그 많던 옛 손님들은 어떻게 되었을까요? 그들은 다른 데로 갔습니다. 애초에 그들의 마음을 끌었던 바로 그 점이 이제는 사라졌기 때문입니다.

제가 살던 동네에도 그런 곳이 있었습니다. 오랜 세월 동안 동네 사람들 모두가 이 멋진 서부식 식당에서 많은 시간을 보냈습니다. 식탁보는 빨간 체크무늬로 격식과는 담쌓은 것이었습니다. 그런데 이곳이 갑자기 문을 닫고 리모델링에 들어갔습니다. 가게가 다시 문을 열었을 때, 빨간 식탁보는 없었습니다. 친절하고 우호적인 편안한 분위기 대신에 이제 패스트푸드 식당 체인 같은 능률적인 민첩함이 있었습니다. 가게가 조금 깨끗해진 것은 사실이었습니다. 객관적이고 미적인 관점에서 가게가 나아진 것은 사실이었습니다. 그러나 그 많던 옛 손님들은 고객의 입장에서 보기에 그곳의 가치가 줄었다고 느끼고 다른 데로 갔습니다.

아주 멋지고 작은 지역에서도, 신문이나 잡지에서 혼자 숨어 지내기에 최고인 여행지라고 소개하는 기사를 싣자마자 똑같은 일이 벌어지는 것을 볼 수 있습니다. 지역의 에너지 자체가 바뀝니다. 제가 살던 소도시가 그런 변화를 겪었습니다. 수년 전만 해도 느긋하고 태평스러운 곳이었습니다. 청바지 차림으로 어디든 다닐 수 있었습니다. 물건값도 쌌습니다. 모두가 모두를 신뢰했습니다. 신분증도 보지 않고 수표를 현금으로 바꿔 줬습니다.

제가 그곳으로 이사했을 때, 어떤 여자가 폭스바겐 차를 5000 달러에 팔겠다고 신문에 광고했습니다. 그래서 제가 찾아가서 물었습니다. "차 잘 달리나요?" "괜찮아요." "차와 관련해서 무슨 문제는 없고요?" "없어요." 저는 시험 운전을 해 보고 말했습니다. "좋습니다, 제가 사죠."

여자는 알지도 못하는 사람에게서 다른 주에서 발행된 개인 수표를 받는 데 동의했습니다. 그러고는 차 할부금을 내는 중이라 자기에게 아직 자동차 권리증이 없다고 했습니다. 은행이 권리증을 갖고 있는데 우편으로 받을 수 있을 거라고 했습니다. 여자는 모르는 사람에게서 다른 주 수표로 5000달러를 받고 자기 소유물을 내줬습니다. 저는 권리증 없이, 즉 법적으로 소유권 이

전이 될 것이 확실한지도 모르는 채로 그것을 받았습니다. 그 당시 그곳에서 그렇게 하는 데는 아무 문제도 없었습니다. 어떤 의심도 없었습니다. 이런 식으로 일이 돌아갔던 것은 *사람들이 그런 식이었기 때문이었습니다. 일 때문이 아니었습니다. 사람들 때문이었습니다.*

이때 《뉴욕 타임스》지 경제란에 이 소도시에 관한 큰 기사가 났습니다. 이곳의 부동산이 미국에서 두 번째로 유망한 투자 건이라고 단언하는 기사였습니다. 순식간에 온갖 사람들이 몰려들었고, 그들은 동기와 일하는 방식, 세상에서 존재하는 스타일이 전혀 달랐습니다. 그들의 관심은 이익을 얻고, 악용하고, 팔아서 돈을 버는 데 있었습니다.

이제는 모두가 신분증을 보여 줘야 합니다. 저는 권리증 없이는 절대 5000달러를 주지 않을 것입니다. 모르는 사람에게서 다른 주 수표를 받는 사람도 절대 없을 것입니다. 진실성이 사라졌습니다. '저 밖'의 어떤 것이 성공인 양 그것을 추구해 이익 보기를 희망하는 분위기일 때, 진실성은 파탄을 맞이합니다. 이익이 악용을 정당화합니다. 이런 수준의 거래에서 얼마나 큰돈이 오가든 그런 돈은 성공의 겉모습일 뿐입니다.

호의가 사라지면 성공도 사라집니다. 호의가 사라지면 신뢰, 믿음, 만족, 마음가짐, 고객의 충성심 같은, 삶을 가치 있게 해 주는 모든 것이 함께 사라집니다. 모든 것이 함께 파탄을 맞이합니다. 이제 우리는 문을 걸어 잠가야 합니다. 이제 우리는 차에 열쇠를 꽂아 놓으면 안 됩니다. 우리가 사람들 삶의 친구가 되고 인간 본성의 친구가 되는 데 바탕하지 않는다면, 세상이 우리의 친구가 된다는 보장 또한 전혀 없습니다.

그러면 루이지는 사업을 확장하고 싶으면 어떻게 해야 할까요? 루이지는 이미 성공적인 가게를 확장해 가게의 성공 요인들을 다 망가뜨리는 대신 그냥 다른 도시나 시내의 다른 지역에 똑같은 가게를 차리는 편이 훨씬 나을 것입니다. '루이지네 동부점'과 '루이지네 서부점'을 두는 것입니다. 다만 루이지네 서부점을 루이지네 동부점과 정확히 똑같게 하는 것이 좋을 것입니다. 그렇지 않으면 루이지의 손님들은 다들 한 번은 방문해 보고 다시는 가지 않을 것입니다.

이 원칙을 가장 잘 보여 주는 예로 1960년대 말에서 70년대 초 사이에 뉴욕 이스트 빌리지에 있었던 매우 유명한 나이트클럽*에 일어난 일이 있습니다. 그곳은 전국에서 가장 앞서가는 클럽이었습니다. 엔터테인먼트 분야 최초로 멀티미디어 디스코, 프리스타일 댄스, 섬광등 조명 등을 도입한 곳이었습니다. 명성이 자자했습니다. 앤디 워홀이라든가 그 밖의 이름만 대면 알 만한 전위 예술가들이 입장하는 동안, 사람들은 밖에서 줄을 섰습니

---

* '일렉트릭 서커스(Electric Circus)'를 말한다.

다. 그곳은 분명 큰돈을 들여 세운 곳이 아니었습니다. 위치가 위층이었고 그림 그린 캔버스 천을 무대 배경으로 쓴 것은 다르게 꾸밀 만한 여유가 없었기 때문이었습니다. 그렇지만 그곳은 그대로가 지극히 완벽했습니다. 사람들이 떼 지어 몰려들었습니다. 그곳은 '잘나가는' 장소였습니다.

이때 그 피할 수 없는 일이 벌어졌습니다. 주인이 바뀌었는지 어쨌는지 사정은 알 수 없었지만 그곳을 새로 단장하겠다는 결정이 내려졌습니다. 그리고 그 치명적인 실수가 저질러졌습니다. 문을 닫고 리모델링에 들어갔는데 영원히 걸릴 것만 같았습니다. 제 기억이 맞다면 다시 열기까지 몇 달은 걸렸습니다. 아니나 다를까, 손으로 그림 그린 캔버스 천은 이제 초현대적으로 표면이 휘어 있는 번드르르한 대리석 벽으로 바뀌었습니다. 그곳이 어떻게 바뀌었는지 보려고 다들 한 번은 왔고 다시는 오지 않았습니다. 그 휘어지고 매끄럽고 반짝거리고 단단한 벽면으로 인해 음향이 완전히 바뀌었습니다. 분위기가 사라졌습니다. 그곳의 성공을 가져온 뛰어난 점들이 이제는 단물이 다 빠져 버렸습니다. 자세히 알지는 못한다 해도 모두들 무슨 일이 일어난 것인지 감을 잡았습니다. 그리고 더 이상 아무도 그곳에 가지 않았습니다.

이럴 때 지켜야 할 원칙은 성공작을 보유하고 있을 때는 그것을 유지하고 욕심부리지 말아야 한다는 것입니다. 오로지 이윤에 집중하는 사람들은 흔히들 그 성공작을 잃습니다. 원래 얼마나 성공적이었는지는 상관없습니다. 거대 기업들도 매일 파산을 맞습니다.

이런 사례가 주는 교훈은 개선을 하면 안 된다는 것일까요? 물론 그렇지 않습니다. 무엇을 개선할지를 아는 것이 중요합니다. 개선할 것은 이미 효과를 내고 있는 부분입니다. 그 부분이 더욱 큰 효과를 내도록 합니다. 말이 달리고 있는 방향으로 말을 몬다는 의미입니다. 우리가 훌륭한 폴로* 선수라고 해도 경마 기수로 성공하지는 못합니다. 폴로와 경마는 다른 경기입니다. 경마 기수가 되려고 훈련하는 것은 좋지만 그렇게 하려다가 폴로 시합을 망치지는 맙시다.

그동안 디트로이트**가 내놓아 성공을 거두었던 대단한 차들을 보세요. 그 차들이 지금 어떻게 되었습니까? 그 차들이 시장에서 승리한 것은 디자인 덕분이었는데 그들은 승리를 안겨 주고 있던 바로 그 요소, 즉 디자인을 바꾸기로 결정했습니다. 예를 들어 1946년식 링컨 컨티넨탈은 그 당시로서는 우아하고 날렵하고 매끈하고 대단히 멋진 차였습니다. 하지만 이후로 수년간 같은 이름을 달고 나온 차들을 보세요. 같은 차가 아닙니다.

차 디자인을 끊임없이 바꾸는 일 뒤에 감춰진 마케팅 동기는

---

* 말을 타고 하는 구기 종목
** 미국 미시간주에서 가장 큰 도시로 미국의 자동차 산업계를 상징한다.

누가 봐도 뻔한 것이어서 매우 웃깁니다. 새 차를 사게 하려고 핵심 디자인을 바꾸는 것은 디트로이트가 생존을 위해 끊임없이 분투하게 되는 한 가지 원인이 됩니다. 우리가 어떤 차를 사든 그 차는 1년 안에 구식이 되는 거죠. 그들은 자기들이 그런 전략으로 이윤을 올리고 있다고 생각하지만 실제로는 큰 손실을 보고 있습니다. 우리는 새로 살 차가 앞으로 여러 해 동안 유행에 뒤지지 않을 것임을 알면 차에 기꺼이 큰돈을 쓸 것입니다. 부품 교체에도 기꺼이 큰돈을 쓸 것입니다.(부품에서 남는 이윤이 새 차를 팔 때보다 크다고 알고 있습니다.)

클래식 카들이 팔리는 가격을 보세요. 그런 디자인이 그토록 어마어마한 값을 받을 만하다면 디트로이트에서는 왜 클래식 디자인을 내놓지 않는 것일까요? 그들에게 물어보세요. 그들의 컴퓨터에 그들이 그러는 근거가 있다고 확신합니다. 크라이슬러사가 슬럼프에서 빠져나온 것은 무엇 덕분이었을까요? 리 아이아코카의 인물됨 덕분이었습니다. 그의 인물됨이 그의 마케팅 지식이나 공학 지식이나 투자 지식을 의미할까요? 무엇이 달랐을까요? 아이아코카가 1980년대에 최고 경영자였을 때는 크라이슬러사가 달랐다는 사실은 모르는 사람이 없었습니다. 바샤스 슈퍼마켓의 에디 바샤처럼, 경영을 맡고 있는 사람이 달랐습니다. 회사 전체가 좋은 쪽으로 바뀌었습니다. 아이아코카가 이룬 모든 일은 아이아코카라는 존재가 가져온 결과였습니다. 아이아코카라는 존재의 현현이었습니다. 앞서 말했듯이 파워는 현존 presence 속에 있습니다. 파워는 카리스마 속에 있습니다. 파워는 그저 어떤 태도로 존재하는 가운데 있습니다.

실수는 더 높은 수준으로 이끄는 도약대

지나친 야망, 현명하지 못한 확장, 탐욕 다음으로 성공을 좌초시킬 수 있는 요인은 자부심입니다. 성공을 망치는 사건이 벌어지는 것은 우리가 탁월함을 현현해 세상 사람들로부터 호응을 얻기 시작하면서 우쭐거릴 때입니다. 고객에게 편리함과 즐거움을 제공하려던 배려가 이제 무관심으로 바뀝니다. 자신이 중요한 사람이라는 의식 때문에 더 이상 굳이 배려하고 싶어 하지 않습니다.

이로 인해 훌륭한 이력이 크게 무너져 내립니다. 이런 일은 엔터테인먼트 분야의 유명인들에게 눈에 띄게 일어납니다. 그들이 약물이나 알코올을 과용하게 되는 것은, 그들에게 이미 일어난 일, 즉 성공을 감당하지 못했다는 사실이 나타내는 증상일 뿐입니다. 성공을 지속하도록 보장해 주는 것은 내면의 앎입니다. 이는 성공이 인간 본성의 참모습을 얼마간 알아차린 결과지만, 그런 본성이 특별히 내 개인의 것은 아님을 아는 앎입니다. 이런 앎에서 얻는 겸손이 성공한 사람에게 닥치는 도전을 견뎌 내는 데 필요합니다. 이것이 진짜 시험…… 세상에서 가장 큰 시험 가운데 하나입니다. 우리의 에고가 우리가 지닌 매력의 근원을 망치거나 악용하지 않게 하세요.

감사하는 마음은 최고의 방어 수단 가운데 하나입니다. 자신의 재능을 발견했고 그 재능으로 어떤 일에 성공하고 있다면 그 재능에 고마움을 느끼세요. 고맙게 생각하고, 교만하게 성공을 자랑하기보다는 타인과 성공을 공유하려고 노력하세요.

엄청나게 성공한 사람들의 세계에서 비싼 차가 아무 의미도 없는 것은 그들 모두가 비싼 차를 살 여유가 되기 때문입니다. 그러나 성공 '지망자들'의 세계에서는 비싼 차가 꼭 사야 하는 것에 들어갑니다. 그들은 성공을 증명해야 한다고 느끼는 듯합니다. 진짜로 성공하면 아무에게도 아무것도 증명할 필요가 없는 내면 상태에 이릅니다. 아무에게도 감명을 줄 필요가 없습니다. 물론 다른 사람들이 감명받는다면 멋진 일입니다. 대중에게 받는 갈채는 분명 타당한 즐거움을 주며 활기를 북돋워 줄 때도 많으니까요.

코카콜라사는 자기들이 고객의 돈이 아니라 인간의 본성을 다루고 있음을 깨닫지 못하고 '뉴 코크new Coke'라는 대 실수를 저질렀습니다. 이때 그들은 원래의 제조법을 변경했고 그 결과로 비즈니스 역사상 가장 인상적인 실책 가운데 하나를 범했습니다.

이 회사는 현대 사회에서 가장 사랑받는 성공한 기업 가운데 하나로 미국에서는 모르는 사람이 없는 곳이지만, 뉴 코크 출시로 인해 이미지에 엄청난 손상을 입었습니다. 그들은 정말로 이미지를 망쳤습니다. 미국적인 생활 방식의 일부로 자리 잡은 코카콜라의 편안하고 안정감 있고 가정적인 이미지가 인간의 본성과 인간관계를 무시하고 회사가 내린 결정으로 하루아침에 휘청거리게 되었습니다. 이런 경영진의 조치에 대해 컴퓨터가 경영진에게 뭐라고 했든 컴퓨터는 감정이 없다는 사실을 잊지 말아야 합니다. 컴퓨터는 인간의 본성이 없습니다. 컴퓨터는 숫자를 다룰 뿐입니다.

모두 알다시피 코카콜라사는 물러서야 했고, 손실을 만회하고 변함없는 이미지와 고객 충성도를 되찾기 위해 할 수 있는 노력이라면 뭐든 해야 했습니다. 그러나 사람들이 대단히 분개한 것은 그들이 지닌 어떤 인간적 속성을 건드렸기 때문입니다. 중요한 것은 제품의 품질이나 공급량이나 가격이 아니었습니다. 사람들이 분개한 것은 조종되고 이용되고 바보 취급을 받았다고 느꼈기 때문입니다. 이 회사는 건드리면 안 되는 어떤 것을 건드렸습니다. 인간으로서 우리가 지닌 존엄성을 건드렸습니다. 어떤 것들은 값을 매길 수가 없어서 사람들은 그런 것을 건드린 자들을 잊지 않습니다. 사람들이 품는 신뢰와 믿음이 그런 것에 속합니다.

코카콜라사는 이 문제를 어떻게 다루었을까요? 장하게도 경영 진들은 대중의 격렬한 항의를 경청하고 그에 대응했습니다. 불과 몇 달 뒤 코카콜라사는 원래 제조법으로 돌아간 제품을 다시 매대에 올려놓았습니다. 이 발표는 방송에서 뉴스로 보도된 것은 물론 사실상 전국의 모든 신문에서 1면에 보도되기에 이르렀습니다. 이 결정에 박수를 보내는 전화가 3만 번 넘게 회사로 폭주했습니다. 코카콜라 브랜드의 가치는 새로운 높이로 치솟았고, 고객들은 계속해서 코카콜라에 품은 그들의 사랑을 되새겼습니다. 신뢰가 회복되었습니다.

입에 발린 말로 대중을 속일 수는 없습니다. 일을 망쳤을 때 우리의 기존 강점을 되찾는 방법 한 가지는 완전히 정직하게 대처하는 것입니다. 우리가 진실성과 신뢰성을 복구할 수 있는 길은 실수를 저질렀을 때 그것을 솔직히 인정하는 것입니다. 그렇게 함으로써 우리는 가슴의 진정한 변화를 세상에 보여 줍니다. 그러면 세상 사람들은 우리를 용서할 것입니다.

모든 사람은 실수를 저지릅니다. 실수는 실패를 가져오는 원인이 아닙니다. 실수는 어긋나 있는 것을 파악하고 바로잡고 복구하여 더 높은 수준에 이르게 해 주는 도약대일 뿐입니다. 실수를 어떻게 다루었는지에 따라 실패자도 되고 챔피언도 됩니다. 실수를 세상에 공유하는 목적은 진실되어야 합니다. 사람들을 조종해 공감이나 동정을 얻거나 죄책감을 내려놓으려고 해서는 안 됩니다. 더 정확히 말해, 우리가 배운 바를 진실되게 공유함으로써 사람들이 우리 경험에서 배울 수 있게 해야 합니다. 사람들은 그에 대해 우리에게 감사할 것이고, 그러면 우리는 그들의 눈에 비치는 우리의 위상을 복구할 것입니다.

스포츠 분야나 유명인의 영역, 그 밖에 인간의 노력이 이루어지는 모든 분야에서, 재기 중이거나 재기를 시도라도 하는 이에게 사람들은 모두 갈채와 지지를 보냅니다. 그런 사람은 그렇게 하려는 자발성을 보여 준 것만으로도 이미 게임에서 절반은 이겼습니다. 기꺼이 또 한 번 시도하는 이가 세상 사람들에게 존경받는 것은 사람들이 그런 시도에 따르는 모험을 알기 때문입니다. 그렇게 하려면 어떤 것이 필요한지를 알고 있습니다. 처량하게 지내 봤자 아무런 보상도 못 받습니다. 그렇게 사는 것은 일종의 방종일 뿐입니다. 사람들은 그렇게 사는 이에게 도움을 주고 안쓰럽게 여기지만, 경의를 표하지는 않습니다.

실제로 일을 망쳤을 때 우리가 성공적으로 재기할 수 있을까요? 물론 할 수 있습니다. 성공한 사업가들 중에는 일생 동안 여러 번 거액을 벌었다 잃은 이들이 많습니다. 우리는 모두 배우는 방식이 다릅니다. 어떤 사람들은 맨홀 위치를 알아내려면 꼭 맨홀에 빠져 봐야 합니다. 그것이 그들이 일을 배우는 방식이고, 그런 방식에는 아무 문제도 없습니다. 그런 식으로 이해하면 영원히 이해한다는 장점이 최소한 있습니다. 또다시 잘못된 길로 접어들 가능성이 희박해집니다.

대실수의 가치는 남은 생애 동안 같은 실수를 더 이상 저지르지 않는 데 있습니다. 이 장에서 다룬 사례들에서 알 수 있듯이, 분명 파워는 호의에서 나오고 호의는 이미지와 결부됩니다. 호의를 망치면 이미지를 망치고 진정한 성공은 파탄을 맞이합니다.

세상에서 성공적으로 살아가면서, 저는 항상 현금이나 자본금보다는 신용 등급에 큰 가치를 두었습니다. 현금이나 자본금은 있다 없다 하지만 신용 등급은 영원합니다. 신용이 좋으면 수표를 발행하는 것만으로 궁지에서 벗어나 시간을 벌 수 있습니다. 그리고 그 시간 동안 문제를 처리할 방법이 열두 가지는 됩니다. 그 사이에 붙는 이자는 소득 공제가 되어 세금을 덜 내니 궁지에 몰릴 일이라곤 없는 것이 사실입니다. 신용 한도가 충분하면 소득 공제가 되는 이자만 지불하고 마는 것입니다. 물론 현금 유동성이 이자 지불을 감당할 수 없게 되면 이런 식으로 하는 확장은 한계에 도달합니다. 그리고 이런 일이 벌어지면 잘못 추측했음을 알게 됩니다.

재정적 능력은 신용에서 나옵니다. 저는 사업하는 사람들이 돈이 많은 것에는 감명받지 않지만, 돈을 많이 조달할 수 있는 것에는 감명받습니다. 돈을 조달할 때 담보가 되는 것은 진실성과 평판, 가치, 자산입니다. 저는 계약서도 없이 주요 기업들에게 거액을 지불했습니다. 옛말에 계약서는 그 계약서를 적은 종이만큼 가치 있다고 했습니다. 계약서는 그 가치가 우리와 거래 중인 사람들의 진실성에 전적으로 달려 있다는 뜻입니다. 그들에게 진실성이 없으면 애초에 거래를 하지 말아야 합니다. 고소를 당할까 봐 우리를 정직하게 대할 뿐이라면 과연 그런 사람들이 우리에게 필요할까요? 사업의 세계 전체가 이런 무대에서 돌아갑니다.

진정으로 성공한 사람은 타인에게 너무나 유용한 존재라, 그와 거래하려는 사람들은 대금 결제 약속이 틀어지지 않도록 알아서 챙깁니다. 이렇게 되는 것은 유유상종 때문입니다. 우리는 본성이 비슷한 사람들을 절친한 관계로 끌어당깁니다. 진실성이 강한 사람들은 서로 거래하는 경향이 있습니다. 이것이 바로 끌어당김입니다. 챔피언은 다른 챔피언을 알아봅니다.

(• 일러두기: 아래는 제2차 세계대전 중 미 해군에 입대하여 실제로 일본군과 싸웠던 호킨스 박사가 1991년도에 쓴 내용입니다. 실패에서 벗어나 재기한 사례 중 하나로 전후 일본 경제 재건을 다루고 있습니다. 아래 내용의 수정 요청을 받았으나, 이미 돌아가신 호킨스 박사를 대신하여 임의로 고칠 수는 없기에 그의 글을 그대로 남깁니다. 부디 불필요한 오해가 없기를 바랍니다. 덧붙여서, 호킨스 박사는 용서를 강조하였습니다. 우리의 적들을 용서하는 일은 그 자신에게 진동을 일으킵니다. ― 수잔 호킨스)

마지막으로 20세기 최대의 어리석은 실수 하나를 살펴보면서, 이러한 실수에서 회복하여 세계를 이끄는 위치에 서게 한 중요한 원칙을 알아보겠습니다. 제2차 세계대전 이후 일본에 관한 이야기입니다. 일본은 최악의 전범 국가로서 패망한 처지에서 벗어나왔고, 도저히 가늠이 안 되는 국제적인 망신에서 벗어 나왔습니다. 명예와 자부심을 그토록 중요시하는 국가에 엄청난 굴욕과 패배를 안겨 주고 위신을 추락시킨, 최악의 수치에서 벗어 나왔습니다. 제2차 세계대전이 끝난 뒤 일본의 처지는 열악하기 그지없었습니다.

이뿐만 아니라 미국에서 억류되어 미국판 강제 수용소에 끌려 갔던 재미 동포들도 있었습니다. 그들은 재산을 몰수당했습니다. 다수가 충실한 미국인이었음에도 적국 국민으로 취급되었습니다. 인종과 피부색이 불리했습니다. 전 국민에게 증오의 대상이 되었습니다. 그야말로 최악의 파탄을 맞이했습니다. 이보다 더한 재앙이 있을 수 있을까요? 원자탄이 떨어져 수십만이 비명횡사하고 그 충격의 여파가 일본 국민 전체의 감정을 관통한 일은 제외하더라도 말이죠. 여기까지는 국가 간에 군사적 차원에서 벌어진 일이었습니다.

상업적 차원에서는 어땠을까요? 제2차 세계대전 전까지 '일본제'는 웃음거리였습니다. 일본제는 싸구려 모조품, 흔해 빠진 물건을 뜻했습니다. 거기에 사람들은 큰돈을 쓸 이유가 없었습니다. 그런데 이제는 엄청나게 바뀌었습니다. 그렇죠? 이제 '일본제'는 우수한 제품을 보장하는 말입니다. 제가 TV를 산다면 소니가 아닌 제품에는 만족하지 못할 것입니다. 일본은 이제 다시 세계에서 경제 대국으로 선두권에 있습니다. 일본식 기업 구조와 사업 방식은 전 세계 전문가들이 연구합니다. 그들은 세계 역사를 통틀어 가장 빨리 재기한 사례 중 하나입니다. 공동체로서 일본 국민들은 성공했습니다. 국가로서도 커다란 성공을 거두었습니다. 어떻게 이런 일이 일본에 일어났을까요?

일본의 지도자들과는 달리 일반 국민들은 '우리가 잘못했다.'고 자인했습니다. 고통스럽다고 털어놓되 엄살을 부리지는 않았습니다. 그래서 미국에서는 일본인들이 몹시 쓰라리지만 중대한 교훈을 얻고 있다는 인식이 있었습니다. 이를 악물고 고통을 직면하려는 의지, (이번에는 방향을 다르게 정렬한 진실성을 가지고) 쓰라린 교훈을 간직하여 재기에 활용하려는 의지가 필수적인 역할을 했습니다. 그들은 이번에는 다른 원칙을 따랐습니다. 자만심이 아니라 탁월함에 헌신했습니다.

그 결과로 이제 '일본인' 하면 '탁월함이나 디테일 완성을 위한 헌신'이 떠오를 정도가 되었고, 이는 제품의 신뢰성을 주거나 교체 부품을 공급하는 데에서도 잘 나타나고 있습니다. 어떤 제품의 디자인을 바꾼다는 것은 그 제품의 품질을 정말로 개선하면서 이루어지는 자연스러운 결과이지, 기존의 제품을 구식으로 만들려는 속임수가 되어서는 안 된다는 인식이 그들에겐 있습니다. 이런 인식에서 그들의 진심과 사리에 맞게 일하려는 마음이 드러납니다. 세상 누구도 그런 과거를 다시 겪고 싶지 않을 것이고, 이는 일본 사람들도 마찬가지일 것입니다. 바로 그런 교훈에서 성공하는 사람들은 배웁니다.

일본은 매우 놀라운 성공 사례입니다. 일본은 과거에서 회복하여 그 어느 때보다도 파워가 큰 나라가 되었습니다. 이전에 일본은 포스를 통해 세상에서 중요한 위치를 차지하려고 애썼습니다. 포스가 실패하는 것은 포스는 파워가 아니기 때문입니다. 군사력은 포스에 해당합니다. 엄청난 군사력을 보유하고 있었을 때 일본은 오히려 약했습니다.

그렇지만 한 사람 한 사람을 놓고 보면 일본 국민들은 가공할 적수였습니다.(정글에서 백병전 중인 일본 전사는 제가 마주치고 싶지 않은 인간이었습니다.) 그래서 미국에서는 그들 개개인의 헌신에는 경의를 표하기도 했습니다.

가미카제 특공대가 비행기 채로 곧바로 전함에 날아들어 전함을 폭파하고 그 과정에서 자기들의 생명을 희생한다는 사실은 많은 사람을 두렵게 했습니다. 일반적인 사람들은 그걸 이해하지 못하고 가미카제가 일종의 광신도인 게 틀림없다고 생각했습니다. 가미카제의 파워는 그들이 원칙에 헌신한 데서 나왔습니다. 신과 황제의 영광을 위해 몸 바친다는 원칙, 가미카제 조종사는 자신의 모든 것을 바쳤습니다. 그 결과 그들은 아무도 막을 수 없는 전사가 되었습니다. 그러나 바로 그 맨 윗사람들이 근본적으로 정렬이 잘못되었고 동기가 잘못되었기에 가미카제는 파탄을 맞이했습니다. 이 전사들이 실패한 것은 참여한 개인들이 너무 용맹한 탓이 아니었습니다. 그 개인들 위에 있던 사람들이 잘못 이끈 탓이었습니다.

우리는 이제 일본 재건의 바탕이 된 원칙을 알 수 있습니다. 또한 검증된 원칙들에서 벗어난 요즘의 정치 지도자와 사업가들이 어떤 결과를 맞이할지도 알 수 있습니다. 그들은 대가를 치릅니다. 공개적으로 추락합니다. 요즘은 사형 집행인이 휘두른 도끼에 참수당하지 않습니다. 대중 매체에 참수당합니다. 이런 실수를 피하는 길은 세상에서 벌어지는 온갖 실수를 지켜보고 위배된 원칙들을 분석하는 것입니다. 원칙을 위배한 결과를 알게 되면 사람은 결정을 내리는 근거가 완전히 달라집니다.

편의를 위해 진실성을 저버리면 파워를 잃습니다. 원칙으로 인해 일시적으로 손실을 보는 것 같더라도 원칙에 확고부동하게 헌신하면 파워를 되찾습니다. 우리는 많은 사업을 망칠 수 있습니다. 그러나 신용을 망치지는 않았다면 은행은 더 많은 돈을 빌려 줄 것입니다. 돈 얼마를 위해 신용을 저버리면 일시적으로 재미는 볼 것입니다. 그러나 막상 상황이 다급해지면 곤경에 빠집니다. 중요한 것은 곤경 끝에 폭삭 망했다는 사실이 아닙니다. 중요한 것은 그렇게 된 '이유'입니다.

최악의 재앙을 자초했던 일본을 온 세상 사람들이 흔쾌히 용서

했을까요? 만약 그런 일본도 용서해 주었다면 우리가 망한다 해도 마찬가지로 용서해 줄 것입니다. 우리가 회복하기 위한 그 길을 따른다면 말입니다. 일본 사람들이 우리 모두에게 준 가장 큰 선물 하나는 우리가 회복할 수 있는 길을 닦아 놓은 것입니다. 그들은 우리가 그들이 얻은 교훈을 공유할 수 있도록 실례를 보여 줬습니다.

6장

진실성이
승리한다

SUCCESS is FOR YOU

"원장님, 저 바깥이 서로 잡아먹고 잡아먹히는 세상이라는 건 모르는 사람이 없죠." 온갖 재정적 문제를 안고 있던 환자가 제게 말했습니다. "원칙을 굽히고 절차를 생략하고 여기저기서 조금씩 속이지 않았으면 전 시장에서 버티지 못했을 겁니다."

이런 식의 원칙을 들여다보고 그 속사정을 알아봅시다. 우선 이 환자는 자기가 곧 파산할 지경이라 원칙을 굽혀야 했다고 착각하고 있었습니다. 하지만 진상은 그가 내내 진실성의 원칙을 굽히는 사람이라 파산할 지경이 되었다는 것입니다. 그것이 그의 사업이 곤경에 처한 이유였습니다.

그럼 경쟁에 대해선 어떻게 봐야 할까요? 사업의 세계를 정글에 비유할 때는 이 경쟁을 암시하는 것입니다. 이 문제의 진상은 '성공하는 데는 비교적 힘이 들지 않는다.'는 것입니다. 이 진상 속에 경쟁의 실체를 착각하지 않게 해 주는 간단한 처방이 들어 있습니다. 이렇다 할 만한 진짜 경쟁은 애초에 존재하지도 않습니다. 이 말은 무슨 뜻일까요? 탁월함과 굽힘 없는 진실성과 원칙에 헌신하는 사람들의 세계에서는 어떠한 경쟁도 존재하지 않습니다. 이 피라미드의 정상에는 매우 소수만 있어 그곳에 있는 이들은 자기 뜻대로 삽니다.

우리가 지역 최고의 정비공이라면 경쟁으로 문제를 겪을 일이 있을까요? 없습니다. 문제가 있다면 과로가 문제일 것입니다. 고객들이 탁월한 서비스 품질을 경험하기만 하면 그보다 못한 것에는 결코 만족하지 못할 것입니다. 자, 제가 말하는 탁월함이 전문 기술을 의미할까요? 특출한 능력을 의미할까요? 아닙니다. 전혀 그런 의미가 아닙니다. 고객들은 정직성과 진실성으로 보답받을 것임을 알면 기대 수준을 스스로 양보합니다. 우리가 규범대로 일하고 완전히 솔직하면 고객들은 우리의 온갖 실수를 용서합니다. 약간 실망할 수는 있지만 우리의 의도가 정직하다고 느끼는 한 다른 곳으로 가지는 않습니다.

예를 들어 우리가 입찰에 참가하여 계약을 따낸 뒤에야, 비용을 너무 적게 잡았기 때문에 예상대로 프로젝트를 완료할 수 없음을 알았다고 합시다. 그래서 우리가 "이 입찰 가격대로 진행하려면 어떤 자재의 질을 낮출 수밖에 없습니다."라고 말한다면 고객은 우리를 용서할 것입니다. 이때 고객이 결정권을 갖도록 합니다. 이렇게 하면 고객이 나중에 우리를 꼬투리 잡거나 우리의 평판을 떨어뜨릴 수 없습니다. 반대로 우리는 좋은 평판을 쌓을 것이고, 이 평판이 성공을 이루어 줍니다.

아, 이 단어가 나왔습니다. 평판reputation. 바로 이 단어에 비법이 들어 있습니다. 경쟁에서 이기려고 머리를 싸맬 필요가 없습니다. 평판이 좋으면 힘 안 들이고 이깁니다. 마케팅 기법이나 홍보 같은 것이 필요 없다는 뜻은 아닙니다. 하지만 그런 건 관심 끌기 위한 수단일 뿐임을 잊지 맙시다. 잠재 고객이 관심을 보이면 우리는 고객이 진실성, 우수한 품질, 진정성을 느끼게 해야 하는데, 그런 것은 실제로 진정성이 있지 않으면 우러나올 수 없습니다.

진정한 성공은 하나도 힘이 들지 않고 손바닥 뒤집듯이 쉬운 일이어서, 세상 사람들이 분투하다 탈진하고 온갖 일에서 원칙을 저버리며 성공하려고 애쓰는 모습을 지켜보는 것은 슬픈 일입니다. 그들의 문제는 성공이 '저 밖'에 있다고 생각하는 것입니다. 성공은 부족한 것이 없는 사람에게는 자동적입니다. '부족한 것 없음'은 마음가짐입니다. 이 마음가짐만 있으면 성공은 자동으로 따라옵니다. '그래서 뭐?so what?' 하는 마음가짐이 아니라 '그렇고 말고.of course.' 하는 마음가짐입니다.

성공은 돈을 많이 버는 것일까요? 대개 그렇게 여길 것입니다. 성공이 돈 많이 버는 것으로 이어질 수도 있고 그렇지 않을 수도 있습니다. 성공한 사람들에게 그건 그다지 중요하지 않습니다. 자신이 거둔 성공이 전적으로 완전하게 만족스럽고 기뻤을 때, 그 성공으로 돈은 얼마나 벌었든 거의 상관없었다는 사실을 깨달은 적이 있습니까? 청구서 대금 내고 괜찮은 생활 수준 유지하기에 충분한 돈은 필요하지만 그렇다고 꼭 돈을 많이 벌 필요는 없습니다. 사실 돈을 많이 벌려는 것은 부족한 성공을 보상하려는 것입니다.

돈 많이 버는 것에서 동기를 부여받고 있다면 성공의 열쇠를 갖고 있는 것이 아닙니다. 돈은 사실 만족을 대신하는 것이어서 진짜 성공한 사람들은 일이나 활동이 잘 마무리되면 거기서 그냥 빠져나옵니다. 제가 거둔 가장 크고 기뻤던 성공 가운데 다수는 사실상 저에게 아무런 재정적 이익도 안겨 주지 않았습니다. 성공이 내면에 있는 어떤 것일 때, 성공은 '저 밖'의 어떤 것도 필요로 하지 않습니다.

돈을 많이 버는 것은 그 본성 자체가 '저 밖'의 일입니다. 돈을 많이 벌면 기껏해야 생활이 좀 더 편리하고 즐거워질 것이고, 자신이 어떤 일에서 재정적인 면을 얼마나 정확히 봤는지도 어쩌면 입증하게 될 것입니다. 만족감과 성공한 느낌은 '저 밖'에서 전혀 아무 일도 벌어지지 않아도 전적으로 완전할 수 있습니다.

이것이 제가 말하고자 하는 세상 초월, 즉 더 이상 '저 밖'으로부터 영향받아 좌우되지 않고 '저 밖'으로부터 피해를 입지 않는 것입니다. 성공한 사람들은 삶에서 만족스러운 면이 너무 많아 취약한 면이 하나도 없습니다. 따라서 기대한 결과가 나오지 않아도 감정적 반응에 빠지지 않습니다.

편의를 위해 원칙을 굽히지 말라

지금 이야기 중인 원칙들을 설명하기 위해 저의 개인적 삶과 직업적 삶에서 사례를 들어 살펴보겠습니다. 이 사례는 공식 기록으로 남아 있는 일이어서, 이 책을 위해 제가 창작한 이야기가 아니라는 점은 누구든 확인할 수 있습니다.

'페노티아진'이라는 진정제를 복용하고 있는 환자들에게 심각한 신경 질환이 발생했습니다. '지발성 운동이상'이라고 하는 이 장애는 사람을 불구로 만드는데, 환자 가운데 5퍼센트가량은 회복이 불가능하고 꾸준히 진행되는 경우도 매우 흔합니다. 이 장애에는 자기도 모르게 하는 얼굴 찡그림, 몸 움직임, 씰룩거림, '토끼 입' 같은 규칙적인 입 오물거림이 동반됩니다. 이 장애에 정신의학계가 휘말린 것은, 그로 인해 환자만 아니라 의사도 의료 사고 소송과 끝없는 비극을 비롯한 딜레마에 많이들 빠졌기 때문입니다.

만약 의사가 심각한 중환자에게 이른바 주요 진정제를 투여하지 못하면, 이 의사는 의료계에서 따르는 지배적 기준에 맞게 치료하지 못하고 잘못 치료했다고 꼬투리를 잡혀 고소당할 수 있었습니다. 만약 의사가 환자 상태에 필요한 대로 그런 약을 투여해 환자에게 (이 약을 복용한 환자 가운데 20~50퍼센트에게 발생하는) 지발성 운동이상이 생기면, 이 의사는 사람을 불구로 만드는 신경계 부작용이 환자에게 생겼다는 이유로 고소당할 수 있었습니다. 이와 같이 의사들은 치료를 해도 비난받고 치료를 하지 않아도 비난받는 진퇴양난에 빠져 윤리적 딜레마, 도의적 딜레마, 절차상 딜레마, 전문직업상 딜레마를 끝없이 겪게 되었습니다. 또한 지발성 운동이상으로 인해 관련 제약업이 위기를 맞았고, 관련 종사자들의 이미지가 손상되었으며, 큰 대가들을 치렀습니다. 의료 사고 보험료가 올랐고, 환자와 의사의 관계가 위태로워졌으며, 해당 전문 직종 전반에 재앙이 초래되었습니다.

이 사례를 자세히 서술하는 것은 당시에 중요한 문제였다는 점을 이야기의 배경으로 삼기 위해서입니다. 그 시점까지 관련 종사자들은 문제를 완전하게 해결하지 못하고 있었습니다. 근본 메커니즘과 생화학적 가설에 관한 추측을 담은 논문들이 전문적인 문헌에 끝없이 등장했습니다.

당시에 저는 의사 일을 35년째 하고 있었고, 미국 최대 규모로 꼽히는 정신 병원을 보유하고 있었습니다. 1960년대에 저는 환자 치료에 비타민을 사용하고 설탕과 단것을 끊게 하면 매우 유익하다는 이야기를 들은 적이 있었습니다. 그래서 그렇게 했습니다. 입증된 전통적 치료법 대신에 그렇게 한 것이 아니라 기존 치료법에 추가해서 그렇게 했습니다. 단것을 많이 먹는 사람들에게 포유류의 췌장은 정제 당분을 처리하도록 만들어진 것이 전혀 아니라고 알려 줬습니다. 곰이 어쩌다 꿀에 손대는 경우를 빼면 포유류가 그런 처리를 할 일은 자연에 존재하지도 않습니다. 포유류의 육체가 생물학적으로 진화해 온 수백만 년 동안 다량 투입된 당분을 췌장이 처리해야 할 필요는 전혀 없었습니다. 따라서 그런 처리는 제게 비정상적으로 보였습니다.

저는 비타민 B6, B3, C, E 등을 대량으로 복용하면 정신분열증 같은 장애가 있거나 알코올 중독을 포함한 다양한 중독, 뇌전증, 우울증이 있는 환자들에게 유익하다고 들었습니다. 그래서 이 정보도 제 환자들에게 전달했습니다. 또한 많은 정신 질환 증상이 사람들이 이런저런 것을 먹고 일으킨 알레르기에서 비롯함을 알게 되었습니다. 실험적으로 그런 것을 식단에서 없애 보니, 아니나 다를까 그것이 사실로 밝혀졌습니다. 사실 저 자신도 우유를 끊고 편두통이 50퍼센트 줄었습니다. 대장염도 사라졌습니다. 설탕과 단것을 포기한 뒤로 제 인생에서 피로와 주기적 우울증이 사라졌습니다. 제가 신체적, 정신-신체적, 정서적, 정신적 장애에 대한 영양의 중요성을 알게 된 것은 직업적으로도 이롭고 개인적으로도 이로웠습니다.

이런 일은 상식적인 것으로 보입니다. 그렇지 않습니까? 의사의 의무는 환자를 위해 가능한 한 최선을 다하는 것입니다. 저는 제가 '임종' 철학이라 부르는 것을 늘 품고 있습니다. 이 철학으로 제가 말하고 싶은 것은 생의 마지막 순간에 이르면 우리는 모두 자신이 삶에서 최선을 다했는지 그러지 못했는지 가리는 판정에 직면한다는 점입니다. 이런 의미에서 제가 한결같이 헌신한 대상은 환자였습니다. 저는 마지막 순간을 맞았을 때 타인을 위해 제가 한 일을 밝힐 책임은 전적으로 완전하게 저에게 있다는 점을 항상 느꼈습니다.

왠지 저의 의료계 동료들은 제가 비타민을 많이 사용하고 환자가 부정적 반응을 보이는 갖가지 식품을 끊게 한 사실이 언짢은 듯했습니다. 이 일은 놀랍게도 매우 논란의 여지가 많은 것으로 여겨졌고 대대적으로 맹비난을 받았습니다. 제 마음은 이랬습니다. '젠장, 알 게 뭐야. 그 사람들이 어떻게 생각하든 상관 안 해.' 저는 마지막 순간에 제가 인기 있었는지, 감명을 줬는지를 밝힐 책임이 있는 것이 아니었습니다. 저는 제 눈으로 직접 본 증거를 믿었습니다.

예를 들어 알코올 중독에서 회복하려고 노력 중인 환자들이 거듭 재발하고 있었습니다. 제가 그들로 하여금 설탕과 단것을 끊고 비타민을 대량으로 복용하게 하자 그들은 곧바로 금주 상태를 유지했습니다. 우울증 때문에 수년간 주기적으로 전기 충격 요법을 받아야 했던 환자들도 있었습니다. 그러나 그들도 식단에서 설탕과 단것을 없애자 이내 회복했습니다. 편집증과 망상증이 있는 환자들도 있었습니다. 제가 그들에게 비타민 B6를 복용시키고 감자를 끊게 하자 편집증이 사라졌습니다. 그러니 제가 어느 쪽을 믿어야 했을까요? 제 동료들의 비판 쪽일까요, 제 환자들이 제게 보여 주고 있던 명백한 사실 쪽일까요? 저는 환자들 곁에 머물렀습니다.

결국 저는 세상에 널리 알려졌고 진료 업무가 놀랍도록 늘었습니다. 세계 곳곳에서 오는 환자들을 치료했습니다. 환자들이 파리, 로마 등지의 공항에 줄을 섰고 입원실 침대가 나기만을 기다렸습니다. 저는 결국 비서 12명을 두고 수신 전화 10회선을 놓기에 이르렀습니다. 그렇지만 저는 성공에 관심이 없었습니다. 많은 돈을 버는 데 관심이 없었습니다. 일이 엄청나게 커지기 시작했을 때 누구보다도 놀란 사람은 저였습니다. 제가 사용한 방법을 알려 달라고 전 세계에서 의사들이 밀려오기 시작했습니다. 수년간 아팠던 환자들이 밀려왔다가 30일 내로 좋아져서 퇴원하곤 했습니다. 이에 의료계가 깊은 인상을 받았고, 그 결과로 이 도시 저 도시에서 수많은 환자들이 쏟아졌습니다. 이런 치료법을 후원할 조직들도 구성되기 시작했습니다.

당시에 저와 같은 방식으로 치료*하는 의사들의 그룹이 있었는데, 우리 그룹에서 받는 문의가 너무 많아 저는 편지 쓰는 데 시간을 다 보내고 있었습니다. 그래서 동료들에게 말했습니다. "알다시피 우리가 하는 일을 설명하는 안내서가 있어야 일대일로 설명하고 가르치는 편지를 쓰고 또 쓸 필요가 없어집니다. 일대일 편지는 시간을 너무 소모하는 일이고요. 책이 있으면 '여기 있습니다.' 하고 주기만 하면 되죠."

동료들은 모두 아주 좋은 아이디어라며 동의했습니다. 그리고 이런 상황에서 흔히 그러듯 책 쓸 사람으로 저를 지명했습니다. 저는 책 쓰는 일을 맡아 공동 연구자 전원에게 기고해 달라고 요청했습니다. 세계에서 가장 유명한 과학자 가운데 한 사람이자 당시에 살아 있는 사람으로서 노벨상을 두 번 받은 유일한 인물**이 제게 편지를 보내 저와 공동으로 책을 편집하고 책에 한 장*을 기고할 수 있을지 문의하기도 했습니다. 우리 책이 나온 뒤 가족이 이 치료법으로 혜택받았던 어느 부유한 남자는 과학 공동체가 이 치료법에 관심 갖도록 자발적으로 《사이언스》 잡지에 전면 광고를 내 매우 긍정적인 논평을 싣기도 했습니다.

이 사례에서 우리가 알 수 있는 원칙은 진실성을 굽히지 않으면 명성, 부, 뜻밖의 이익, 이런저런 영예, 끝없는 인터뷰 요청이

---

* '분자교정 의학orthomolecular medicine'을 말한다. **www.orthomolecular.org** 참조
** 노벨 화학상과 노벨 평화상을 수상한 라이너스 폴링(1901~1994)을 말한다.

따라온다는 것입니다. 결국 제가 한 일을 다룬 기사들이 미국의 여러 주요 출판물에 실렸습니다. 저는 「바바라 월터스 쇼」(에는 두 번 출연하고), 「맥닐/레러 뉴스아워」를 비롯한 많은 TV 쇼에 출연했습니다. 기고, 논문, 저서, 강연, 출연을 원하는 요청을 수없이 받았습니다. 그렇지만 이것이 이야기의 끝은 아닙니다.

관련 종사자들이 지발성 운동이상 증가에 주목한 수년간, 제 환자들은 아무도 이상 증상을 보이지 않았습니다. 문헌 보고에 따르면 주요 진정제를 투여받는 환자들 중 50퍼센트에게 이 불구로 만드는 병이 생겼고, 치료 불가능하고 회복 불가능한 경우가 많았습니다.

진료 규모가 컸기 때문에 저는 주요 진정제로 환자를 치료하는 경우가 미국의 대다수 정신과 의사들보다 많았습니다. 그런 약을 매우 대량으로 써서 입원 환자 1000명을 치료해도 아무도 지발성 운동이상을 일으키지 않았습니다. 또한 제가 경영한 병원에서는 환자 중 누구도 이상 증상을 일으키지 않았습니다. 총 1만 5000명에서 2만 명가량 되는 환자들이 지발성 운동이상을 단 한 건도 일으키지 않았습니다.

저는 이것이 상당히 놀라운 발견이며 관련 종사자들이 이 소식을 간절히 바랄 것이라고 생각했습니다. 그래서 연구 논문을 써서 치료 식이 요법에 비타민을 추가하는 간단한 처방으로 지발성 운동이상을 예방한 결과를 발표했습니다. 저는 이 논문을

1983년에 발표했고 1984년과 1985년에 의학회에 제출했는데 아무도 주목하지 않았습니다. 환자들로 구성된 후원 단체가 기금을 조성해 《정신의학 저널》에 광고를 냈고 제약 회사는 무료 재인쇄본을 제공했습니다. 그러나 여전히 아무도 관심을 보이지 않았습니다.

저는 노력을 배가해 연구 규모를 확대했습니다. 동료 80명이 수행한 진료를 연구한 내용도 넣었습니다. 그들은 저와 마찬가지로 대량의 비타민과 무설탕 식단을 치료에 사용했습니다. 우리는 총 5만 8000명을 진료하고 1986년에 「지발성 운동이상의 예방」이라는 제목으로 논문을 발표했습니다.

그 이후에 저는 연구를 3년 더 연장했습니다. 그리하여 의사 80명이 20년에 걸쳐 환자 6만 1000명을 치료하며 지발성 운동이상 예방에 성공한 사실을 다룬 논문을 1989년에 발표했습니다. 저는 지발성 운동이상 문제를 둘러싼 심각한 분위기를 고려할 때 논문이 틀림없이 흥미를 끌 것이라고 생각했습니다. 그러나 그렇지 않았습니다. 사실 전통적 학술지 전체가 논문 게재를 거절했습니다. 《미국 정신의학 저널》에서는 관심이 없었습니다. 《정신의학 아카이브》에서도 관심이 없었습니다. 왜 그랬을까요? 자, 제가 비타민을 사용하지 않았습니까? 비타민 사용은 의학계에서 마치 일종의 범죄인 듯했습니다.

의학계는 (복잡한 통계를 곁들여) 이중 맹검 二重盲檢 연구'가 제시하는 뒤집힌 인과 관계에 완전히 매료되어 있습니다. 이것은 흔히 엄청난 연구 보조금을 지원받아 어느 지역 무슨 대학 조교수가 한 연구입니다. 제가 논문을 게재할 수 없었던 데 반해 학술지들은 결과가 모호한 검사들에 관한 기사로 가득했는데, 그런 검사에는 막대한 돈이 들어갑니다. 따라서 그런 논문은 상당히 큰 연구 보조금을 받아 나온 것이었습니다.

그 사이에 저는 20년 기간과 환자 6만 1000명이 망라된 연구를 해서 세 편의 논문을 내놓았고 비용은 전혀 들지 않았습니다. 저는 미국인 100만 명을 괴롭혀 온 지발성 운동이상이라는 충격적 문제의 답을 알고 있었습니다. 관련 종사자들은 의료 사고 소송으로 애를 먹고 있었지만 누구도 제 연구에 관심조차 보이지 않았습니다! 저는 제약 회사들 전체를 포함해 관심 있을 만하다 싶은 분야에 종사하는 사람들 모두에게 논문 사본을 보냈습니다.

세속적 성공이라는 면에서 보면, 제가 한 이 사업은 완전한 실패였다고 할 만합니다. 저는 이 일로 한 푼도 벌지 못했습니다. 이 일로 명성이나 부를 얻지 못했습니다. 이 일로 아무런 인정도 받지 못했습니다. 언젠가는 어느 지역 무슨 대학 아무개 조교수가 엄청난 연구 보조금을 받아 환자 18명에 관한 논문을 발표해 이런저런 비타민이 지발성 운동이상을 치료하거나 예방하는 데

---

* 약의 효과를 객관적으로 평가하기 위해 어느 약이 진짜이고 어느 약이 가짜인지 환자와 의사 모두에게 알리지 않고 시험함으로써 환자의 심리나 의사의 선입관 등을 배제하는 약효 평가법이다.

이롭다는 사실을 보여 줄 것이라고 저는 확신합니다. 그 사람은 세계적으로 유명해지고 치료법의 발견자로 인정받을 것입니다. 자, 이러면 제가 괴로울까요? 제 대답은 '아니요'입니다. 왜냐면 제가 여러 해 전에 그 발견을 했다는 사실에 스스로 만족하기 때문입니다. 저는 발견을 진척시켰고, 동료들에게 발견을 알리고 환자, 환자 가족, 세상을 위해 저의 도의적, 직업적, 윤리적 의무를 다하고자 제가 아는 모든 방법을 동원했습니다. 제가 할 일은 완료되었습니다.

이 시점까지 '저 밖'에서는 전혀 아무 일도 일어나지 않았습니다. 인정이나 칭찬을 받지도 못했고, 돈이나 이익이 생기지도 않았고, 직함을 얻거나 상을 받지도 못했습니다. 사실 이 일로 몇백 달러를 들였으니 저는 이전보다 더 부유해진 것이 아니라 더 가난해졌습니다. 그러면 저는 이 일에 대해 어떻게 느꼈을까요? 저는 전적으로 완전한 만족감을 느꼈습니다. 제가 관련 종사자들이 주목하기를 원했을까요? 모든 환자들이 이 일로 혜택받기를 원했을까요? 이 불구로 만드는 장애가 다 없어지기를 원했을까요? 물론 저는 원했습니다. 여전히 그렇게 되기를 원할까요? 네, 원합니다. 그리고 그런 일이 생기면 저는 물론 기쁠 것입니다. 그러나 제 마음속 느낌은 전혀 그런 일에 좌우되지 않습니다.

경험은 제 내면에서 이미 완료되었고 완전했습니다. 이와 관련해 '저 밖'에서 일어난 모든 일은 케이크 위에 덧입힌 설탕에 불과합니다. 그 설탕으로 제 케이크가 만들어진 것이 아닙니다. 그 설탕이 없어도 제 케이크는 쓰러지지 않습니다. 제 환자들은 아무도 그 병을 앓지 않았습니다. 저는 그 병이 생겼다고 환자에게 고소당한 적이 전혀 없습니다. 저는 평화롭고 편안하게 휴식했습니다. 제가 지금 공유하고 있는 기본적 교훈은 성공은 편의를 위해 원칙을 굽히는 데서 비롯하지 않는다는 것입니다. 성공은 그 무엇을 위해서도 진실성을 굽히지 않겠다고 거부하는 데서 비롯합니다.

진정으로 성공할 때는 지체되는 시간이 없습니다. 즉시즉시 보상을 받습니다. 그래서 성공하는 과정 전체가 보상을 받게 됩니다. 성공은 자신이 하는 일로 기분이 좋은 것입니다. 최선을 다했다는 사실을 스스로 아는 시점에서 과제를 마치고 잠자리에 들 때 느끼는 평화롭고 만족스러운 기분을 우리는 압니다. '저 밖'에서는 사실 아무 일도 일어나지 않았습니다. 상사는 아직 보고서를 못 받았습니다. 가족은 우리가 한 일을 못 봤습니다. 이웃들도 알 리가 없습니다. 그렇지만 씨앗을 잘 뿌려 놓은 정원을 갖고 있는 사람처럼 우리는 밤에 잠자리에 들며 꽃과 채소가 모습을 드러내는 것은 그저 시간문제임을 알고 있습니다. 적절히 씨앗을 뿌렸다면 정원은 자동으로 이루어집니다. 작물의 성장까지 지켜보는 것은 만족에 보탬이 되는 것일 뿐 만족 자체의 근원이 아닙니다.

진실성이 고객의 문을 열어 준다

이 장 앞머리에서 이야기했듯이 피라미드 정상에 있는 사람들은 아무런 경쟁도 치르지 않습니다. 지역 최고의 식당들은 손님을 끌려고 경쟁할 필요가 없습니다. 일찌감치 예약하지 않으면 자리가 없다는 것을 손님들이 알기 때문입니다. 지역 최고의 정비공은 일거리를 찾을 필요가 없습니다. 반대로 일거리를 물리치려고 싸워야 할 판입니다. 진실성은 자동으로 열리는 문과 같습니다. 사실 진실성은 말 그대로 문을 열어 줍니다. 제가 이 사실을 발견한 것은 의대 다닐 돈을 벌기 위해 수도 없이 일자리를 얻었던 시절이었습니다.

제2차 세계대전이 끝난 뒤 참전 용사들이 돌아오자 실업률이 치솟았습니다. 모두들 52-20클럽*에 가서 실업 수당으로 52주 동안 매주 20달러를 탔습니다. 구할 수 있는 일자리가 전혀 없어 보였기 때문이었습니다. 이 '구할 수 있는 일자리가 없던' 시기에 저는 일자리가 동시에 셋이었습니다. 그중 하나는 집집마다 다니며 지붕 공사나 외벽 공사를 권유하는 외판원 일이었습니다.

집집마다 다니는 방식으로 지붕 공사나 외벽 공사를 하는 일에 대해 아는 바가 있는 사람이라면 이 일이 제일 골치 아프고,

---

* 미국 정부가 퇴역 군인에게 1년간 매주 20달러씩 지급했던 제도

제일 힘들고, 제일 혹사당하고, 제일 욕보는 직업이면서 평판은 안 좋고 사기도 많아 소비자들의 저항이 크다는 점을 알 것입니다. 제가 이 일을 했을 즈음에는 쏟아지는 실업자들이 몰리는 바람에 방문 판매 붐이 절정에 이르렀습니다. 많고도 많은 사람들이 초인종을 누르며 상상할 수 있는 온갖 꾀를 동원했습니다. 소비자들이 느끼는 거부감이 심각했고, 특히 본래가 보수적인 위스콘신주 밀워키시 같은 지역에서 심했습니다.

그래서 그런 식으로 팔려는 시도는 정말로 힘든 일이었습니다. 사내들이 떼 지어 시도했지만 면전에서 쾅 하고 문이 닫히는 일을 50번쯤 겪고 나면 더 이상 하지 못했습니다. 그들은 순전히 낙심한 탓에 일을 그만두었습니다. 새로운 판매원들도 일주일 이상 버티지 못했습니다. 판매원 이직률이 최소한 95퍼센트는 되었을 것이었습니다. 외판원들은 이 구역에서 저 구역으로 이동하며 지치도록 걸었고, 오전 내내, 오후 내내, 저녁 내내 노력했지만 성공은 거두지 못했습니다.

우리 앞에는 정글이 펼쳐져 있었습니다. 서로 잡아먹고 잡아먹히는 경쟁, 말만 번지르르한 구매 권유, 강매자들, 과로, 막심한 소비자 거부감이 있었고, 성공 여부는 '저 밖'에 있는 것에 달려 있었습니다. 이 힘든 일에서 성공할 가능성이라곤 보이지도 않았습니다. 그렇지만 저에게 일어난 일은 정확히 그 반대였습니다. 사실 저는 조직 전체에서 누구보다도 많은 돈을 벌었습니다.

저는 제 할당량을 다 채우고도 정오까지는 일이 끝나 다음 직장으로 출근했고, 거기서는 극장 관리하는 일을 했습니다. 그리고 극장 일이 끝나면 세 번째 직장으로 출근했습니다. 이렇게 할 수 있었던 비결은 무엇이었을까요?

저는 방문 판매원들이 모두 똑같아 보인다는 점을 알았습니다. 양복과 와이셔츠, 넥타이를 착용했고, 서류 가방을 드는 사람도 아주 많았습니다. 이들이 초인종을 누르면 집주인은 벨 누른 사람이 방문 판매원이란 사실을 확실하게 알아챘습니다. 그러면 이 가망 고객들은 창문 밖으로 머리를 내밀고 "필요한 것 없습니다. 관심 없어요."라고 말했습니다. 저는 방문 판매원들이 풍기는 이미지에 진실성이 없다는 점을 깨달았습니다.

제가 한 일은 정확히 그 반대였습니다. 약간 지저분한 작업복과 파란 일꾼 셔츠를 입었습니다. 허리띠에는 드라이버와 망치를 걸어 늘어뜨렸습니다. 얼굴도 약간 지저분했습니다. 머리카락도 약간 헝클어져 있었습니다. 15센티미터 자와 연필이 셔츠 주머니에서 비어져 나와 있었습니다. 서류 가방 대신 연장통이나 도시락통을 들고 다녔습니다. 한마디로 블루칼라 노동자의 이미지였습니다.

블루칼라 노동자들은 보수적인 미국 사람들의 마음속에서 진실성 있고 위협적이지 않은 이미지를 갖고 있습니다. 그래서 예상한 대로, 다른 판매원들은 단 한 집도 들어가 보지 못한 구역에서 저에게는 문이 자동으로 열리곤 했습니다. 저는 모든 집에 들어갔습니다. 저는 사람들에게 이렇게 말했습니다. "근처에서 다른 건으로 일하다가 남은 좋은 자재들이 좀 있습니다. 댁에서 지붕널들이 떨어지려는 게 보였는데요, 제게 남는 지붕 자재가 있으니, 원하시면 지붕에 붙여 드리겠습니다."

그들은 확실히 지붕 전체를 새로 할 필요가 없었고, 저는 확실히 판매원이 아니었습니다. 그래서 방어 자세는 거두어지고, 함께 본론에 들어갔습니다. 저는 그들에게 자재값에 인건비만 붙여 청구하겠다고 했습니다. 모두들 아무 이견 없이 동의했습니다. 정직하게 생활비 벌려는 것을 못마땅해하는 사람은 아무도 없었습니다. 저는 결코 강매 수법을 쓰지 않았습니다. 결코 판촉하거나 왜곡하거나 거짓 약속을 하지 않았습니다. 그리고 결코 사람들에게 서명할 계약서를 내밀고 겁을 주지 않았습니다. 일을 절반 마치면 50퍼센트를 주고 다 마치면 잔금을 달라고 했습니다. 아무도 이 방식에 대해 불평하지 않았습니다.

몇몇 경우에는 잔금을 지불하지 않으면 일꾼을 보내 지붕널을 도로 뜯겠다고 말해야 했습니다. 그러면 사람들은 마음을 바꿔 수표에 이상이 없도록 했습니다. 실제로 도로 뜯은 적도 있었습니다. 그러면 제 돈이 축나는 데도 불구하고 도로 다 뜯은 것은 그것이 저 자신에 대한 의무였기 때문이었습니다. 되갚아 주려는 것이 아니었습니다. 복수하려는 것이 아니었습니다. 그보다는 그것이 저 자신에 대한 의무였기 때문이었습니다.

우리는 사업에서 이 점이 궁금할 수 있습니다. 우리에게 법적 구속력이 있는 계약서나 소송할 능력이 없는 경우에는 어떻게 수금할 것인가? 답은 이렇습니다. *그것이 고객에게서 수금할 수 있는 유일한 길이라면 그런 고객과는 거래하지 말아야 한다.*

7장

사업 실적을
버려라

SUCCESS is FOR YOU

뭐? 사업 실적을 버리라고? 아마 이렇게 생각할 것입니다. *저도 성공의 목적은 사업 실적을 '올리는' 데 있다고 생각했습니다.*

제 말은 사업 실적의 5퍼센트를 버리라는 겁니다. 돈을 많이 벌어 이익을 공유하고 싶으면 사업 실적의 5퍼센트를 버리는 것을 규칙으로 삼아야 합니다. 이 5퍼센트를 정하는 방법은 제가 오랜 경험으로 알게 된 원칙에 근거합니다. 즉, *우리를 애먹이는 문제와 골칫거리의 95퍼센트는 고객 중 5퍼센트에게서 나옵니다.* 마지막 한 푼까지 탐하다가 시간, 에너지, 이미지, 고소, 변호, 보험료, 종업원 이직, 부부간 불화, 곤두선 신경, 배탈, 궤양 같은 것으로 큰 대가를 치르는 법입니다. 우리를 죽도록 괴롭히는 것은 마지막 5원입니다. 95원까지는 쉽습니다. 우리로 하여금 그 모든 대가를 치르게 하는 것은 마지막 5원입니다. 이 골치 아픈 5퍼센트를 포기하면 어떻게 될까요? 수입이 두 배가 됩니다.

저는 이 원칙을 오래전에 알게 되었습니다. 의료계에서 이 원칙은 의료 보장 제도와 관련됩니다. 제가 오랜 경험으로 알게 된 사실은 이 제도에서는 절차가 대단히 번거로워 승인 서식, 후속 서식, 기타 주기적 서식을 끝도 없이 요구한다는 점이었습니다. 게다가 우리 의사들은 제가 보기에는 의사와 환자 사이의 비밀에 해당하는 것을 누설해야 했습니다. 진단 내용만 아니라 환자의 사생활까지 시시콜콜히 밝혀야 보험 청구 내역이 타당함을 보여 줄 수 있었습니다. 그런 뒤에도 지급받기까지는 대단히 지체되었습니다. 치료 방법을 놓고 타당성이나 지속 기간, 기타 온갖 것을 따지는 내용의 서신을 받기도 했습니다. 의료 보험 '조사관'들도 현장에 나타났습니다. 유감스럽지만 그럴 필요가 있었습니다. 보험 사기 사건이 종종 머리기사로 떴으니까요. 썩은 사과 몇 개가 사과 상자 전체를 오염시키기 마련입니다.

아무튼 요점은 받을 액수도 얼마 안 되는 지급 항목 몇 가지 때문에 말도 안 되는 관료주의적 괴롭힘을 견뎌야 했다는 것입니다. 이런 어려움 때문에 정부를 상대로 수금하는 일은 그 자체로 큰 과제가 되어 버렸습니다. 이 수입원에 의존하는 많은 병원들은 다른 데다 채권을 넘기고 일정 비율을 지급받는 것에 만족하곤 했습니다. 그러면 정부를 상대로 수금을 시도한다는 어마어마한 과제는 몇몇 채권 매입 회사로 넘어갔습니다. 보다시피 이렇게 시간 걸리고, 번거롭고, 잘못 걸릴 위험도 있고, 간접비가 들고, 서류 작업이 많고, 불필요한 관료주의 절차를 끝없이 견뎌야 하는 일은 에너지만 소모하고 좌절을 줬고, 솔직히 말해 상당히 힘들었습니다.

그러면 해결책은 무엇이었을까요? 해결책은 차라리 무료로 진료하겠다고 사람들에게 알리는 것이었습니다. 저는 나이 많은 환자들을 무상으로 많이 진료했습니다. 그 가운데 많은 이들이 뜨개질한 스웨터며 멜론, 토마토, 그림, 깔개, 온갖 세간, 담요, 숄, 집에서 만든 사과파이나 초콜릿케이크 같은 것을 가져왔습니다. 저는 많은 사람들에게 각자 낼 수 있는 것으로 내라고 했습니다. 이렇게 하니 총 진료비의 약 5퍼센트에 달하는 금액이 자동으로 탕감되었습니다. 그래도 상관없었습니다. 모두가 행복했습니다. 시간과 에너지가 남고, 장부 정리 수고가 줄고, 부수 업무 공간까지 줄어서 더 중요한 일에 집중할 수 있었습니다. 저에 대해서는 돈 욕심이 없다고 평판이 났습니다. 의료계에서는 돈 욕심이 없다는 평판만 있으면 성공하기에 충분합니다.

제가 한때 살았던 작은 동네에서 가장 성공한 정비공 프리츠는 맨날 자기 아내와 다른 사람들로부터 '거저 준다'고 비난을 받았습니다. 다들 그가 너무 적게 청구한다고 불평했습니다. 제가 어느 카센터에 가면 무슨 무슨 부품을 다 교체해야 하니 200달러는 들 것이라고 할 때가 아주 많았습니다. 그런데 프리츠에게 차를 가져가면 그는 강한 독일식 억양으로 "음, 그 부분을 완전히 반대로 구부리고 틈을 바짝 조일 거니까, 2달러 80센트 들겠습니다."라는 식으로 말하곤 했습니다.

인정하건대 저는 차에 대해 아무것도 모릅니다. 그러니 그는 제게 연료 분사기 새것을 통째로 250달러에 팔 수도 있었습니다. 하지만 차에 무슨 문제가 있어서 가져가면 그는 공짜로 고쳐 줄 때가 많았습니다. "아, 선이 헐거워진 것뿐이네요."라는 식이었습니다. 어느 카센터에 갔더니 새 연료 펌프와 분사기로 교체하려 든 적이 있었습니다. 프리츠는 이랬습니다. "연료 탱크 상태가 안 좋네요. 물이 들어갔어요." 그러고는 탱크를 비우고 새 연료를 넣어 줬고, 저는 바로 출발했습니다. 그는 하루 일에 만족하며 잠자리에 들었고, 그의 고객들도 그랬습니다. 그에게 차를 맡기려면 줄을 서야 했습니다. 그는 아무런 경쟁도 치르지 않았습니다.

반면에 프리츠는 골치 아픈 고객이 있으면, 그런 고객에게 자기는 불평 많은 사람, 요구 많은 사람, 압력 넣는 사람, 성질 고약한 사람, 따지기 좋아하는 사람, 책잡는 사람에게 낼 시간은 없다고 바로 알려 주곤 했습니다. "그런 손님이 왜 필요하죠? 골치만 아픈데." 이러곤 했습니다. 저는 그가 '수익성 좋은' 일을 거절하는 것을 자주 봤습니다. 그래서 프리츠에게는 사람 좋은 고객들만 왔습니다.

마지막 5퍼센트를 위해 죽도록 고생하는 것은 자신이 없고, 성과가 부족하고, 탐욕스럽고, 생각이 짧기 때문입니다. 우리는 피해망상적이거나 의심스러워하거나 불신하는 고객을 다 버려야 합니다. 왜 그럴까요? 그들은 소송을 일삼거나 큰 문제를 일으킬 사람들일 뿐만 아니라 우리가 어떻게 해 주든 한술 더 뜰 사람들이기 때문입니다. 진실성이 없어서 그러는 것입니다. 그들은 자기들의 진실성 없는 상태를 세상 사람들에게 덮어씌우고는 우리가 자기들과 똑같다고 넘겨짚습니다.

우리의 정직성을 의심하는 사람은 본인의 천성이 정직하지 못합니다. 순진한 사람들은 의심할 생각도 못 하는 법입니다. 어느 고객과 단순히 구두로 합의하고 악수하는 것만으로는 신뢰할 수 없다고 생각된다면 그런 고객과는 거래하지 않으면 됩니다. 문제를 수집할 필요가 있겠습니까? 저는 뉴욕주 롱아일랜드섬 북쪽 해변에 있는 4만 평 땅에 10년에 걸쳐 20억 원 가치의 사유지를 일구면서 계약서에 서명한 적이 단 한 번도 없습니다. 제가 입찰을 받아 "그쪽 제안이 제일 좋네요. 그렇게 합시다." 하면 그쪽에서는 "계약서를 보내겠습니다." 했고, 그러면 저는 "계약서는 됐습니다."라고 했습니다. 제가 "설치해 주세요. 그러면 지불하겠습니다." 하면 그쪽에서는 "지불을 안 해 주시면 어떡하죠?" 라고 물었고, 저는 "아, 그러면 도로 떼어 가세요."라고 했습니다. 그쪽에서 이런 방식에 만족하지 못하면 저는 제 말을 믿어 줄 사람을 새로 찾았습니다.

저는 정말로 아무 문제도 겪지 않았습니다. 모든 업자가 자기 할 일을 완수했습니다. 사실 그들은 부실 공사는커녕 대단히 전문적인 손재주와 기술을 발휘해 약속대로 일을 완수했고, 덕분에 집은 명소가 되었습니다. 수많은 사람들이 소문을 듣고 구경하러 온 것은 집을 지은 사람들의 진실성 덕분이었습니다. 문들은 단단한 오크 나무로 만든 두께 5센티미터짜리 수제품이었습니다. 바닥은 손으로 무늬를 새긴 두께 6밀리미터짜리 오크 나무판이었습니다. 문에 달린 경첩은 단단한 놋쇠와 볼 베어링으로 만든 것이었습니다. 천장을 받치는 기둥은 벌레가 꾀지 않는 100년 된 솔송나무를 손으로 잘라 만든 것이었습니다. 토대는 강철이었습니다. 이 집은 500년을 가도록 지은 것이었습니다. 이런 집을 팔게 된다면 다른 집과 경쟁할 일이 있을까요? 물론 없습니다. 이 집은 독보적인 존재였습니다.

독보적인 존재는 경쟁을 하지 않는다

여기서 우리는 성공의 원칙을 또 하나 얻습니다. 독보적인 존재가 돼라. 예를 들면 '오리온 굴뚝 청소'라는 업체가 동네에 있었습니다. 누가 전화를 걸어 부르면 사장인 미키가 직접 다시 전화를 했습니다. 그리고 어떤 일이 필요한지 파악했습니다. 또 편리한 시간을 정한 다음 그 시간을 지켰습니다. 오전 11시에 도착하겠다고 하고 11시 15분에 나타나는 일은 없었습니다. 만약 늦게 되면 고객에게 전화해서 11시까지는 못 갈 것이라고 미리 말했고 많이 늦지는 않았습니다. 도착한 뒤에는 다시 전화해서 도착했다고 알렸습니다.

그의 트럭 안에는 모든 청소 솔이 꼬리표에 적힌 크기에 따라 깔끔하게 정리되어 천장에 걸려 있었습니다. 장비를 내린 다음 그는 상상을 초월할 만큼 철두철미하게 일을 했습니다. 그가 가고 난 뒤에는 장작 난로 바닥에 음식을 놓고 먹어도 될 정도였습니다. 그는 난로의 문제점, 그런 문제가 생긴 원인과 예방할 방법, 앞으로 비용을 줄일 방법을 모두 설명해 줬습니다. 마지막에 왔을 때는 제게 이랬습니다. "아닙니다. 선생님 댁 벽난로는 올해 청소할 필요가 없습니다."

굴뚝 청소에 대해 제가 아는 게 없으니, 그는 이왕 장작 난로 일을 하러 온 김에 저에게서 다른 일거리라도 딸 수 있었습니다.

그렇지만 그는 예의 바르고, 정중하고, 신속하고, 유능하고, 친절하고 우호적이었습니다. 집을 더럽히지 않으려고 대단히 조심했습니다. 그가 가고 나면 그가 오기 전보다 더 깨끗해 보였습니다. 청구서는 금액이 타당했고 지체 없이 제시하되 독촉은 없었습니다. 그는 굴뚝 청소 예약일과 청소 당일 사이에 서비스 설명서를 고객에게 보내 고객이 자신이 받을 서비스를 미리 알 수 있게 했습니다. 그리고 어떤 문의가 오든 답변했습니다. 그가 일을 마치고 가면 며칠 뒤에 우편으로 매우 정중한 내용의 편지가 왔습니다. 그는 서비스를 애용해 준 것에 대해 고객들에게 감사를 표했고, 내년에도 이용해 줄 것을 제안하며 또 한 번 청소할 때가 되면 편지와 전화로 미리 알리겠다고 했습니다.

미키에게 조금이라도 '경쟁'할 일이 있었을까요? 없었습니다. 누구도 이 남자의 수준을 따라오지 못했다는 말입니다. 고객이 처음 전화한 뒤에 응답을 지체하는 일도 없었고, 퉁명스러운 비서가 고객을 기다리게 하는 일도 없었습니다. 만약 늦게 되면 늦는다고 알리지도 않고 사전에 정한 시간에 나타나지 않는 일은 전혀 없었습니다. 그는 진실성 덕분에 고객 호감도*와 평판이 다져졌습니다. 그 결과로 그에게는 충성 고객이 많았습니다. 저는 미키가 동네를 뜨거나 일을 그만둬 어쩔 수 없는 경우가 아니라

---

* 영어에서 'goodwill'은 '호의' 외에 '고객 호감도'라는 의미도 있다.

면 다른 굴뚝 청소 서비스를 이용할 생각을 전혀 하지 않았을 것입니다.

저는 그의 진실성에 매우 감명받아 다른 사람들에게 미키 이야기를 했고 직접 그에게 새 고객을 소개하기도 했습니다. 이것이 바로 우리가 바라는 일입니다. 각 고객이 새 고객 한 명씩만 소개하면 우리는 사업 실적이 두 배가 됩니다. 맞죠? 미키는 저와의 관계에서 사업 실적이 두 배가 되었습니다. 아무 일도 안 했는데도, 광고에 돈을 쓰거나 마케팅 술책을 쓰거나 구매를 권유하거나 '시장 포화 상태'를 염려하지 않았는데도 그는 사업 실적이 증대되었습니다. 동네에 굴뚝 청소 업체가 몇이나 되는지는 제게 중요하지 않았습니다. 바꿀 생각이 전혀 없었기 때문입니다. 다른 데서 5달러 싸게 해 주겠다고 제안한다 해도 알 게 뭡니까? 저는 미키가 너무나 철두철미하게 굴뚝을 청소해 준 덕분에 굴뚝에서 불 날 일 없음을 알고 만족스럽고 안심되는 마음으로 잠자리에 들고 싶었습니다.

저는 다른 굴뚝 청소부들이 아래위로 쓱쓱 솔질해서 한바탕 엉망진창을 만들어 놓는 것을 봤습니다. 트럭 안을 들여다보면 마치 쥐 소굴 같아서 그들의 마음속이 어떨지도 알 수 있었습니다. 식당 화장실의 청결도가 주방의 청결도를 상당히 잘 보여 줄 수 있듯이, 일꾼의 트럭은 그 사람 마음의 혼란 상태를 보여 줍니다.

진상 고객은 과감히 버려라

우리가 버릴 또 다른 고객은 '말 같지 않은 소리를 하는' 유형입니다. 우리는 이런 유형을 피하고 싶어 합니다. 허황된 사람들이기 때문입니다. 허황된 사람들은 늘 피해망상적이고, 골치 아프게 하고, 힘들게 하고, 비난합니다. 일을 잘 해 준 뒤에도 우리의 평판을 망쳐 놓습니다. 이들은 무정한 마음과 만성화된 심술에서 삶의 동기를 얻는 듯합니다. 마음 자세가 경멸에 차 있습니다. 이들을 위해 일하다가는 녹초가 될 수 있습니다. 이들은 결코 만족하지 않습니다. 불만에 찬 마음을 보금자리로 삼고 있습니다. 그래서 끊임없이 세상에서 결함만 봅니다. 무슨 일을 해 주든 충분히 잘 해 준 일이 될 수 없습니다. 이들을 버리세요.

바로 그렇게 도전적이고 싸울 듯한 태도로 진료실에 들어왔던 환자가 생각납니다. 여자는 제 자격증들이 진짜인지를 알고 싶어 했고 졸업장을 다 보자고 요구했습니다. 입증하지 않는 한 제가 모종의 돌팔이나 사기꾼이라도 된다는 듯한 태도였습니다. 저는 여자에게 예약이 꽉 차서 그녀 같은 사례를 진료할 시간이 없고, 상담한 것에 대해 청구하지도 않을 것이라고 했습니다. 이런 환자가 왜 필요합니까? 이 여자는 사람들을 괴롭히고 또 괴롭힐 것이었습니다. 사람들이 일을 잘 해 주더라도 그들에게 골칫거리를 안겨 줄 것이었습니다.

제가 늘 지킨 금언은 '사람을 못 믿는 사람을 믿지 말라.'는 말입니다. 그런 사람들 자신이 못 믿을 사람들이니까요. 그들은 진실성이 전혀 없습니다. 또한 그렇게 사람 조종에 능한 이들이 부리는 속임수를 조심해야 합니다. 그들은 우리를 화나게 만들어 자기들과 얽히게 하려는 방법으로 우리를 입씨름에 끌어들여 우리가 스스로를 변호하는 입장에 놓이게 합니다. 이런 일이 벌어지고 있음을 깨닫는 순간 그것을 경고 신호로 삼아야 합니다. 우리가 왜 난 정상적이고 품위 있는 사람이라고 스스로를 변호해야 합니까? 우리가 스스로를 변호해야 하는 것은 내면에 '품위'가 없는 사람들을 상대할 때뿐임을 알게 될 것입니다. 그들이 시비 거는 것은 마음속에서 세상을 안 좋게 보며 안 좋게 느끼고 있기 때문입니다. 그런 자기들 시각에 맞서 우리보고 스스로를 변호해 보라고 오만하게 요구하는 것이죠. 결코 응하지 마세요.

이와 관련된 이야기를 다음 장에서 나누겠습니다.

8장

인정스러움 대 무정함

SUCCESS is FOR YOU

이 장의 주제를 연구해 보면, 이익은 머리에서 나오지만 정작 성공은 가슴에서 나온다는 점을 알 수 있습니다. 이익과 성공은 차이가 큽니다. 필요하면 이익을 위해 사랑을 저버리고, 편의를 위해 진실성을 굽히고, 삶에 적대적인 것을 위해 삶에 해를 끼칠 수 있다는 것이 남자들의 오랜 신념입니다. 이런 신념을 뒷받침하고 있는 것은 모든 남자가 외우고 있는 매우 세심한 옹호 체계입니다. 무슨 일이 있어도 승리하라. 승자가 다 차지한다. 사려는 사람이 알아서 조심하라. 이익을 취하고 신용은 포기하라. 강인함과 남자다움에 대한 생각 자체가 이런 데다가 거기에 냉정하고 계산적이고 몰인정하고 무자비하고 비정하고 눈 하나 깜박 안 하고 죽일 수 있는 능력까지 보태져, 진정한 남자다움이 왜곡된 결과로 벌어지고 있는 것이 세상의 범죄들이고, 그에 대해 세상은 끝없이 대가를 치르고 있습니다.

삶에 적대적인 것이 삶에 좋다고 믿거나, 독이 되는 사상이나 감정이 사람들에게 이롭다고 믿거나, 증오가 힘이라고 믿는 오랜 신념은 모두 심하게 왜곡된 치명적인 것입니다. 우리는 그렇게 믿는 이들에게 말뿐인 감탄사를 던질 수는 있어도, 마음속 깊은 곳에서는 솔직히 그들을 흉물로 여기거나 인간의 가능성이 기괴한 모습으로 망가진 예로 여깁니다. 이들은 공상 과학 영화에 나오는 사악한 존재와 같습니다. 그렇지만 우리도 사업을 할 때는 삶에 적대적인 것을 세심하게 합리화해서 정당화하고는 그것을 지지할 수 있다고 느낍니다.

이런 신념에 오래도록 설득력을 제공한 생각들을 살펴봅시다. 가슴에 바탕하는 것은 물렁하거나 나약하거나 남자답지 못하거나 취약한 것이며, 얼간이, 귀 얇은 사람, 겁쟁이, 봉, 호구나 그렇게 한다는 생각도 그 가운데 하나입니다. 이런 생각은 약점과 강점을 구별 못 해 헷갈리고 있음을 나타냅니다. 잘 따져보면 인정스러움heart-hearted이 강점이고 무정함hard-hearted은 오히려 약점임을 알 수 있습니다.

우리가 잊고 있는 것은 모든 용기는 가슴heart*에서 나온다는 사실입니다. 단호한 용기는 사자의 심장heart처럼 강인합니다. 윈스턴 처칠이 제2차 세계대전을 맞아 원칙에 바탕했을 때 아무도 그를 물렁하거나 나약하다고 비난하지 못했습니다. 그는 사자의 심장을 드러내 무슨 일이 있어도 원칙을 고수했습니다. 무슨 일이 있어도 편의를 택하지 않았습니다.

자신의 무정함을 자랑하는 사업가들이 많습니다. 그들은 의기양양하게 "나는 무정한 사업가"라고 말합니다. 제게 그런 말은 정반대를 의미합니다. 그렇게 말하는 것은 그들이 무정한 동시에 멍청하다는 것을 의미합니다. 무정하면 사업에서 매우 큰 대가를 치릅니다. 무정한 것은 재앙입니다. 가장 빠르게 사업을 망치는 길입니다. 생각이 비슷한 이들에게서 일시적으로 감탄을 자아낼 수는 있지만 무정함에서 얻을 수 있는 것이라곤 그게 다입니다. 그들은 세상에서 잊혀질 것입니다. 사람들에게 소중한 추억으로 간직되지 못할 것입니다. 사람들은 그들을 두려워할 뿐 존경하지는 않을 것입니다. 두려움과 존경은 차이가 큽니다. 사람들이 말만 따를 뿐 존중하지는 않습니다. 비열함이 맞이할 운명은 비열함 자체입니다.

이익과 성공을 주의 깊게 구별할 필요가 있습니다. 단순한 사람들은 이익과 성공이 완전히 같은 것이라고 짐작하거나 돈 많

---

* 위의 '인정스러움'을 가리킨다.

이 버는 것, 이익, 성공이 모두 같은 것이라고 짐작합니다. 영화 배우나 유명인의 자살 사건이 끝없이 이어지는 것은 그것이 사실이 아니라는 증거입니다. 그 모든 돈과 명성이 그들에게는 큰 보탬이 되지 않는 듯합니다. 그렇지 않습니까?

비밀은 이렇습니다. 성공은 오직 가슴으로만 느낄 수 있는 것입니다. 머리로는 느낄 수 없는 것입니다. 머리로는 기껏해야 즐거움에서 얻는 일시적 만족만 느낄 수 있습니다. 그러나 잘 알다시피 즐거움은 행복과 동일한 것이 전혀 아닙니다.

고급 음식, 멋진 환경, 비싼 차, 모피 옷, 보석, 높은 인지도 같은 즐거움이 삶에 가득한 이들이 많습니다. 그런데도 그들은 내면에서 불꽃이 꺼집니다. 확실히 그들은 성공에서 아무것도 얻지 못했습니다. 이런 것이 제가 말하고 싶은 공허한 승리입니다. 어떤 사람이 부정직한 방법으로 자신의 상대를 조종해서 이깁니다. 그러면 승리했다는 느낌이 없습니다. 안 느껴집니다. 승리의 맛이 좋은 것에서 불쾌한 것으로 바뀝니다. 성공은 '저 밖'에서 가질 수 없는 것입니다. 아무리 노력해도 가질 수 없습니다. 성공은 '저 밖'에 있는 것이 아니기 때문입니다. 진정한 강인함과 파워는 무슨 일이 있어도 자신의 원칙을 지킬 수 있는 능력에서 나옵니다.

'익명의 알코올 중독자들AA'의 매우 성공적인 회원으로 오랜 세월 동안 술 없이 맨정신을 유지한 사람과 알고 지낸 적이 있습니다. 그녀는 사람들에게 "우리 그룹에서는 목에 칼이 들어와도 술 마시지 않습니다."라고 말하곤 했습니다. 이 선언은 그녀가 자신의 삶에서 끌어낸 결코 어길 수 없는 법law을 의미했습니다. 그녀의 생명은 그녀가 이유와 상황을 막론하고 자신의 진실성을 저버리거나 굽히지 않는 데 달려 있었습니다. 이 원칙에서 그녀는 엄청난 강인함과 파워를 얻은 데 반해 이 원칙을 어긴 사람들은 결국 주립 병원에 입원해 경련을 일으키다 죽고 말았습니다. 그녀의 회복은 영구적인 성공이었습니다.

삶이라는 책 전체를 사랑하고 어느 한 장章에만 매료되지 않는다면 우리의 삶은 두루 성공을 거둡니다. 그러기 위한 규칙은 모든 사람의 삶에 대해 혜택과 도움을 주고, 격려하고, 행복과 희망을 주고, 가치를 알아주는 것입니다. 삶 자체를 예우하려는 뜻을 결코 굽히지 않는 것입니다. 성공은 삶의 본성을 이해하는 데서 비롯합니다. 삶의 본성을 이해하기만 하면 성공은 필연적입니다. 분투할 일이 없어진다는 말이 아닙니다. 예전 태도로 존재하려는 버릇을 버리고 새로운 태도를 취하는 과정에서 그야말로 분투하는 기간이 있을 수도 있습니다. 세상에서 실패가 벌어지는 까닭이나 너무나 많은 이들의 삶이 고통스럽고 불행한 까닭은 주로 세상 사람들이 인과 관계를 이해하지 못하는 데 있습니다.

---

* Alcoholics Anonymous, 알코올 중독에서 회복하기 위한 국제적 공동체로 1935년 미국에서 처음 조직되었다. www.aakorea.org 참조

인과 관계를 혼동하지 않는 법

삶의 본성을 이해하는 것이 성공에 결정적이기 때문에 우리는 인과 관계를 잘 고찰할 필요가 있습니다. 인과 관계를 새롭게 이해하면 삶 전체를 새로운 맥락에서 이해할 수 있게 됩니다. 한순간 이해하면 수년간 노력하고 힘들게 수고할 때보다 삶에서 더 많이 성취할 수 있습니다.

앞에서 이야기했듯이 세상 사람들은 주로 선형적이고 좌뇌적인 방식으로 인과 관계를 이해합니다. 사람들은 A→B→C*를 봅니다. 그런 다음 자기들이 본 일에 어떤 개념 내지 발상을 투영하고는 그 일이 그것 때문이라고 합니다. 그것이 '인과 관계'라 불리는 것입니다. 한 사건에 다른 사건이 뒤따르는 것으로 보이기에, 인과 관계란 사건들이 끝없이 이어져 꼬리를 물며 A는 B, B는 C를 일으키고 있음을 의미합니다. 이런 연쇄는 덫이나 비좁은 상자처럼 제한된 패러다임에서 인지되는 현실입니다. 그래서 이런 현실에서 우리는 선택권이 지나치게 쪼그라듭니다. 그리고 과학이나 논리로 설명할 수 없는 사건은 일어날 수도 없다고 생각합니다.

이런 생각과 긴밀하게 관련되어 있고, 다르게 들리지만 틀린

---

* 'A는 B, B는 C를 일으킨다.'로 읽는다. 영어로는 'A causes B causes C.'

건 마찬가지인 데다가, 부족한 이해에 근거한 점도 마찬가지인 발상도 있습니다. 우연이나 운으로 사건이 일어난다는 발상입니다. '운이 좋다.'든 '운이 나쁘다.'든 그 속뜻은 같습니다. 이 우주가 무질서한 혼돈 상태라는 뜻입니다. 혼돈 상태처럼 보이는 것은 단지 관점이 제한되어 있기도 하고 너무 가까이서 보고 있기도 해서 전체적 얼개와 설계를 보지 못하기 때문입니다.

물리적, 물질적, 정서적, 정신적, 도의적, 영적 수준을 망라해 모든 수준에서 진실인 우주의 법칙은 만물은 다른 만물과 연결되어 있다는 법칙입니다. 그 어떤 것도 우주 밖에서는 존재할 방도가 없습니다. 혼돈 상태처럼 보이는 바에 대해서는 그 고유한 질서가 아직 명확히 밝혀지지 않은 상태라고 말하는 편이 제일 낫습니다. 컴퓨터가 내놓은 데이터에서, 무작위로 보이는 현상 속에도 어떤 리드미컬한 상태와 내적 질서가 존재한다는 사실이 발견되었습니다. 이는 날씨 순환이나 기타 현상에서 입증된 사실이었는데, 컴퓨터의 도움이 없었으면 그런 현상에 존재하는 고유한 질서를 지금까지도 관찰할 수 없었을 것이었습니다.

원인과 결과는 같은 수준에서 벌어지지 않습니다. 결과들만 같은 수준에서 벌어집니다. 따라서 실제로 인과 관계가 성립하는 방식은 다음의 단순한 도해와 같습니다.

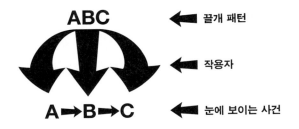

이 도해를 보면 원인은 ABC 수준에 존재하고 ABC로 인한 결과가 A→B→C로 이어지는 사건들로 보이는 것임을 알 수 있습니다. 즉 ABC는 '이 안'에 있고 A→B→C는 '저 밖'에 있습니다. 이제 우리는 '저 밖'에서 애써 추구하는 것은 아무 소용도 없음을 알 수 있습니다. 원인은 '이 안'에 있으니 말입니다.

이전 장에서 이야기했듯이 성공은 처음 발상을 품은 바로 그 시점에서 발생하는 어떤 것입니다. 성공이 세상에 나타나는 일은 원인 수준에 이미 있던 것에 자동으로 따라오는 결과일 뿐입니다.

A→B→C로 이어지는 사건들에 개입하는 일은 포스에서 비롯합니다. 알다시피 이렇게 이어지는 사건들에 어떤 포스를 가하든 같은 강도로 반대 포스가 일어납니다. 또한 주목할 점은 우리가 ABC를 바꾸면, 즉 내면에서 의도, 확신, 동기, 원칙, 목표, 목적, 의미, 정렬alignment*을 바꾸면 그 결과로 세상에서 A→B→C로 이어지는 사건들 전체가 바뀌며 우리는 그에 대해

---

* 지향하는 방향이 같은 상태를 말하는 것으로, 저자 특유의 용어에 속한다.

아무 일도 할 필요가 없다는 사실입니다. A→B→C는 스크린에 나타나는 영화고 ABC는 이 영화를 투영하는 영사기와 같습니다.

영화 스크린 앞으로 달려가 스크린 속 인물들에게 강요하는 방법으로는 영화 속에서 벌어지는 일을 바꿀 수 없습니다. 그렇게 하면 어린아이도 웃을 것입니다. 하지만 온 세상 사람들이 노상 그러고 있습니다. 그렇죠? 가슴을 한번 살짝 바꾸기만 해도 영화 전체가 바뀝니다. 머리로 할 수 있는 최선은 시나리오를 바꾸거나 결과물의 질을 개선하는 것입니다. 그러나 진정한 변화가 일어나려면 문제의 심장부, 즉 가슴을 바꿔야 합니다. 그곳에 파워가 존재하기 때문입니다.

인과 관계의 원리를 이해하기만 하면 파워의 원천은 무엇이며 어디 있는지가 이해됩니다. 세상에서 성공하는 일이라는 문제가 사라집니다. 세상에서 성공하는 일이 더 이상 문제도 아니게 됩니다. 금 만들어 내는 공식만 있으면 더 이상 금을 모으거나 쌓아 둘 필요가 없습니다. 기분 내키는 대로 금을 가질 수도 있고 갖지 않을 수도 있습니다. 큰돈 버는 일에서 기쁨을 얻을 수도 있고 얻지 않을 수도 있습니다. 이는 그 일이 신경 쓸 만한 일인지, 관련된 다른 일이 더 중요한지에 따라 완전히 달라집니다. 그렇더라도 우리가 어떻게 할지는 선택에 달렸습니다. 필요나 욕구, 충동 때문에 하거나 선택할 자유가 없어서 하지는 않습니다.

마하트마 간디와 대영제국의 예로 돌아가 인과 관계의 관점에서 다시 검토해 봅시다. 포스에 바탕하던 대영제국은 A→B→C로 이어지는 사건들을 다루려고 애썼습니다. 이어지는 사건들에 개입하면 영국에 이로운 것을 얻어 내는 데 성공하리라고 생각했습니다. 하지만 그 결과로 간디의 입장이 지닌 파워가 강화되기만 했습니다. 이 파워는 간디가 주요한 ABC와 이룬 정렬 상태 속에 있었고, 그 ABC는 오로지 그의 마음속에 있었습니다. 간디의 마음에는 '저 밖'의 것이 전혀 없었습니다. 군대나 의용군이나 총이 없었습니다. 탱크나 돈이 없었습니다. 직함이나 허식이나 빌딩이 없었습니다. 음악이나 악대나 깃발이 없었습니다. 세속적인 권능이라고는 전혀 없었습니다. 그런데도 간디 마음속의 ABC가 지닌 파워는 대영제국 전체가 다룬 A→B→C를 무릎 꿇렸습니다. 대영제국은 굴복할 수밖에 없었습니다.

어떻게 했으면 대영제국이 이길 수도 있었을까요? 영국이 이길 수도 있었던 유일한 가능성은 간디 마음속의 ABC를 상대해 그와 다른 계획을 제시하는 데 있었던 것은 명백합니다. 예를 들어 더 호소력 있거나 더 고귀한 원칙을 제시하는 것입니다. 사실은 이것이 바로 진정한 달인들이 상대를 다루는 방법입니다. 그들은 상대방 마음속의 ABC가 가능한 최상의 원칙인지 시험하는 방법으로 겨룹니다.

어떤 원칙 덕분에 간디는 그런 파워가 있었을까요? 그것은 신이 인간을 창조했기에 '모든 인간은 평등'할 권리가 있다는 보편적 원칙이었습니다.(동일한 원칙 덕분에 미국은 엄청난 세계적 강대국으로 자리 잡았습니다.) 또한 정부에 권력이 있는 것은 단지 통치받는 사람들이 동의한 덕분입니다. 그래서 통치하는 사람들은 통치받는 사람들의 종복입니다. 파워는 국민들 내면에 있고, 국민들은 자기들이 '저 밖'에서 겉모습은 어떻든 평등하다는 점을 인정하는 데서 나오는 파워로 통치합니다.

대영제국이 간디를 패배시킬 수도 있었던 길은 오직 간디의 원칙보다 고귀한 원칙에 바탕해 대중에게서 지지와 후원을 받고 그 점을 말해 세상 사람들의 의식에 호소하는 것이었습니다. 대영제국이 이길 방법이 없었듯이 미국 남부도 남북 전쟁에서 이길 방법이 없었습니다. 노예 소유권을 주장하는 사리사욕에 찬 원칙이 그보다 훨씬 영향력 있는 powerful 보편적 원칙과 정면으로 충돌하고 말았기 때문입니다. 미국 헌법에 명시되어 있고 에이브러햄 링컨이 지지한 원칙, 즉 모든 인간은 평등하다는 원칙이었습니다.

간디의 인정스러움이 영국의 무정함을 패배시켰습니다. 이런 사례를 이해하면 인정스러우면 물렁하거나 나약하지는 않을지 당혹스러워할 일이 전혀 없게 됩니다. 사회에서 겉모습도 무정한 강인함으로 통하는 것은 사실 아이 같은 이기심에 지나지 않습니다. 아기가 다른 아기의 머리를 때리고 장난감을 빼앗는 것과 같습니다. 많은 사람들이 강인함으로 여기는 것은 냉담한 무

관심이나 무지에 불과한 것이며 강인함이 아닙니다. 감탄할 만한 점이 아무것도 없습니다.

강인함을 크게 왜곡해서 오해하게 되는 일은 청소년기에 생깁니다. 청소년들은 아직 부족한 점들로 인해 자신이 없고 확신이 없습니다. 이들이 이제 다른 사람들에게 세뇌되는데 그들 또한 자신감을 얻지 못한 사람들입니다. 그들은 자기들이 옳다고 생각하는 바가 얼마간 진실이라고 계속 확신하려면 열심히 남을 설득해야 합니다. 폭주족이 노인 여성을 사디스트적으로 강간한 뒤에 때려죽이고는 아무런 감정이나 후회도 없을 수 있다고 해서 우리가 그들이 강인하거나 남자답다고 감탄하지는 않습니다. 그건 그저 끔찍하고 무서운 일일 뿐입니다. 채찍, 체인, 총, 칼, 굉음, 으르렁거리는 오토바이, 과시용 해골 문양 가죽 재킷, 이 모두는 심각한 나약함을 상징합니다. 비극적으로 나약한 청소년을 보여 줍니다.

이와 동일한 마음가짐이 형태를 바꿔 시장에 나타난다 해도 그것이 나약한 청소년이란 점은 여전합니다. 사람은 내면에서 나약할수록 외부에 보여 줄 강인함의 상징을 더 많이 필요로 하고, 반드시 가져야 합니다. 가련한 기업 사냥꾼들은 이런 나약함을 극복하지 못합니다. 기업을 잇달아 인수해도 여전히 측은한 사람들입니다. 그들이 어떤 사람들인지가 보이면 더 이상 그들을 혐오하지 않게 됩니다. 대신에 연민을 느낍니다. 그들을 안쓰럽게 여깁니다. 온갖 것을 차지했는데도 그들은 여전히 남자나 여자로서 자신감을 느끼지 못합니다. 그들은 성공이란 전인全人, whole person이 되는 일임을 알지 못합니다.

그렇다면 우리는 돈을 많이 벌지 말아야 할까요? 물론 그렇지 않습니다. 돈 많이 버는 일보다 재미있는 일은 없습니다. 돈 많이 버는 일은 스포츠입니다. 게임입니다. 타당한 보상도 많이 따릅니다. 벌고 싶은 만큼 벌지 말아야 할 이유는 없습니다. 그러나 벌기를 원하는 것과 벌어야 하는 것, 벌기를 선택하는 것과 벌 필요가 있는 것은 경우가 다릅니다.

인정스러움에는 파워가 있다

제가 인생에서 가장 보람 있고 흥분되는 경험 하나를 한 것은 삶 자체가 재앙이었던 남자를 진료할 때였습니다. 그는 재정적으로 파탄을 맞이하고 있었습니다. 빚에서 벗어나지 못하고 파산할 참이었습니다. 가족도 결딴났습니다. 그는 죽어라 술을 마시고 바보 같은 짓을 했습니다. 당연히 우울하기도 했습니다. 그는 한때 매우 성공적인 증권 중개인이었습니다. 그러나 이제는 자기 연민, 울분, 원한, 증오로 가득한…… 참으로 불행한 사람이었습니다.

그 모든 결과는 그의 내면 밖에 있는 A→B→C일 뿐이었습니다. 그의 ABC는 엉망이 되어 있었습니다. A→B→C 수준에서 사람들을 도우려고 애쓰는 것은 시간 낭비입니다. 하지만 온 세상 사람들이 그렇게 애쓰며 대부분의 시간을 허비합니다. 저는 그가 그런 식으로 계속 살면 죽을 것임을 명확히 알았습니다. 그래서 비언어적으로 그의 ABC에 작업했습니다. 사람의 ABC는 항상 규정하거나 표현하거나 묘사할 수 있는 것이 아닙니다. 세상에서 존재하는 태도에 더 가깝습니다. 제가 그에게 전송하려고 노력한 것은 다른 태도로 '존재하는' 느낌 자체였습니다. 이는 선형적인 과정이 아닙니다.

하루는 그가 저를 보러 왔습니다. 저는 그가 바뀌었음을 즉시 알 수 있었습니다. 완전히 다른 사람이었습니다! 그는 이제 고용 자격을 갖췄습니다. 빚에서 벗어났고, 파산할 위험에서도 완전히 멀어졌고, 술도 마시지 않았습니다. 울분과 증오, 자기 연민을 버렸습니다. 성공적인 삶을 살게 되었습니다.

그의 말에 따르면 그를 그렇게 바꾼 사건이 일어난 바로 그 순간은 이러했습니다.

저는 사슴 사냥을 배우며 자랐습니다. 집안 남자들 모두가 사냥을 했습니다. 그래서 올해도 함께 사냥을 하러 나갔습니다. 사냥철 마지막 날에 그늘에 앉아 있을 때였습니다. 다들 한 마리도 잡지 못한 상태였습니다. 그때 제 앞쪽 빈터에 사슴 세 마리가 나타났습니다. 그중 한 마리는 거대한 수사슴이었습니다. 저는 망원 조준경을 들여다보며 십자선 정중앙에 그 녀석 가슴 한가운데를 잡았습니다. 그 순간 저는 우아하고 위엄 있게 존엄성과 위상을 지니고 그곳에 서 있는 동물이 보여 준 놀랍도록 아름답고 장려한 모습에 불현듯 압도되었습니다. 저는 방아쇠를 당기지 않기로 했습니다. 그 생명을 구하기로 했습니다.

그 순간에 그는 청소년에서 남자가 되었고 진정으로 파워를 갖게 되었습니다. 집안 남자들은 그를 비난했지만 그는 그렇게 한 것이 엄청난 승리였음을 속으로 알고 있었습니다. 그들은 여전히 청소년기에 고착되어 있었고 그는 그들을 넘어섰습니다. 그들은 여전히 무언가를 증명해야 했습니다. 그는 시험을 통과했고 그 사실을 더 이상 증명할 필요가 없었습니다. 개인적 사리사욕을 위해 생명을 파괴하는 대신 생명을 보호하고 그 옹호자가 되는 데 자신의 파워를 쓰기로 결정했을 때, 그는 영향력 있는 powerful 존재가 되었습니다. 그의 파워로 그의 삶 전체가 바뀌었고 그가 삶에서 만난 이들까지 바뀌었습니다. 그가 다른 이들에게까지 생명의 파워를 전송할 수 있었던 것은 그 자신이 그 파워에 헌신하고 정렬한 덕분이었습니다.

파워는 우리가 그것을 내주려 할 때 비로소 갖게 되는 어떤 것입니다. 갖고 있지 않은 것을 내줄 수는 없지요. 진정한 파워는 자라납니다. 더 많은 파워를 내줄수록 더 많은 파워를 갖기 때문입니다. 파워는 스스로 강화되고 스스로 증가합니다. 파워는 창조성과 같습니다.

사람들은 예를 들어 어떤 발명으로 되도록 많은 돈을 벌지 못할까 봐 걱정합니다. 왜 그런 일을 걱정합니까? 그 발명이 비롯한 곳, 그곳에는 무한한 공급이 존재합니다. 그곳에는 이 세상을 갖게 해 줄 권리증이 넘쳐 납니다. 우리가 할 일은 그걸 잘 살펴보는 것뿐이고, 그러면 답이 나타납니다. 권리증을 얻으려고 애쓸 필요도 없습니다. 누가 제 아이디어를 훔쳐 달아나서 그것으로 이익을 얻는다 해도, 저는 전혀 신경을 쓰지 않습니다. 그 아이디어가 비롯한 곳에는 아이디어가 더 많이 있습니다. 파워와 창조성을 갖고 있다는 것은 이미 무한히 풍요로움을 의미합니다. 그렇다고 무관심해지지는 않습니다. 위협받을 수 없는 곳을 밑천 삼아 산다는 의미일 뿐입니다.

누구도 우리의 ABC를 위협할 수 없습니다. 위협할 수 있는 것은 우리의 A→B→C뿐입니다. A→B→C는 우리가 내면에 보유하고 있는 ABC로 인한 결과일 뿐이어서 ABC는 결코 위협받을 수 없습니다. 우리는 영사기이고, 생명 자체는 우리 내면에 있는 광원이라는 사실을 받아들이면 스스로 온종일 여러 영화를 창조할 수 있다는 점도 깨닫게 됩니다. 누가 영화 하나를 가지고 달아나면 짜증이 날 수는 있지만 우리 삶이 정말로 바뀔 일은 없습니다.

'이 안'에 이미 어떤 것을 갖고 있으면 '저 밖'에 아무것도 보여줄 필요가 없습니다. 가라테의 달인은 결코 싸움에 휘말리지 않습니다. 휘말린다면 달인이 아닐 것입니다. 그렇겠죠? 저는 가라테 검은 띠인 친구가 있었습니다. 뉴욕 길거리에서 노상강도 몇 명이 그를 칼로 위협하며 막아섰습니다. 그가 어떻게 했을 것 같습니까? 영화에서처럼 번개같이 허울 좋은 영웅적 행동을 취해다 두들겨 팼을까요? 그가 어떻게 했는지 정확히 알려드리겠습니다. 그는 웃으면서 강도들이 미처 요구하기도 전에 돈, 시계, 반지를 다 내줬습니다. 그러고는 그들에게 허리를 숙였습니다. 강도들은 전리품을 가지고 떠났고 그도 그 일로 즐겁게 웃으며 자리를 떴습니다.

저도 뉴욕 타임스 스퀘어에서 비슷한 경험을 했습니다. 밤늦게 혼자 걷고 있는데 몇 잔 걸친 엄청난 거구의 남자가 저를 쫓아오기 시작했습니다. 저를 을러 돈을 내놓으라고 하거나 다른 이유를 대며 뭔가 불쾌한 접촉을 할 셈이었습니다. 남자는 뒤에서 다가와 고약하게 굴며 점점 더 위협하면서 저와 함께 걸었습니다. 마침내 남자가 말했습니다. "니가 나보다 잘났다고 생각하지, 응?" 저는 그냥 걸어가 버리는 것으로는 이 상황을 피할 수 없음을 알았습니다. 그래서 즉흥적으로 휙 돌아서서 팔다리를 공중에 쭉 뻗으며 "아하!" 하고 외쳤습니다. 남자는 이 소리에 깜짝 놀라 혼란스러워하며 물러섰습니다. 저는 그렇게 한순간에 그를 얼렁뚱땅 속여 넘겼습니다. 어깨를 두드리며 "다음번엔 더 잘될 거요."라고 격려까지 해 주었습니다. 그리고 우스움을 감출 수 없어 기분 좋은 웃음이 내면에서 올라왔습니다. 승리에는 즐거움이 따라옵니다. 진정한 승리에는 그 무엇도 견줄 수 없는 웃음과 만족이 따라옵니다.

세상에서는 인정스러움을 물렁함이나 동정과 혼동합니다. 동정이란 용기를 내어 힘을 북돋우어 주는 대신 사람을 나약하게 보고 그 나약함을 두둔하는 것을 의미합니다. 중독, 의존, 상호의존* 같은 것을 치료하는 분야에서는 그런 동정이 병을 부추긴다고 말합니다. 동정하는 사람은 상대의 나약함을 심화한다는 의미입니다. 이는 엄밀히 말해 무정한 것이고 인정에서 나오는 용기에 바탕하지 못하는 것입니다. 인정스럽다는 것은 다른 사람이 현재는 자신에게 진실성이 있음을 실감하지 못한다 해도, 그 사람의 진실성을 비호하는 것을 의미합니다. 진정으로 강인하면 친절하고 온화하고 말이나 표정도 부드럽기 마련입니다. 이런 태도나 입장은 스스로 선택하는 것이지 강요받아 취하는 것이 아닙니다.

---

* 보살핌을 필요로 하는 사람과 그것을 베푸는 사람 사이의 지나친 정서적 의존

인정스러움은 자유와 파워가 있고 취약성이 없는 입장입니다. 내면에 인정스러움을 갖기만 하면 그때부터는 방탄이 됩니다. 세상이 우리를 성가시게 할 수는 있습니다. 우리가 쌓은 모래성을 부술 수는 있습니다. 그러나 더 이상 우리 삶에서 우리를 괴롭힐 수는 없습니다. 유연성이 파워입니다. 털이 있고 가죽이 헐거운 동물은 특유의 생존 능력이 있음을 알 수 있습니다. 고양이의 가죽을 움켜잡으면, 아무런 아픔도 주지 않고 위로 몇 센티미터를 잡아당길 수 있습니다. 적이 고양이를 공격해도 털 조금과 가죽만 건드리게 된다는 뜻입니다. 주요 장기는 위협받지 않습니다. 고양이들은 서로 끝없이 싸우고 양쪽 다 살아남습니다. 이런 것을 보면 원칙에 정렬한다는 것이 융통성 없거나 엄격함을 의미하지는 않는다는 점이 명료해집니다. 오히려 '저 밖'의 것에 고정되어 있지 않으면 어느 방향으로든 자유로이 움직일 수 있습니다.

스모 선수를 얼핏 보면 이 원칙이 틀린 듯합니다. 이들은 지면에 뿌리를 박듯 몸을 고정하는 것을 중요한 원칙으로 마스터한 듯합니다. 이들이 코뿔소나 미식축구 수비수처럼 쪼그리고 앉으면 두 배는 되는 중력으로 잡아당겨지는 것처럼 보입니다. 정말 묵직해 보입니다. 이런 스모 선수의 비법은 무엇일까요? 자신을 지면에 단단히 고정함으로써 상대를 쓰러뜨릴 때 균형을 잡아 줄 지렛목을 단단히 하는 것이 비법입니다. 실제로 상대를 쓰러뜨리는 것은 유연성입니다. 스모 선수가 지면에 단단히 고정하는 것은 단지 그의 유연성에서 나오는 파워의 효과가 더 커지기 때문입니다. 딱딱한 표면에 부딪고 돌아오는 힘이 물렁한 표면에 부딪고 돌아오는 힘보다 큰 것과 마찬가지입니다.

공상적 박애주의자들, 도덕군자인 척하는 사람들, 지나친 낙천주의자들은 모두 입장이 나약합니다. 그들은 '저 밖'의 것에 바탕하기 때문입니다. 그들은 A→B→C에 영향을 미치려고 애씁니다. 그들은 원인의 수준으로 옮겨 가지 않습니다. 이것이 펜이 칼보다 강한 이유, 글의 영향력이 무력보다 강한 이유입니다.

A→B→C에 정렬하거나 자신을 A→B→C와 동일시하거나 A→B→C를 방어하면 확실히 공격에 노출됩니다. 취약해집니다. 어떤 입장을 취하면 그와 반대되는 입장으로부터 반대되는 것을 불러들이기 때문입니다. 이기고 있는 것으로 보인 일이 전혀 현실성 없는 일시적 현상이었을 수도 있습니다. 우리는 금전등록기에 들어 있던 불과 몇 만 원을 지키려다 강도에게 총을 맞고 죽은 상인들에 관한 기사를 읽습니다. 우리가 그 상인들을 안타깝게 여기는 것은 그들이 그 상황에서 필요한 일을 명확히 몰랐기 때문입니다. 그들은 용감하거나 대담했다기보다는 어리석었습니다.

용기는 강인함을 드러내는 일 이상의 것입니다. 용기란 강인함을 어떤 것에 발휘할지를 아는 것입니다.

9장

성공 특급

SUCCESS is FOR YOU

이제 우리가 여행할 지역을 웬만큼 알게 되었고, 도로에서 지킬 규칙도 알게 되었으며, 우리의 목적지이자 실제로는 출발점인 것에 대해서도 웬만큼 알게 되었으니, 이 성공 여행 모델을 검증할 준비가 된 것입니다. 즉, 이 모델이 효과가 있을까요? 음, 이 모델이 효과를 내도록 하기 위해 하버드대 경영학 석사 학위가 필요하지는 않습니다. 그냥 다음 아홉 단계를 따르기만 하면 됩니다.

그 전에는 외부의 일에 손도 대지 말라

즉 내면의 ABC부터 검토합니다. 그전에는 외부의 A→B→C
에 손도 대지 않습니다. 우리는 창업 원칙에 바탕해 활동할 것
이기 때문입니다. 그 원칙에 보편적 호소력이 있습니까? 우리의
창업 원칙이 사람들에게 알려지면 모두가 전폭적으로 지지할까
요? 그렇지 않다면 자동적으로 우리는 애초부터 성공하는 데 한
계가 있습니다.

국제적 수준에서 일어난 사례로 나치 독일을 살펴봅시다. 독일
은 한때 승자가 보여 주는 전형적 특징을 분명 다 갖춘 듯했습니
다. 당시에 독일은 지구 역사상 최고로 인상적이고 강력한 군사
력을 결집했습니다. 그런데도 파탄을 맞이했습니다. 독일이 단
결을 위해 외친 구호가 무엇이었습니까? "전 세계에 군림하는
독일"이었습니다. 이런 구호는 보편적 호소력이 전혀 없습니다.
그렇죠? 이런 구호로는 벨기에인, 프랑스인, 영국인, 기타 어느
나라 사람 마음도 도저히 사로잡을 수가 없습니다.

일을 벌인 동기가 무슨 상을 받거나, 지역 내 다른 자동차 판
매업자보다 차를 많이 팔거나, 부자가 되고 유명해지는 데 있다
면 진정한 성공을 향한 출발선에서 발도 뗄 수 없습니다. 부유하
고 유명하고 영향력 있게 되는 것이 본인에게는 매력적이겠죠.
하지만 다른 사람들은 *자기*들을 부유하고 유명하고 영향력 있게

만들어 줄 일에 관심이 있습니다. 가령 우리가 그들이 그런 목표를 달성하는 데 도움될 서비스업을 한다면, 보편적 호소력이 있을 일을 하는 셈입니다.

자기중심적 입장에 바탕하는 사람들이 왜 이 의문을 갖지 않는지 궁금합니다. 즉 우주가 다른 이들의 승리보다 그들의 승리를 지원하는 데 특별히 관심 있을 이유가 있을까요? 우주는 그럴 이유가 전혀 없고, 그래서 관심을 갖지 않습니다. 목표가 자신에게만 도움되는 자기중심적인 것이라면, 그런 목표가 아내와 자식을 위한 것이라고 합리화한다 해도 혼자 힘으로 이뤄야 합니다. 야심만으로는 목표를 이룰 수 없습니다. 다들 부와 명성을 원합니다. 그런 사람들은 차고 넘칩니다. 만약 우리의 목적이 모두를 위해 이 세상을 더 살기 좋은 곳으로 만드는 데 있다면, 삶을 더 안전하고 환희롭고 아름답게 만드는 데 있다면, 모두의 지지를 받을 수 있습니다. 보편적 원칙에 바탕하는 것은 파워에 바탕하는 것입니다. 사리사욕에 바탕하는 것은 포스에 바탕하는 것입니다.

억지로 성공하려고 노력할 수는 있습니다. 그러나 우주의 법칙을 잊지 마세요. 포스는 반대 포스에 부닥칩니다. 그런 노력은 개 꼬리를 잡고 개를 흔들려고 애쓰는 것입니다. 말 앞에 수레를 매듯 순서를 뒤바꾸는 것입니다. 원인과 결과를 혼동하는 것입니다. 그렇게 해서 한때 상당한 돈을 벌 수도 있지만 성공은 그와는 전혀 다른 어떤 것입니다. 그리고 우리는 지금 성공에 관해 이야기하고 있습니다.

우리가 진정으로 성공하면 세상 사람들은 우리에게 갈채를 보냅니다. 우리가 보편적인 어떤 것, 그들도 내면에 공유하고 있는 어떤 것을 실제로 보여 주었기에 갈채를 보냅니다. 그들은 항상 고결함에 갈채를 보냅니다. 우리가 그들이 바라는 바를 보유하고 있으면서 실제로 보여 주는 덕분에, 그들도 내면에 보유한 강인함과 용기를 발견할 수 있기 때문입니다. 동화 같은 이상주의를 말하는 것이 아닙니다. 가령 우리가 실현 가능한 최저 가격에 가장 빠르고 능률적인 서비스로 최상의 품질을 제공해서 생활의 질을 개선하길 원한다면, 누구도 우리에게 반대하지 않을 것입니다. 세상에는 양질의 것을 위한 자리가 모든 생활 영역에 늘 있습니다. 모든 사람은 훌륭한 회계사, 변호사, 의사, 치과 의사, 정비공, TV 수리공을 더 필요로 합니다. 세상은 최고를 위해 자리를 마련합니다.

2단계 **확인하라, 하려는 일이 스스로 즐기는 일인가**

우리는 아침에 억지로 일하러 나가는 사람들을 봅니다. 그들이 그래야 하는 것은 자신을 달래 어떤 일에 몸담았지만 가슴은 그 일에 담겨 있지 않기 때문입니다. 성공한 사람이 되는 길은 좋아하는 일을 하고, 하는 일을 즐기며, 그리하여 자신의 능력을 최대로 발휘해 그 일을 하는 것입니다. 이렇게 하면 자신을 몰아붙이지 않아도 됩니다.

사업에는 성공했지만 사업을 하며 전혀 행복하지 않고 우울했던 환자를 진료한 적이 있습니다. 그는 돈이 많았습니다. 하지만 삶에 흥미를 잃었다고 불평했습니다. 아침에 일하러 나가기를 아주 싫어했습니다. 아이들에게도 짜증을 잘 냈습니다. 우울했습니다. 친구나 가족은 그에게 연민을 느끼거나 힘이 되어 주지 못하고 다들 그를 부럽게 여기기만 했습니다. 그는 고급 승용차, 호화로운 교외 주택, 멋진 직함 등 세상에서 가질 만한 것은 다 가지고 있었습니다. 그는 기업체 사장이었습니다. 연 수입이 수십억 원이었습니다. 훌륭한 아내와 아이들이 있었습니다. 그런데도 "이게 다 무슨 의미가 있냐?"며 회의에 빠져 있었습니다.

저는 그가 정말로 좋아하는 일을 알아내기 위해 취미가 뭐냐고 물었습니다. 그는 집에 작은 작업장이 있다고 했습니다.

"원장님께는 미친 소리로 들리겠지만요, 저는 인형의 집 만드는 일을 정말 좋아합니다."

그는 자기 아이들에게 인형의 집을 만들어 줬고 조카들과 사촌들에게도 만들어 줬습니다.

"인형의 집을 팔아 본 적이 있습니까?"

"아, 그럴 생각은 전혀 못 했습니다. 시간과 노력을 너무 많이 들이기 때문에 그걸 팔아서는 전혀 돈이 안 됐을 겁니다."

"음, 그냥 재미로 지금 작업 중인 작품 하나를 골라 수익성 있을 만한 가격을 뽑아서 가격표를 붙이고, 받아 주겠다는 가게에 보내 보면 어떨까요? 장난감 가게에서는 고만고만한 물건들이 넘쳐 나서 보이지도 않고 묻혀 버릴 테니까 장난감 가게들은 빼고 말이죠."

그는 그렇게 했습니다. 그는 철물점 하는 사람을 알고 있었는데, 그 사람이 인형의 집을 전시해 놓고 계단 디딤바닥을 판매하는 데 활용했습니다.(인형의 집에 조그만 계단이 있었습니다.)

인형의 집은 즉시 팔렸습니다. 그다음에 만든 것은 전시용으로만 놓아두고 주문을 받았습니다. 얼마 안 가 작업 일부를 위탁해야 했습니다. 그래서 다른 사람들이나 다른 작업장에 맡겨 다양한 부품을 전동 톱으로 잘라 만들었습니다. 그리고 이런 개별 부품들을 모아 조립해 줄 사람도 따로 두어야 했습니다. 어느샌가 그는 인형의 집 사업을 하고 있었고, 만드는 족족 다 팔려 나갔습니다.

이 남자는 누구도 본 적이 없는 최고로 근사한 인형의 집을 만들어 냈습니다. 그가 만든 인형의 집은 사랑스럽고, 거부할 수 없는 매력이 있으며, 진기하고, 마음을 끌어당겨서 아이들이 푹 빠져들었습니다. 그는 "아이들 가슴에 환희를 주고 싶다."는 자기 말에 바탕하고 있었습니다. 아이들 가슴에 환희를 준다. 이것은 누구도 시비를 걸 수 없는 보편적 원칙입니다. 보편적 원칙인지를 검증하는 방법 한 가지는 그것이 가슴에 호소하는지를 보는 것입니다. 우리가 내놓은 제품이나 서비스가 머리에만 호소한다면, 그것이 거둘 성공에는 한계가 있을 것입니다. 그것으로 돈을 벌지 못할 것이라는 말이 아닙니다. 상당히 수익성이 있을 수도 있습니다. 그러나 세상의 위대한 성공은 사람들 삶을 바꾸어 놓는 일에 있습니다.

3단계 알아내라, 하려는 일이 누군가에게 실제로 필요한 일인가

하려는 일이 세상에 정말로 도움되는 것입니까? 이 단계가 중요한 것은 몸담으려는 일이 본인이나 특별한 관심을 갖는 프로젝트거나 개인적 선호를 너무 반영한 일은 아닌지 확인할 필요가 있기 때문입니다. 라즈베리 비네그레트 샐러드드레싱이 누군가에게는 최고급 요리를 의미할 수도 있습니다. 그러나 그런 생각이 호기심에 한두 번 그 식당에 들어올 대중에게서 많은 공감을 얻을 가능성은 적습니다. 그 결과로 그런 가게는 주로 관광객을 상대하게 되고, 지역 주민에게는 매력이 없어질 수도 있습니다. 수요가 제한되어 있기 때문입니다. 깜찍하거나 독특하거나 남달라 보이겠다는 주인 생각만 만족시킬 뿐 특정한 필요를 전혀 충족하지 못합니다.

자신이 잘 모르는 방면까지 각 방면의 전문가와 상의해서 해결하라는 것입니다. 이 말은 무슨 뜻일까요? 신경언어학 프로그래밍NLP 분야에서 이루어진 연구로 사람들은 삶에서 경험되는 바를 처리할 때 주로 한 가지 감각을 활용한다는 사실이 입증되었습니다. 어떤 사람들은 청각을 주로 활용합니다. 어떤 사람들은 시각적입니다. 어떤 사람들은 마음속 느낌을 중시합니다. 물론 후각과 촉각도 중요합니다.

아주아주 멋진 식당에 대해 들은 적이 있습니다. 식당을 운영하는 여자는 확실하게 시각적인 사람으로서 깜짝 놀랄 만한 일을 해냈습니다. 누구든 이 식당을 보면 아주 멋지다는 점에 공감했습니다. 주인은 음식과 가격 면에서도 훌륭한 일을 해냈습니다. 그러나 음향은 심히 끔찍했습니다. 소음 때문에 마음속 말조차 들리지 않을 정도였습니다. 음악이 너무 형편없었습니다. 너무 시끄럽고 장르도 부적절하고 잠시도 멈추지 않았습니다. 주인이 좋아하는 음악인 것은 분명했습니다. 그러나 그 때문에 다른 모든 사람들은 그곳에 흥미를 잃었습니다. 사람들은 그곳의 좋은 점 때문에 왔다가 안 좋은 면을 견뎌야 했습니다. 하지만 누가 굳이 안 좋은 면을 견디겠습니까?

우리가 반대 성향이라면, 즉 물건이 상태만 좋으면 어떻게 보이는지는 별로 신경 쓰지 않는 사람이라면, 주로 시각을 활용하는 누군가를 불러 어떻게 보이는지 묻는 것이 좋습니다. 사람들이 어떻게 정보를 처리하는지는 그들이 하는 말을 들으면 알 수 있습니다. "무슨 의미인지 알겠습니다.I see what you mean. 무슨 말인지 아시겠어요?Do you see what I'm saying?* 이게 어떻게 보이세요? 시험 삼아 내놓고 반응을 봅시다."라고 말하는 사람은 시각적으로 처리하는 사람이기가 쉽습니다. "썩 좋은 느낌은 아닙니다. 옳지 않다고 느껴집니다."라고 말하는 사람은 분명 느낌을 중시하는 사람입니다. 청각적인 사람은 "맞는 말로 들리지가 않네요."라고 할 것입니다. 이런 신호를 알아차리면 처리 스타일이 분명하게 드러납니다.

자신의 강점이 아닌 분야도 반드시 다룰 필요가 있습니다. 오래 걸리지도 않습니다. 그 분야 전문가인 사람과 삼십 분 내지 길어야 한 시간 정도만 이야기하면 충분히 생각을 나눌 수 있습니다. 저는 어느 식당이 실패에서 성공으로 전환하는 과정을 지켜봤습니다. 주된 비결은 배경 음악을 시끄럽고 비트가 강한 컨트리에서 은은한 바로크로 바꾼 것이었습니다. 은은한 바로크 음악 덕분에 수입이 많거나 취향이 세련된 고객을 많이 유치했습니다. 숯불구이 스테이크를 내는 집임에도 불구하고 다른 음악을 틀면 손님이 오지 않았습니다.

---

* 영어의 'see'에는 '보다, 알다'의 뜻이 있다.

사람들은 만찬 때 느긋한 분위기를 원합니다. 식탁보가 있고, 천으로 된 냅킨이 있고, 음악이 적절하고, 조명이 알맞기를 원합니다. 밝은 형광등 불빛과 원색은 아침 식사 식당을 위해서는 훌륭할 수 있지만 사업상 만찬에서는 분위기를 망칩니다. 사람들이 이 점을 분명히 알지 못하는 이유가 궁금합니다. 숙녀의 화장이 눈부신 형광등 불빛 아래에서 좋아 보일 수 있을까요? 패스트 푸드 체인을 보면 이 말이 틀린 것 같지만 사람들이 삶에서 정말로 원하는 것은 품위입니다. 품위 있는 것을 공급하거나 품위를 갖출 수단을 제공하면 사람들은 그에 대해 사례를 하며 고마워할 것입니다.

외형이나 제공 방식은 많은 사람들에게 매우 중요합니다. 우리에게는 중요하지 않을 수도 있지만 많은 사람들에게 중요한 영향을 미칩니다. 다시 식당 사업을 예로 들어 봅시다. 어느 소도시에서 가장 성공한 식당에서는 저녁 식사 때 손님마다 큰 접시 하나를 썼습니다. 거기에는 채소와 감자와 고명이 듬뿍듬뿍 담겨 있었습니다. 다른 비슷한 식당과 가격은 같았지만 담긴 음식량이 엄청나 다 먹지도 못할 것처럼 보였습니다. 다른 식당에서는 손님마다 작은 접시 여러 개를 썼습니다. 점심때도 쓰는 접시였습니다. 거기에는 아주 작은 파슬리 잔가지와 무 쪼가리, 마지못해 올린 듯한 작은 토마토 조각이 담겨 있었습니다. 접시들 전체를 보면 사실 음식 양이 같았는데도, 접시 하나만 보면 식욕이 충족될 만한 양인지 의심이 들 만했습니다. 그 결과로 한 식당은 가격이 너무 낮은 느낌이었고, 다른 식당은 너무 높은 느낌이었습니다. 저는 성공한 식당에서 접시에 더 들인 비용이 불과 얼마 안 될 것이라고 확신합니다.

무엇을 내놓든 반드시 감각 기관 전체에 대해 되도록 최선의 방식으로 내놓아야 하고, 되도록 많은 감각 기관을 기쁘게 해야 합니다. 이는 추가로 수고할 가치가 있는 일입니다. 앞서 언급한 감각들 외에도 안락함 자체를 높이 평가하는 이들이 많습니다. 미국에서 가장 성공한 기업 가운데 하나인 월마트에 가 보면 월마트가 성공한 것은 낮은 가격, 많은 점포, 편리함 때문만이 아니고 화장실이 입구 가까이에 있기 때문이기도 함을 알게 됩니다. 입구 옆에는 접객원이 있어 고객들에게 미소를 지으며 도와드릴 것이 있는지 묻습니다. 앉아서 간단히 식사하며 지친 발을 쉴 수 있는 장소도 있습니다.

저는 앉을 의자가 없다는 단순한 이유로 무수한 가게에서 도로 나왔습니다. 어디에 앉아야만 비로소 곰곰이 생각해 보고 물건 살 마음을 정하는 사람들이 많습니다.

예를 들어 신사복 매장에서 어떤 남자가 매장을 돌아다니며 여러 양복을 살펴보고 마음속으로 가격을 비교합니다. 매장에서 이 남자를 지켜본다면 이 사람이 여기서 무엇을 찾고 있는지 궁금할 것입니다. 남자는 앉아서 곰곰이 생각할 곳을 찾고 있습니다. 결정을 내려야 하기 때문입니다. 이 남자가 앉을 곳이 없으면 점원은 판매를 마칠 수가 없습니다. 이 고객은 그 백화점이 제공하는 환경에서는 결론에 도달할 수가 없습니다. 한술 더 떠 배경 음악이 하드 록이라 뇌가 평정을 잃으면 남자는 결국 더듬대며 점원에게 "생각 좀 해 보고 나중에 다시 올게요."라고 말하고 맙니다. 그리고 매장을 떠납니다.

백화점 매장에는 커플들이 수없이 많은데, 물건 살 돈은 확실히 가족 중에서 주로 생계비 버는 사람에게서 나옵니다. 현대 사회에서는 여성 취업률이 높아졌지만 그 돈은 아직까지 남자가 버는 수입에서 나오기가 쉽습니다. 여자가 가정용품이나 아이들 옷을 사는 동안 남자가 공구 코너 살펴보는 것 말고 할 만한 일로 무엇이 있을까요? 그냥 구석에 앉아 있거나 잡지를 읽거나 화장실에 가고 싶은데, 그런 공간이 전혀 없습니다.

그러면 여자 팔을 당기며 "로레인, 빨리 가자."고 하게 됩니다. 여자는 친구들에게 "아, 조지는 너무 조급해."라고 합니다. 조지는 조급하지 않습니다. 하지 정맥류 때문에 괴로울 뿐입니다. 아니면 발이 아픕니다. 무릎에 문제가 있습니다. 화장실에 가야 합니다. 커피 한 잔이 필요합니다. 생각 좀 할 시간을 원합니다. 시끄러운 음악과 번잡함에서 다 벗어나 머무를 곳을 원합니다. 그렇지만 조지는 앉을 데가 없다는 말을 듣습니다. 커피 한잔할 데가 없고 남자 화장실은 꼭 6층 뒤쪽에서 직물 공예 코너 옆에 있습니다. 큰돈을 통제하는 남자들은 일반적으로 중년 남성입니다. 이미 전립선 문제를 안고 있는 중년 남성들에게 엘리베이터를 타거나 에스컬레이터를 다섯 번 타고 6층까지 가라고 하면 그들을 확실하고 신속하게 백화점에서 쫓아내게 될 것입니다.

어떤 가게들이 성공의 규칙을 죄다 어기는 데도 불구하고 살아남는다는 사실로 입증되는 것은 아무것도 없습니다. 사람들이 그런 곳에 가는 것은 달리 갈 데가 없기 때문입니다. 고객들은 따분함과 불편함을 강요받는 것에 질색하고 편의를 위한 배려가 없는 것에 분개합니다. 화장실은 얼마나 중요할까요? 대단히 중요합니다.

뉴욕주 롱아일랜드섬에 작은 건강식품점이 있었는데 이곳이 거둔 대성공에 모두가 놀랐습니다. 주인 여자의 성공 비결은 단순했습니다. 여자 화장실을 넓혔습니다. 카펫을 깔고 선반을 빙 두른 안락한 반개방식 공간을 넓은 화장실 안에 제공해서 엄마들이 거기서 아기 기저귀를 갈 수 있게 했습니다. 얼마 안 가 사방에서 엄마들이 죄다 이 가게 소문을 듣고 쇼핑하러 온 것은 그곳이 '엄마들을 배려'하기 때문이었습니다. 엄마들은 슈퍼마켓에서라면 대략 3분의 1 가격으로 살 수 있는 유기농 오트밀 한 상자에 3달러를 지불하면서도 기꺼이 그렇게 했습니다.

이 가게가 남다르게 한 일이라고는 진심 어린 사려와 배려를 보여 준 것뿐이었습니다. 아이들을 위해서는 다양한 장난감이 있는 작은 놀이 공간이 있었습니다. 아이들은 따분해지면 엄마 옷깃을 잡아끌며 "엄마, 그만 가요. 지루해요."라고 징징거립니다. 그러면 엄마는 아이가 그러지 않았으면 샀을 몇 가지를 안 사고 건너뜁니다. 이처럼 안락함을 제공하는 일 또한 인정스러운 일에 들어갑니다.

5단계 자문하라, 나의 성공은 얼마나 끌어당김 덕분이고 얼마나 판촉 덕분인가

우리의 성공이 외부의 A→B→C가 아니라 내면의 ABC에서 비롯하는지 확인하기 위해 자문하라는 것입니다. 공격적이고, 강압적이고, 외향적인 마케팅과 판매 권유는 모두 매우 외부 지향적이고, 돈이 들고, 시간과 에너지를 소모하고, 비용이 높다는 점을 명심하세요. 그런 전략으로는 결과를 가져오지 못한다는 말이 아니라 전략 실행에 들어갈 비용을 감안해야 한다는 말입니다. 한편 끌어당김은 시간이나 에너지, 노력, 돈이 전혀 들어가지 않습니다. 끌어당김은 A→B→C 세계에 있지 않습니다. ABC 세계에 있습니다. 제품이나 사업, 아이디어, 직업을 홍보하면 과연 그런 홍보에 흡인력이 있어 우리가 순전히 끌어당김의 파워로 힘 안 들이고 성공을 거두게 될까요?

판촉은 포스에서 나옵니다. 포스는 반대 포스와 부닥친다는 것이 우주의 법칙입니다. 판매 설득은 판매 저항에 부닥칩니다. 반복은 따분함을 가져옵니다. 판촉에 돈을 쏟을수록 가격도 올려야 합니다. 이로 인해 결국 가격 저항은 극에 달하고 우리 제품과 경쟁 제품의 가격 차이만 줄어듭니다.

돈이나 시간, 노력을 들이지 않고 우리에게 성공을 끌어당기고, 촉진하고, 거두어 주는 것은 무엇일까요? *우리의 평판*reputation 입니다. 마케팅 회사를 고용해서 날조한 가짜 이미지가 아니라 우리가 노력에 담는 진정성, 이것이 빛을 발하며 우리가 하는 모든 일에서 모든 사람들 눈에 띕니다. 우리가 마음속에 품은 ABC는 흡인력 있는 자석과 같습니다. 이 ABC에는 아무런 비용이 들지 않습니다. 업계에서 평판이 좋으면 헤드헌터들이 우리를 찾아와 더 좋은 조건으로 모셔 가려고 할 것입니다.

최상급 전문가들은 결코 광고하지 않는다는 사실을 알아차린 적이 있습니까? 사실 이들은 어떤 안내 책자를 봐도 전화번호조차 나오지 않습니다. 이들은 이미 의뢰인, 밝은 전망, 고객, 환자, 이사회 이사 자리, 각종 상, 직함 등이 넘칩니다. 이들에게 더 많은 사업 실적은 전혀 불필요한 것입니다.

이런 이야기는 제 경험에서 우러난 것이기도 합니다. 병원에서 저와 상담한 사람들이나 제가 진료한 환자들뿐만 아니라 저 자신도 제 개인의 삶에서 광고나 판촉이나 출세를 위해 어떤 식으로든 단 한 푼도 쓰지 않고 큰돈을 벌었습니다. 일을 잘하고 있으면 사람들이 알아서 우리를 찾습니다. 우리의 존재나 우리가 제공하는 서비스, 이번 주의 특별 상품, 개점 시간 등을 사람들에게 알리지 말아야 한다는 의미가 아닙니다. 판촉에 의존하면 균형을 잃는다는 의미입니다. '만족한 고객이 가장 좋은 광고'라는 말은 오래된 비즈니스 격언입니다. 그러나 다들 "응, 나도 그 말 알아." 하고는 이 격언을 무시합니다.

경험에 바탕한 좋은 규칙이 하나 있습니다. 어떤 지름길을 택하려는 유혹이 들면 그것이 사업 망칠 위험을 감수하고 택할 만한 길인지 자문하는 것입니다. 겉보기에 별로 중요하지 않은 절차 생략 사례로 어제 만든 도넛을 예로 들어 봅시다. 하루를 마감한 시점에서 보니 팔고 남은 도넛이 스무 개쯤 됩니다. 다음 날이 남은 도넛을 새로 만든 도넛과 함께 진열합니다. '어제 만든 도넛'이라고 이야기하고 가격 할인 표시도 붙여 놓았다면, 다 팔아 치우고도 사업에 어떤 위험도 없을 것입니다. 도넛들이 완전히 기대에 못 미치는 수준이 아니라면 말입니다. '어제 만든 도넛'이라고 숨김없이 표시해 놓았으니 손님은 아무 불평도 하지 않을 것입니다.

만약 이것을 진열장에 그냥 두고 오늘 만든 도넛으로 팔면 얼마간 더 벌지도 모릅니다. 그러나 손님이 자기 가족에게 "흠, 도넛이 뭔가 이상해. 이거 좀 아닌데? 먹던 맛이 아니야."라고 불평한다면 우리는 한 가족 사이에서 평판을 망친 것입니다. 그리고 그 가족은 친구와 친척이 있습니다.

우리는 결코 평판에 해가 될 지름길을 택해서는 안 됩니다. 그러지 않을 확실한 방법 하나는 항상 고객의 직감을 보통 인정할 만한 수준보다 더 인정하는 것입니다. 뒤에서 무슨 일이 벌어지는지 고객들이 안다고 짐작한다면 그것이 맞는 짐작입니다. 구체적으로 말할 수는 없어도 사람들은 '그냥 압니다.'

예를 들어 저는 달걀을 판매한 적이 있습니다. 많이는 아니고 소량을 팔았습니다. 그렇더라도 닭장에서 달걀을 거두며 한 알 빠뜨린 것을 다음 날까지 몰랐다면 절대 그 알을 다른 달걀과 함께 상자에 담지 않았습니다. 냉장고에 따로 빼놓았다가 제가 먹었습니다. 달걀을 며칠 동안 닭장에 내버려 둬도 신선도에는 아무 영향이 없다는 사실은 알고 있었습니다. 그러나 달걀 냉장을 하루 걸렀다는 사실은 어떤 영향을 가져옵니다.

절차를 생략하면 모두가 압니다. 어떻게 아는지 스스로도 모르지만 그냥 압니다. 정통으로 맞출 때도 아주 많습니다. 제가 오래된 달걀을 신선한 달걀과 섞어 팔고 잠시 휴가를 갔다고 합시다. 그러면 어느 날 아침 식사 때 어느 엄마가 가족들에게 이럴 것입니다. "이상하네. 이 '행복한닭 계란집' 계란 맛이 전에 먹던 맛이 아니야." 한 푼 더 버는 것은 좋은 고객을 잃을 만큼 가치 있는 일이 아닙니다.

합리화하며 품질을 떨어뜨리는 행위는 포스에서 비롯합니다. "모르는 것에는 피해를 보지 않는다." 같은 말이 지닌 포스입니다. 맞습니다. 모르는 것에는 피해를 보지 않습니다. 그러나 우리는 분명 그것에 피해를 봅니다. 의식적으로는 모릅니다. 하지만 앞에서 이야기했듯이 무의식적으로는 분명히 압니다.

우리가 더 이상 이용하지 않는 업체들이 많이 있습니다. 이유를 자문해 보면 더 이상 매력을 못 느낀다는 것 말고는 답을 알 수 없을 것입니다. "모르겠어. 그냥 거기 갈 생각이 전혀 안 나."라고 할 것입니다. 조사도 하고 연구도 해서 그 업체의 정확히 어떤 면이 어땠기에 우리 마음이 더 이상 고려도 하지 않게 되었는지 알아낼 필요가 있습니다.

6단계 **명심하라, 우리를 여러 면에서 믿음직하게 여기는 고객들이 있어야 한다**

이는 성공에 꼭 필요한 부분입니다. 영업시간 변경 같은 단순한 일로 인해 여러 가지로 고객을 잃을 수 있습니다. 마음에 드는 작은 식당이 동네에 있어 매주 몇 번씩 아침을 먹으러 간 적이 있습니다. 목요일 밤마다 저녁을 먹으러 가기도 했습니다. 목요일에는 적정한 가격에 뷔페식으로 양껏 먹을 수 있는 치킨 덤플링*이 나왔기 때문이었습니다. 이 식당이 저지른 첫 번째 죄는 치킨 덤플링을 메뉴에서 뺀 것이었습니다. 저는 이에 분개해 목요

---

* 닭고기에 만두 같은 것을 곁들이는 국물 요리

일 밤마다 가던 것을 그만두었습니다. 이 식당이 저지른 그다음 죄는 다른 요일에 저녁을 먹으러 갔더니 출입문에 '여름철 영업 시간: 7월 중에는 오후 3시까지'라고 적은 표지판이 걸려 있었던 것이었습니다. 저는 "아, 이런 젠장." 하고는 가을이 오기까지 그 식당에 가지 않았습니다. 게다가 어느 화요일 밤에 갔더니(고객들이 이렇게 겉보기에 '사소한' 세부 사항을 죄다 기억한다는 점에 주목하세요.) 앞으로 화요일에는 쉰다고 쓰여 있었던 일이 특히 기억납니다. 저는 다시는 그 식당에 가지 않았습니다.

도움 안 되는 자동 응답기, 무례한 접수 담당자, 식당에 깔린 더러운 카펫 등 매력을 떨어뜨리는 작은 요인들을 모두 방지하는 것이 중요합니다. 또한 세상에 필요한 일을 제공하려는 시간대가 과연 적절한지 자문하는 것도 중요합니다. 저는 주중에만 영업하고 오후 5시에 끝내는 업체들이 결국 문을 닫는 것을 너무나 많이 봤습니다. 직업과 돈이 있는 사람들은 죄다 오전 9시부터 오후 5시까지 일하는데, 그런 업체들은 대체 누구에게 팔려는 것일까요? 휴가 여행자? 연금 수급자? 왕년의 큰손님? 실직자? 저는 개업 준비 중인 젊은 의사들이 어떻게 하면 병원이 자리 잡힐지 조언을 구하러 오면 많이 상담해 주었습니다. 항상 이렇게 말했습니다. "사람들이 감당할 만한 진료비를 청구하고 저녁때와 토요일에도 진료하세요."

편의는 사람들에게 얼마만 한 가치가 있을까요? 충분한 가치가 있습니다. 편의점이 성공적으로 퍼지고 있는 현상이 그 증거입니다. 사람들이 편의점에 떼 지어 들어와 같은 물건에 25퍼센트나 50퍼센트, 심지어 100퍼센트를 더 지불합니다. 편의를 위해 흔쾌히 지불하는 것입니다. 계산대 앞에 긴 줄 세우기는 요즘 세상에서 사업을 망치는 가장 빠른 길입니다. 계산원들 시간당 임금이 얼마나 되겠습니까? 금전 등록기들이 '다른 계산대를 이용해 주세요.'라고 써 붙이고 놀고 있으면 고객들은 열받고 짜증 나서 무더기로 가 버립니다. 계산대 앞에 줄 서서 25분을 기다려야 한다면 더 싸다고 해도 알 게 뭡니까?

가게에서 현금 대신 수표로 결제하려면 운전 면허증이나 기타 신분증과 수표 보증 카드를 보여 주고 전화번호를 적고 할인 카드를 꺼내기까지 시간이 걸립니다. 그러는 동안 현금으로 지불할 고객이 10명쯤 줄을 섭니다. 이럴 때는 그런 수표 현금화 문제가 있는 사람들을 위한 줄을 별도로 제공하는 간단한 방법이 도움될 것입니다. 항공사들도 문제가 생긴 승객에게 이렇게 한다면 모든 승객에게 도움될 것입니다.

누가 탑승권을 교환하고 싶을 때는 '탑승권 교환'이라고 적힌 카운터가 있어야 합니다. 시곗바늘은 출발 시간에 점점 가까워지는데, 한 사람에게 큰 문제가 생긴 바람에 줄 전체가 진행이 막힌 채 다른 승객 스무 명과 함께 서 있을 때가 얼마나 많습니까. 고객이 누릴 안락과 편의를 무시하면 대가가 매우 큽니다. 그런 곳이 계속 영업 중이라든가 이미 큰돈을 벌고 있다든가 하는 사실은 아무 의미가 없습니다. 그렇게 해서 그들이 벌고 있는 액수는 놀라울 것이 없습니다. 그렇게 하기에 그들이 벌지 못하고 있는 액수가 중요합니다.

자기 일에서 확실하게 자리 잡은 사람이나 진실성에 바탕한 사업이 자동으로 잘되고 커 나가는 것은 순전히 그 우수성 덕분이지 다른 것 덕분이 아닙니다. 이런 일이 자신의 삶에서 벌어지고 있지 않다면 A→B→C 대신에 ABC를 검토할 때입니다.

어떤 제품 때문에 열받아서 속으로 '이거 만든 인간을 윽박질러서 지가 이걸 열거나, 입거나, 사용해 보게 해야 해.' 할 때가 얼마나 많습니까. 작은 포장 제품을 집에 가져와 포장을 열려고 시도합니다. 찢어도 보고 뜯어도 보지만 아무 소용이 없습니다. 이 제조사는 포장을 열고 이 제품을 쓰려는 사람이 있을 줄 몰랐나 봅니다. 옷걸이에 외투를 거니 외투가 바닥에 떨어집니다. 옷걸이 철사가 너무 가늘고 연해서 그렇습니다. 또는 파리채를 쓰는데 첫 일격에 손잡이가 휘어 버립니다.

7단계   기억하라, 우리의 유일한 고객인 '인간의 본성'을 기쁘게 하라

'우리가 봉사하고 기쁘게 할 고객은 하나뿐이며, 그 고객의 이름은 인간의 본성이다.'라는 기본 규칙을 명심하면 실수가 없습니다. 겉보기로는 어떤 사람이든 내면상으로는 모두가 똑같은 고객입니다. 고객을 이해하기는 쉽습니다. 우리 자신이 제품에서 어떤 질을 기대하는지 자문하기만 하면 됩니다. 질$_{quality}$이라는 단어에 주목하세요. 우리가 항상 기대하는 것은 질입니다. 기대하는 질이 없으면 그 제품은 어떤 가격으로도 우리에게 팔 수 없습니다.

이 문제에서 우리는 우리 마음에 사람들이 지닌 성격상 약점에 영합하려는 성향은 없는지 조심해야 합니다. 우리는 약점에 영합해 이익을 얻을 수도 있고 심지어 아주 잘 생존할 수도 있지만, 결코 성공한 사람이 되지는 못합니다. 혐오스럽거나 부정직한 것과 결탁하지 않는 것은 도덕군자인 척하는 사람이 되는 것이 아닙니다. 현실을 직시하는 것입니다. 우리가 우주를 속일 수 있을까요? 신체운동학$_{kinesiology}$으로 우리가 얻는 답은 '속일 수 없다.'입니다. 예를 들어 완전히 처음 보는 사람들을 상대로 신체운동학 실험을 합니다. 그들은 어떤 문제의 답을 전혀 모릅니다. 그런데도 그들이 진실이 아닌 답에 주목하는 순간 그들의 근력을 테스트하면 근력이 약해지는 것으로 나옵니다.

이런 근육 테스트에서는 특정 자극에 대해 단순히 '그렇다' 또는 '그렇지 않다(아니다)'로 반응이 나옵니다. 보통 이 테스트를 하는 방법은 시험 대상자가 팔을 옆으로 뻗치고 있으면 시험자가 그 뻗친 팔의 손목을 두 손가락으로 가볍게 누르는 것입니다. 시험자는 시험 대상자가 모르는 어떤 이미지를 마음에 품고 "내가 마음에 품은 이미지는 긍정적이다.(또는 진실이다.)"라고 말합니다. 이 말을 한 직후에 손목을 내리누르면 시험 대상자는 그 힘에 저항합니다. 시험자가 (예수 그리스도나 테레사 수녀, 에이브러햄 링컨 같은) 긍정적 이미지를 마음에 품으면 시험 대상자의 팔 근육은 강해집니다. 시험자가 거짓 명제나 (오사마 빈 라덴, 아돌프 히틀러 같은) 부정적 이미지를 마음에 품으면 팔은 약해집니다. 시험자가 마음에 품은 것을 시험 대상자가 모르는 한 테스트 결과는 개인의 신념에 영향받지 않습니다.(자세한 설명을 보려면『놓아 버림』이나『의식 혁명』등 저의 다른 저서 중 어느 것을 보아도 됩니다.)

앞에서도 이야기했듯이 우주에 있는 만물은 다른 만물과 연결되어 있습니다. 처음에 이 사실을 이해하고 나면 잠시 편집증 환자처럼 되겠지만 이 편집증에는 치료 효과가 있을 것입니다. 저는 누가 '할복하는 인형'을 제조하면, 그것을 구입해서 할복용 단검, 실물과 똑같은 가짜 내장, 비명 지르는 전자 장치, 흘러나온 가짜 피까지 완비할 이상한 사람들이 많이 있을 것이라고 확신합니다. 어떤 사람은 그런 것으로 이익도 얻을 것입니다. 세상에는 끔찍한 시장이 수없이 많습니다. 저는 누가 청산가리, 비소, 수면제, 목매달기 좋게 매듭지어 놓은 밧줄, 일회용 산탄총 등을 완비한 자살 키트를 팔 수도 있다고 확신합니다. 그러나 그런 기호에 영합하는 사람들이 치를 대가는 막대합니다. 그들에게는 자신의 모습이 보이지 않겠지만 다른 모든 이들에게는 그들의 모습이 아주 잘 보일 것입니다.

위에서 제가 묘사한 것은 인간의 본성이 아니라 *비인간적* 본성입니다. 우리는 우리가 손댄 것에 오염됩니다. 약한 것에 영합하고도 자신은 약해지지 않을 수 있다고 생각한다면 스스로 자신을 속이는 것입니다. 어떤 것의 참모습을 알려면 그것을 당장 특징짓는 단면이 아니라 그것이 보여 주는 장기 변화를 검토해야 합니다. 즉 장기간에 걸쳐 어떤 대가를 치르게 될까요?

단면만 보면 인간의 품위를 훼손해 거기서 이익을 얻는 것으로 보이는 사람들이 당장은 좋아 보일 수도 있습니다. 그렇지만 그들이 삶에서 겪을 장기 변화를 자세히 연구해 보면 그 엄청난 손상에 충격을 받고 아연해질 것입니다. 어떤 것을 정복하려면 그것과 싸워야 할까요? 아닙니다. 어떤 것을 정복하려면 성장해서 그것에서 벗어나면 됩니다. 자신의 삶에서 어떤 측면이 삶에 적대적이거나 미숙하거나 깊이가 없다는 점이 분명해진다면 그 측면에는 사실 자만심이 숨어 있습니다. 그런 측면에 사랑이나 호의가 전혀 없음을 깨닫게 되면 우리는 그에 대해 죄책감을 느끼거나 자책하거나 개혁가가 되어야 할까요? 아닙니다. 그 해결책은 성숙하고 지혜로워지는 것입니다. 의식과 자각이 보다 커지면 오리 사냥에 더 이상 매력을 못 느낍니다. 스키트 사격*으로

---

* 점토 접시를 투사기로 쏘아 올리고 산탄총으로 쏘는 클레이 사격 경기의 일종

바꿉니다. 또한 V 자 대형으로 하늘을 날며 꽥꽥거리는 새들은 내년에도 살아남아 새끼를 키우려고 애써 남쪽으로 가는 중이라는 사실을 잊지 않을 것입니다.

'다람쥐 사냥철' 이야기를 빠뜨릴 뻔했습니다. 제가 사는 곳에서 멀지 않은 작은 동네에 갔을 때였습니다. 어느 가게 주인에게 물었습니다. "다들 어디 갔습니까?"

"아, 오늘부터 다람쥐 사냥철입니다." 저는 다람쥐 사냥철에 대해 들어 본 적이 한 번도 없어 깜짝 놀랐습니다. 보아하니 힘자랑하기 좋아하는 근육질 남자들이 죽일 거리가 바닥난 모양이었습니다. 제가 짐작하기에 그들은 곰, 퓨마, 사슴, 들소, 양, 멧돼지, 고슴도치, 비버, 여우, 야생마, 백조, 오리, 비둘기 등 움직이는 것이라면 죄다 총을 쏴서 죽였습니다. 그리고 이제 다람쥐만 남은 것입니다. 저는 고성능 라이플총이나 산탄총이 다람쥐에게 발휘할 위력을 생각하고 경악을 금치 못했습니다. 기괴하기 이를 데 없는 상상이 기분 나쁜 농담처럼 저를 엄습했습니다.

상상해 보세요. 조그만 다람쥐가 나뭇가지에 앉아 그 작은 앞발로 도토리를 붙잡고 오물오물 깨물어 먹고 있는데 이윽고 마초 사냥꾼이 나타납니다. 그는 아마도 어떤 신경증으로 고통받고 있을 것이고 그 신경증이 저기서 두려움에 떨고 있는 조그만 털 뭉치를 총으로 쏴서 터뜨려 버리라고 그를 몰아붙일 것입니다. 이런 사람들이 독수리, 매, 물수리, 울어 대는 백조, 라쿤을 다

죽이고 이제 조그만 다람쥐를 학살하는 일만 남은 것일까요? 이런 일이 있다는 것이 믿어집니까? 다람쥐들을 모조리 쏴 죽이는 게임이 이전 게임들처럼 끝나고 나면 아마 곧이어 얼룩 다람쥐 사냥철이 시작될 것입니다. 그 조그만 털 뭉치들이 그런 고성능 라이플총에 맞으면 피범벅 말고 남을 것이 있을까요? 집에 가져가 서재 벽을 장식할 전리품조차 남지 않을 것입니다. 벽에 붙여 놓은 다람쥐 머리가 상상이 됩니까? 붙여 놓고 이러고 싶었을 것입니다. "응, 그거 몬태나주에서 쏴 죽인 거야. 거기 달아 놓으니까 한동안 뿌듯하더라고."

사람들이 사냥을 좋아한다고 해도 문제될 일은 없다고 봅니다. 뭐가 사냥할 만한지 알고 한다면 말입니다. 야외에는 산호뱀과 방울뱀이 수도 없이 많습니다. 인도는 해마다 많은 사람을 죽이는 코브라로 가득합니다. 사람을 죽일 수 있는 온갖 전갈도 있습니다. 블랙 맘바라는 아프리카 독사도 있고 블랙 위도우라는 독거미도 있습니다. 도시는 쥐로 가득하고 쥐에는 전염병을 옮기는 벼룩이 있습니다. 저는 어느 날 앞에서 말한 사냥꾼 중 한 명에게 이와 비슷한 이야기를 했습니다. "밖에 나가서 쓰러져 있는 나무나 바위를 들추고 전갈을 잡으면 어때요?" 그는 겁이 나 죽을 것처럼 보였습니다. 전갈을 죽이려면 용기가 필요합니다. 다람쥐를 죽이는 데 얼마나 큰 용기가 필요한지는 모르겠지만 그것이 대단한 용기일 턱은 없습니다.

잠깐의 스릴을 위해 고의로 생명을 빼앗는 사람이 치를 대가는 무엇일까요? 제가 연구한 장기 사례들을 볼 때 그런 사람들이 치르는 대가는 막대합니다. 그들은 실로 엄청난 손상을 입습니다. 그들 가운데 진정한 개인적 파워나 흡인력이 조금이라도 있는 사람은 아무도 없습니다. 그들은 *자신이 어떤 사람이라는 사실*만으로 상황을 완전히 바꿀 수 있는 파워가 없습니다. 파워에 바탕하는 사람들은 그들의 현존presence만으로 상황을 완전히 바꿀 능력이 있습니다. 그들이 그곳에 있다는 사실, 그들이 그 상황의 일부라는 사실 자체가 중요한 영향을 미칩니다.

파워를 보유하고 있으면 우리가 가진 것이나 우리가 하는 일은 중요하지 않습니다. 우리가 어떤 사람who we are인지가 중요합니다. 어떤 사람이 되는지가 중요합니다. 파워는 위대함greatness입니다. 위대함은 위상stature입니다. 위상은 현존presence입니다. 현존은 우리가 내면에 보유한 ABC에서 비롯합니다. ABC는 돈 주고 살 수 없습니다. 얻을 수도 없습니다. ABC가 있음을 세상 사람들이 알아주려면 그냥 ABC가 '있기'만 하면 됩니다.

8단계 **타인의 훌륭한 자질에 도움되라, 약점에 영합하지 않도록 조심하라**

타인의 어떤 자질에 도움될 것인지 결정하고 조심합니다. 우리가 타인에게 기여하는 바는 우리가 우리 내면에서 끌어낸 바와 일치하기 때문입니다. 사례들은 이미 상당수 제시했지만 이 사실에 대해 더 자세히 살펴봅시다.

우리는 우리가 섬기는 대상을 끌어당깁니다. 그리고 동시에 두 주인을 섬기는 것은 불가능합니다. 그래서 우리가 인간이 지닌 약점에 영합한다면 우리는 강해질 수 없습니다. 강점에 힘이 되어 주면 강해집니다. 타인이 지닌 활기에 힘이 되어 주면 우리는 활발해집니다. 타인이 지닌 위대함에 힘이 되어 주면 우리는 위대해집니다. 삶이 지닌 아름다움에 힘이 되어 주면 우리는 아름다워집니다. 진정으로 가슴에 바탕한다면 성공에 대해서는 걱정하지 않아도 됩니다. 세상 사람들은 우리를 사랑하고, 우리에게 충실하고, 우리를 후원하고, 우리가 저지른 온갖 실수를 용서할 것입니다. 우리가 모든 고객을 왕족처럼 대하면 놀랍게도 우리 자신이 어느덧 상당히 왕족스러운 삶을 살게 됩니다.

우리가 위대함, 용기, 아름다움, 진실, 정직, 진실성, 좋은 건강, 교육과 같은 인간의 자질을 모두 지원할 때 우리 내면에서 동일한 자질이 생겨납니다. 이 말이 앞뒤가 바뀌어도 진실이라는 점은 깨닫는 이가 많지 않습니다. 하지만 우리가 어떤 사람이라는 사실 자체가 타인을 고무합니다.

예를 들어 저는 어릴 때 가족들이 준 선물을 이제는 단 하나도 기억하지 못합니다. 매년 크리스마스와 생일에 선물을 열어 보던 기억은 있지만, 이상하게도 가족이 저에게 준 '물건' 자체는 하나도 기억하지 못합니다. 제가 조부모님을 사랑하고 존경한 것은 그분들이 해 주신 일 때문이 아니라 그분들이 제게 어떤 분들이었는지 때문이었음을 기억합니다. 다시 말해 할아버지가 저를 낚시에 데려가신 일은 중요하지 않았습니다. 저를 낚시에 데려가 아마도 저를 친구 분들에게 자랑하셨을 만큼 할아버지가 다정하셨다는 점이 중요했습니다. 제가 기억하는 것은 제가 할아버지의 자랑이었다는 점입니다.

현 세계는 영웅이 없어서 문제라는 슬픈 말이 요즘 널리 인용됩니다. 그렇지만 영웅은 없어지지 않았습니다. 오히려 없어진 것은 사방에 있는 영웅들을 알아볼 수 있는 능력입니다. 영웅을 알아보지 못하는 까닭은 과장된 말이나 행동, 인상적인 어떤 것을 영웅과 혼동하는 데 있습니다. 모든 영역에 영웅이 존재합니다. 알아볼 수 있는 위대함이 존재합니다. 어디서 발견할지만 알면 됩니다.

이를 입증하는 사례로 우리 시대의 위대한 저명인사 한 사람을 살펴봅시다. 테레사 수녀는 시대를 초월한 성공담 가운데 하나입니다. 40킬로그램의 5척 단구 여성이 있었습니다. 이 여성은 광고나 마케팅 전략이나 판촉에 한 푼도 쓰지 않았습니다. 판매원도 없었고, 광고 대행사의 이미지 전문가도 없었고, 연설문 작성자도 없었습니다. 그런데도 그녀의 손가락 하나에는 누구도 상상할 수 없는 파워가 있었습니다. 그녀가 할 일은 그 작은 손가락을 까딱하는 것뿐이었고, 그러면 수십억 원이 모였습니다. 그녀가 가는 곳마다 인파가 따랐습니다. 사람들은 테레사 수녀를 언뜻 한번 보려고 수천 킬로미터를 여행했고, 지치고 아픈 발로 뙤약볕 아래나 빗속에서 몇 시간이고 기다렸습니다.

이 여성이 부린 마술은 어떤 것이었을까요? 유명 인사이기에 가능한 마술이었을까요? 그런 것은 마술의 A→B→C입니다. 그게 아니라 사람들은 테레사 수녀를 언뜻 한번 봄으로써 그의 ABC를 체험할 수 있기를 희망했습니다. 사람들은 그의 '현존'을 체험하고 싶어 했습니다. 테레사 수녀는 광고나 마케팅, 이미지 만들기 한번 한 적 없지만, 그에 대한 책들이 끝없이 줄을 이었습니다. 추종자가 수백만 명이었습니다. 노벨상 수상자였습니다. 우리 시대를 대표하는 위인 중 한 사람으로 국제적 칭송을 받았습니다.

테레사 수녀의 어떤 점에서 그런 위대한 파워가 나왔을까요? 그런 위대한 파워가 나온 것은 그가 인간의 본성에 내재한 고귀함이자 가장 고결하고 위대한 자질, 즉 무조건적인 사랑과 심판하지 않는 연민을 보여 주었기 때문이었습니다. 그는 개인 돈도 없고 지위도 없고 키도 작고 주름도 자글자글하고 등도 굽었지만, 가슴속의 크나큰 사랑을 보여 주었습니다. 테레사 수녀와 함께하려는 대기자 명단은 길었습니다. 사실 사람들은 8년 동안 시험과 고된 봉사 활동을 거쳐야 겨우 그의 조직에 가담할 자격을 얻을 수 있었습니다.

이 여성에게는 정말 뭔가 있는 것이 분명했습니다. 그렇죠? 확실히 테레사 수녀는 대가의 경지에 있었습니다. 모든 이를 훨씬 능가했습니다. 그러면 어떤 덕목 덕분에 그리되었을까요? 자선일까요? 세상에는 자선을 베푸는 사람도 많고 자선 단체도 많습니다. 공상적 박애주의do-gooderism일까요? 아닙니다. 전문적인 공상적 박애주의자들은 많이 있습니다. 그들은 노벨상을 받지 못합니다. 친절일까요? 아닙니다. 세상에는 친절한 사람들이 많이 있습니다. 테레사 수녀는 어떻게 그 모든 이들보다 월등했을까요? 그것은 그녀의 정렬 상태와 헌신, 전념, 개인적 희생이 크나큰 사랑의 보살핌이라고만 묘사될 수 있는 수준에 도달했기 때문이었습니다.

보편적 진리인 원칙을 실천하는 데 삶을 바치는 사람은 흡인력이 생깁니다. 끌어당김의 파워가 커집니다. 그들의 소유와 그들의 활동은 그들의 존재에 비하면 부차적인 것입니다. 소유와 활동이 왕이라면 존재는 킹메이커입니다. 가장 성공적인 사람들은 성공을 위해 분투하지도 않는다는 사실은 두말할 나위도 없습니다. 그들은 어떤 전적으로 다른 자질을 위해 분투합니다. 그 자질을 세상 사람들이 알아보는 것이며 그 자질 덕분에 성공이라 일컫는 일이 그들에게 벌어지는 것입니다.

테레사 수녀가 다른 사람들에게서 알아본 것, 그럼으로써 너무나 아름답게 그에게서 일어난 것, 덕분에 우리 모두가 본 것은 무엇이었을까요? 캘커타 거리에서 가난한 사람들, 병든 사람들, 죽어 가는 사람들을 보살폈을 때 그는 그들을 죽음에서 구하려고 애썼을까요? 가난한 이들을 위해 기금을 모으려고 애썼을까요? 아닙니다. 테레사 수녀가 보살피고 알아본 것은 인간이 지닌 존엄성, 가치, 중요성, 고결함, 위대함 같은 인간 본연의 참모습이었습니다. 이런 자질은 모든 인간 본연의 것입니다. 인간의 외적인 삶이 처한 상황이 아무리 최악으로 보인다 해도 말입니다.

테레사 수녀는 사람들이 그들 자신에게서 알아보지 못한 것을 그들을 위해 알아보았습니다. 그 결과로 그는 사람들에게 거울처럼 작용했습니다. 테레사 수녀를 보면 사람들은 스스로 부인한 것이 비친 반사상을 보았습니다. 그것은 그들의 존재 상태가 실재하는 데서 오는 위엄이었습니다. 가장 미천한 사람조차도 그저 인간이기만 하면 본연의 존엄성을 인정받는, 그런 존중을 받을 자격이 있습니다. 인간으로서 체험한 바를 나누는 일에는 변형의 힘이 있습니다. 그들은 테레사 수녀 눈에 비친 반사상을 봄으로써 자기 내면에서 그런 체험을 마주하고 목격해 그 진실을 깨달았습니다. 그리고 팔복*의 상태에서 미소를 띠고 죽음을 맞이했습니다. 이런 것이 파워입니다. 이런 것이 깊은 감명을 주는 실로 대단한 것입니다.

---

* 신약 성경에 나오는 여덟 가지 행복

지난 일을 되돌아보면 파티나 행사에 참석한 이유가, 어떤 사람이 그곳에 있을 것이기 때문인 적이 많았음을 알 수 있습니다. 참석한 이유가 그 사람이 그저 그 자리에 '있을' 것이기 때문이었다는 점에 주목하세요. 뭐라도 주거나 뭐라도 할 것이 아니라 그냥 그 자리에 있을 것이었습니다. 우리가 그런 사람들을 만나고 싶어 하는 것은 우리가 얻기 바라는 어떤 자질이 그들에게 있기 때문입니다. 우리가 진정으로 성공한 사람이 되면 사람들은 우리가 그들의 파티에 오길 바랄 것입니다. 우리가 그 자리에 있다는 이유로 그 행사는 달라질 것이기 때문입니다. 좀 있으면 사람들은 우리가 자기들 이사회에 들어와 주길 바랍니다. 회사 편지지 상단에 우리 이름을 박아 넣을 수 있길 바랍니다. 우리가 위원회에 들어와 주길 바랍니다. 조직의 구성원이 되어 주길 바랍니다. 책에 서문을 써 주길 바랍니다. 책 표지에 추천사를 써 주길 바랍니다. 우리가 사인해 주길 바랍니다. 우리 옆에 서서 사진을 찍을 수 있길 바랍니다.

성공은 유명인 지위를 가져올 수도 있고 가져오지 않을 수도 있습니다. 그건 우리가 어떤 영역에서 모험할 것이며 거기서 유명해지길 선택할 것인지에 달렸습니다. 세상 사람들에게서 어떤 반향을 일으키든 우리의 성공은 여전히 내면의 일로 남아 오로지 우리의 내면에서 경험될 것입니다. 얻을 수 있는 가장 좋은 반향은 사실 성공을 축하받는 것입니다.

우리의 성공을 다른 사람들과 공유하지 않는 것은 그들이 우리의 성공을 지지할 동기를 박탈하는 일입니다. 우리의 성공에 그들이 한 역할의 중요성을 알아주고 인정하면 그들 모두가 우리와 합류해 우리의 성공을 지지하고 축하할 것입니다. 평생의 적을 만드는 방법은 누군가로 하여금 우리 삶에 기여하게 하고 그 기여를 알아주길 거부하는 것입니다. 배우자에게 이렇게 하는 이들이 매우 많습니다. 그들은 성공을 거두는 과정에서 배우자의 격려가 한 역할을 인정하지 않습니다.

업체들의 흔한 문제는 주인이 자신의 성공을 종업원들과 공유하길 거부하는 것입니다. 고객과 공유하지 않는 것은 말할 것도 없습니다. 종업원들은 대개 먼 데 있는 인간미 없는 기업에 의해 각 지역에서 고용되어 시급을 받습니다. 이 사실은 매장에 가 보면 확실하게 느껴집니다. 그들은 무신경하기 이를 데 없습니다. 그들은 머리 싸매고 애쓰든 애쓰지 않든 동일한 액수의 돈을 벌 것이고 그 점을 잘 알고 있습니다. 그래서 의욕이 완전히 떨어져 있습니다. 인간으로서 힘껏 노력할 이유가 제거되어 있기 때문입니다. 그들은 인간으로서 타고난 존엄성과 가치를 부인당했습니다. 이런 업체들은 자기들이 베푸는 만큼을 얻습니다. 그래서 아무것도 아닌 것을 얻습니다. 기계적이고, 감정이 없고, 시늉만 하는 종업원을 얻습니다. 기계적인 사람들이 기계적인 환경에서 기계적인 음식을 생기 없는 태도로 내놓는 것은 단지 음식값을 받기 위해서입니다. 아마도 값은 싸겠지만 우리가 그 값을 치르고 받는 음식과 비교해 보면 사실 매우 비싼 것입니다.

능률 전문가들은 컴퓨터와 함께 정말로 때를 만나 우리의 경험 전체를 비인간적으로 만드는 일에 성공하고 있습니다. 이들이 관여하는 매장에서는 절약이 구두쇠 수준에 이르러 있어서 플라스틱 숟가락 좀 달라고 하려면 계산대까지 가야 할 정도입니다. 종업원 이직률도 매우 높습니다. 우리가 갈 때마다 새로운 얼굴이 계산대 뒤에 서 있습니다. 이 모든 구두쇠 절약이 치를 대가는 어떤 것일까요? 계산해 보면 충격을 받을 것입니다.

이와는 대조적으로, 저는 바샤스 슈퍼마켓에 가면 해마다 똑같은 종업원들이 미소 짓고 있는 것을 보았습니다. 그리고 점장 자리 뒤편에는 상패가 걸려 있었습니다. 놀랍게도 상패에 뭐라고 적혀 있었을까요? 그 상패는 해마다 '가장 친절하고 우호적인 종업원'에게 주는 상이었습니다. 가장 큰 매출을 올린 종업원에게 상을 주지 않고 가장 친절하고 우호적인 종업원에게 상을 줬습니다. 놀랍지 않습니까?

어떤 상품을 돌려주고 환불을 요청하며 점장을 지켜본 적이 있습니다. 더할 나위 없이 친절하고 우호적이었습니다. 즉석에서 돈을 내주고 아무 질문도 하지 않았습니다. 상품을 선반에 다시 갖다 놓겠다고 하니 "아닙니다, 아닙니다, 제가 하겠습니다."

라고 했습니다. 계산원들을 보니 모두 친절하고 우호적으로 보였습니다. 그들은 해가 바뀌어도 해마다 친절하고 우호적이었습니다. 저는 이어서 계산대 앞의 고객들을 지켜보다 거기서 가장 놀라운 광경을 목격했습니다. 그들은 세상에서 가장 친절하고 우호적인 고객인 듯했습니다. 점장이 친절하고 우호적이었습니다. 점원들이 친절하고 우호적이었습니다. 계산원들이 친절하고 우호적이었습니다. 그랬더니 짠! 하고 친절하고 우호적인 고객들이 나타났습니다. 고객들이 계산원들과 함께 미소를 짓거나 웃고 있었습니다. 슈퍼마켓 앞의 작은 테이블 몇 개에서는 노인들이 한담을 나누며 그곳을 오후 사교 모임 장소로 활용했는데, 그들도 확실히 친절하고 우호적이었습니다.

어떤 사람들은 뉴욕 같은 도시에 가면 동네가 너무 끔찍하고 다들 너무 무례하고, 불친절하고 비우호적이고, 차갑다고 불평하면서 한시라도 빨리 뉴욕에서 벗어나고 싶다고 할 것입니다. 또 어떤 사람들은 지금까지 방문해 본 중에 뉴욕이 가장 친절하고 우호적인 도시라고 할 것입니다. 어느 쪽이 맞을까요? 뉴욕 내 지역들은 그 각각이 서로 다른 작은 공동체와 같다는 점에서 저는 항상 뉴욕이 소도시들의 집합체 같다고 생각했습니다.

사람들을 친절하고 우호적으로 대하면 그들은 즉시 우리의 의도를 감지하고 좋아합니다. 친절하고 우호적인 사람이 외로울 수가 있을까요? 어디를 가든, 상대가 택시 운전사든 종업원이든 거리에서 마주친 사람이든, 그들 모두가 옛 친구라도 되는 양 말을 건다면 우리가 외로울 수 있을까요? 대도시에서는 사람들이 지체 없이 반응합니다. 그들은 길거리 물정에 매우 밝습니다. 많은 일로 바쁘다 보니 가식으로 낭비할 시간이 없습니다. 그 결과로 시간 지체 없이 즉각 친절하고 우호적인 태도로 반응합니다.

사람들은 조종당하거나 압박받거나 설득당하거나 갖은 방법으로 이용되거나 남들이 애써 깊은 인상을 주려는 것에 진절머리가 나 있습니다. 그래서 우리의 동기를 감지하면, 즉 자기들에게 아무것도 바라지 않는 아쉬움 없고 친절하고 우호적인 태도를 감지하면 너무나 안도하여 방어 자세를 거두고 즉시 수다를 떨기 시작합니다. 그래서 외로움은 문제가 안 됩니다. 오히려 사람들이 입 좀 다물게 하는 것이 문제입니다. 사람들은 자기들을 진정으로 친절하고 우호적으로 대해 줄 사람을 간절히 바랍니다. 어렸을 때 제 할머니 중 한 분은 늘 "하는 짓이 예뻐야 예쁘지.Beauty is as beauty does."라고 하셨습니다. 저는 그 말뜻을 몰라 몇 년 동안 혼란스러워하다가 어느 순간 정확하게 이해했습니다.

성공한 사람이 되려면 시간이 얼마나 걸릴까요? 답은 눈 깜박할 사이입니다. 정확히 1초 걸립니다. 어떤 태도로 '존재'하겠다고 결정하는 순간 우리는 이미 성공을 거둔 것입니다. 성공은 '저 밖'에 있는 것이 아닙니다. 성공은 우리의 소유물이 아닙니다. 심지어 우리의 활동도 아닙니다. 활동은 도움이 될 뿐이고 소유물은 장식이 될 뿐입니다. 성공을 가져오는 것은 우리의 존재입니다. 어떤 태도로 존재할지 결정하는 것, 필요한 일은 이것뿐입니다. 석사 학위, 졸업장, 통신 강좌, 따분한 강의, 워크숍 같은 것은 전혀 필요하지 않습니다.

어떤 태도로 존재하겠다고 결정하기만 하면 우리는 사람들에게 새로운 중요성과 의미를 띱니다. 우리가 그들의 삶에 존재하는지 안 하는지가 그들에게 영향을 줍니다. 우리가 그들의 파티에 참석할지 안 할지가 그들에게 영향을 줍니다. 그들은 우리를 위해 일하는 것을 자랑스러워합니다. 우리와 알고 지내는 것이 영광인 것처럼 행동합니다. 인간이 지닌 긍정적 자질은 전염성이 있습니다. 사람들은 어떤 면에서 소리굽쇠와 같습니다. 인간의 타고난 성향은 소리굽쇠와 같아서 우리가 어떤 음에 맞춰 진동하든 그 진동을 포착하여 공명합니다.

10장

화장실은 가야 할 때
가야 한다

SUCCESS is FOR YOU

장담하건대 이 장에 제시된 주요 개념을 이해하면 이 세상에서 기본적인 성공을 거두는 것이 보장됩니다. 거듭 이야기했듯이 경쟁은 존재하지 않습니다. 매우 성공적인 사람들의 세계에서 경쟁은 존재하지도 않는 것입니다. 무능하고, 기량이 부족하고, 평범하고, 일을 완전히 대충 하는 수준에서는 경쟁이 엄청납니다. 경쟁에 대해 대부분 사람들이 하는 이야기는 완전히 말도 안 되는 것입니다.

우리에게는 부채가 아니라 자산이 되도록 바꿔 놓을 수 있는 인간 본성의 기본 특징 두 가지가 있습니다. 조급하다는 점과 쉽게 불만을 느낀다는 점입니다. 세상에서 성과 있게 일하는 법만 아니라 이런 본성에 대해서도 알아 두면 앞으로는 그런 본성이 우리에게 도움될 것으로 믿어도 좋습니다. 그렇지만 대다수 업체들에게 그런 본성은 큰 장애이자, 자기들의 부족함 대신에 고객이나 의뢰인을 탓하기 위한 가장 큰 핑곗거리에 들어갑니다. 이제 사례 몇 가지를 살펴보겠습니다. 그 주된 목적은 마음속으로 비슷한 체험을 함으로써 문제의 중요성을 이해하는 것입니다.

우리 삶에서는 언제든 다음 시나리오와 같은 일이 집이나 일터에서 몇 번이고 벌어질 수 있습니다. 어느 회사에 전화를 걸고 통화 중이라 대기합니다.(이들은 왜 전화 회선을 더 늘리지 않을까요?) 아마도 최저 임금을 벌고 있을 무능한 전화 교환원이 어떻게 해서든 우리의 전화를 끊습니다. 그러면 우리는 마침내 담당자에게 연결될 때까지 다시 전화를 걸어야 합니다. 이미 우리는 기다리는 일에 짜증이 났습니다. 우리와 마침내 연결된 사람은 업무에 대해 사실상 아무것도 모릅니다. 전화 교환원은 전화 교환원일 뿐이라고 여기는 회사들이 많습니다. 이런 회사들은 전화 교환원이 성공의 열쇠라는 점, 전화 받는 사람의 전체적 태도에 성공과 실패가 달려 있다는 점을 깨닫지 못하고 있습니다.

이어서 신용 카드 후불 조건으로 열심히 상품을 주문하고 나면 그제야 그 특정 신용 카드는 받지 않는다고 알려 줍니다. 아니면 원하는 물건들이 죄다 품절이거나 주문이 밀려 있습니다.

그다음에는 물건값 지불로 사람을 힘들게 합니다. 작은 물품이어서 청구서를 동봉해 택배로 발송해 주길 원하면, 신용 거래부터 신청해야 한다고 알려 줍니다. 이 회사는 빨리 돈 벌기에 급급한 작은 곳인 데 반해 우리는 사오십 년쯤 되는 기간 동안 업계에서 상당한 위치를 차지했다는 점을 고려한다면, 그쪽에서 먼저 말없이 컴퓨터로 신용 조회 서비스에 접속해 우리가 신용 거래하기에 적절한 상대인지 알아보아야 마땅할 것입니다. 보아하니 이들은 이 신용 조회 서비스 비용을 아끼고 싶은 모양입니다. 이렇게 고객을 기분 상하게 함으로써 이들은 자동화된 신용 조회 서비스를 매달 이용하는 비용보다 더 큰 돈을 잃습니다.

이런 난관을 다 극복하고 이제 상품이나 서비스를 기다리고 있는데 아무런 중간 확인도 제공되지 않습니다. 상품이 도착하지 않고 있는데 아무런 해명이 없습니다. 해명은커녕 며칠이나 몇 주 동안 소식이 없습니다.

다음은 일꾼들의 경우입니다. 이들의 업계에서는 화요일에 일하러 와서 수요일까지 일을 마치겠다고 한 뒤에 그다음 주까지도 나타나지 않는 것이 규칙이라도 되는 모양입니다. 나타나기라도 한다면 말입니다. 아니면 일하다 말고 언제 돌아오겠다는 말도 없이 불가사의한 이유로 자리를 뜹니다. 많은 일꾼들이 이런 수준을 규칙으로 삼고 있는 것이 분명합니다. 즉 그들은 일이 95퍼센트 완료되었을 때 가 버려서 우리가 남은 5퍼센트를 직접 처리하려고 애쓰다 열받게 합니다. 볼트, 너트, 나사못, 열쇠 같은 것을 빠뜨린다든가, 아니면 딱 맞는 색상으로 부분 도장하는 일 같이 '마무리' 짓는 데 필요한 일이라면 뭐든 끝내지 않고 남겨 둡니다. 일을 완료하지 않아서 기어이 고객을 짜증 나게 하고, 의식적으로든 무의식적으로든 잔금 지불을 늦추게 만듭니다.

다음은 식당의 경우입니다. 메뉴판이 낡았고 얼룩까지 묻어 있습니다. 오랫동안 사용한 메뉴판입니다. 그 세월 동안 다른 요리라고는 전혀 익히지 않은 듯합니다. 이렇듯 다들 우리의 편의가 아니라 자기들의 편의에만 관심이 있습니다.

이런 실태와 관련된 원칙을 이해해 우리에게 도움되게 하려면 화장실에 가야 하는 고객을 마음속에 간직해야 합니다. 우리의 회사나 매장, 사무실에 전화하거나 우리의 서비스나 제품을 신청하는 일이 어떤 경험일지를 마음속에 그립니다. 전화선 반대편에 있는 고객이 기분 상할 것이 틀림없는 상황을 마음속에 그립니다. 고객은 통화 중 대기를 원치 않습니다. 고객은 전화가 끊기는 일을 원치 않습니다. 고객은 회사 일이나 제품에 대해 아무것도 모르는 사람과 통화하기를 원치 않습니다. 고객은 가게에 들어가 상품에 관해 물었을 때 점원이 그 상품에 대해 전혀 들어본 적 없다는 듯이 구는 모습을 원치 않습니다. 고객은 한창 구매 업무를 하는 도중에 중단되기를 원치 않습니다. 고객은 종업원이 다른 전화를 받거나 다른 볼일로 사라지는 것을 원치 않습니다.

사람들은 인간미 없는 거대한 백화점이나 슈퍼마켓, 창고형 할인 매장에 들어가 상품을 찾느라 헤매는 일을 원치 않습니다. 상품 위치를 찾는 데 10분이 걸려야 할 이유가 있을까요? 월마트에서 하듯이 고객의 질문에 즉시 응답할 접객원을 입구에 두면 고객이 원하는 것이 어디 있는지, 재고는 있는지, 특별 판매나 세일을 하는 중인지 알려 줄 수 있습니다. 그러니 고객을 만나 기쁜 듯이 환영해 줄 사람을 두면 어떨까요?

접객원이 고객에게 첫 방문인지 묻도록 하는 것도 좋을 것입니다. 첫 방문이라면 *화장실은 어디에 있는지* 알려 줍니다. 모든 사람이 이 정보를 원한다는 사실이 그렇게도 이해가 안 될까요? 또한 모든 사람은 커피를 한잔하거나, 전화를 걸거나, 무언가를 찾아보거나, 쇼핑 도중에 발을 쉴 수 있는 아늑한 구석이 어디에 있는지 알고 싶어 합니다.

이 밖에도 고려할 점이 있습니다. 모든 고객은 발이 아픕니다. 매우 바삐 돌아가던 인쇄소가 생각납니다. 이 인쇄소에서는 어떤 손님 일을 처리하든 일 진행이 자꾸만 중단되었습니다. 편지지 주문이나 전단 주문을 마치기까지 한 시간 반은 걸리는 일이 아주 잦았습니다. 한 시간 반 동안 서서 직원들을 기다리다 짜증이 나서 가 버리는 사람들이 많았습니다. 직원들은 전화 통화를 하거나, 메시지 처리를 하거나, 개인적인 대화를 하거나, 어제 처리했어야 하는 알 수 없는 일에 집중을 방해받으며 수도 없이 주

문 진행을 중단했습니다

고객들은 몸이 안 좋아 짜증이 날 수도 있습니다. 우리는 사람들이 화장실을 이용할 필요가 있고, 발이 아프며, 건강 문제가 있어 괴로울 수도 있다는 사실에 즉시 대응해야 합니다.

즉각적 성공을 위해 우리가 할 일은 이 세 가지가 사실인 것처럼 모든 고객을 대하는 것뿐입니다. 이렇게 해 보면 그 반응에 완전히 놀라게 될 것입니다. 모든 사람은 급합니다. 이 사실을 이해해야 합니다. 우리 업무가 오늘 아주 바쁘다거나, 직원들이 휴가중이라거나, 주요 직원 한 사람이 아프다는 점에는 아무도 관심이 없습니다. 그런 사정은 이미 모두 처리해 놓았어야 하는 것들입니다.

모든 직원을 예비 인력으로 대신할 수 있어야 합니다. 이를테면 퇴직자들을 활용할 수 있습니다. 이들은 돈 벌 능력이 있는데도 사회보장연금을 받고 있습니다. 집에 앉아 텔레비전이나 보고 있으니 언제든 틈을 메꿔 주러 달려올 수 있습니다. 이들 가운데는 다년간의 업무 경험이 있는 이들이 많습니다.

무능에 대해서는 변명의 여지가 없습니다. 스스로 고객이라고 상상하고 고객이 겪을 만한 문제를 모두 상상해서 해결 방법을 알아내는 것은 매우 간단한 일입니다. 제가 뉴욕주 맨해셋시에 보유했던 대규모 진료소는 세계적으로 언론의 주목을 받은 덕분에 갈수록 바빠 돌아갔습니다. 많은 사람들이 시외나 뉴욕주 밖,

심지어 해외에서 전화를 걸어왔습니다. 저는 사람들이 전화 연결을 기다리게 하는 대신에 전화 회선을 계속 증설했습니다. 최종적으로는 수신 전화 10회선을 놓기에 이르렀습니다. 비서 수가 충분치 않으면 더 고용했습니다. 진료소가 정말로 바빠졌을 때는 비서를 열두 명까지 두었습니다.

업무 지원이 더 필요하면 더 고용해야 합니다. 직원들이 더 의욕적으로 일하기를 바란다면 이익에서 일정 비율을 인센티브로 줄 수 있습니다. 직원이 우리 사업에 열정을 느끼지 못한다면 해고할 필요도 있습니다. 세상에서 가장 값비싼 사치품은 형편없는 직원입니다. 우리는 그런 이들을 고용할 여유가 안 됩니다. 사람들이 자기는 아주 적게 주고 직원을 쓴다고 자랑하는 소리를 들을 때가 있습니다. 그런 이야기를 들으면 속에서 눈물이 납니다. 그들은 자기들이 지불한 바로 그만큼을 받을 것이기 때문입니다. 부족한 기량은 시장에 싸게 나옵니다.

우리가 어느 큰 회사에 전화를 걸었다고 칩시다. 우리가 잠재적으로 우수한 고객인데, 첫 접촉에서 우리에게 이 회사를 대리할 사람이 배정되었다는 이야기를 들으면 얼마나 놀라울지를 생각해 봅시다. 대리인은 우리가 반드시 적임자와 전화 연결이 되고, 정확한 정보를 얻고, 최저 가격을 보장받고, 만사가 적절히 챙겨지고, 만족을 얻도록 조처할 것입니다. 대리인은 청구서 발부, 운송, 상품 설명이 반드시 정확하도록 챙길 것이고, 우리가 알고 있어야 할 상황 변화가 조금이라도 생기면 우리에게 전화해 알리고 후속 조치를 취할 것입니다. 누가 우리에게 "고객님은 저의 개인 고객이시니 제가 고객님 일을 책임지겠습니다. 고객님은 이제 저의 의뢰인이십니다."라고 알리는 것입니다. 이 기법을 사용하는 체계에서 직원들은 점원에서 판매원으로 승진합니다. 판매원은 다시 판매 대리인으로 자리를 옮기고, 이어서 영업 담당 임원으로 승진합니다.

이렇게 해서 회사는 가장 가치 있는 직원들이 누구누구인지를 신속히 알아냅니다. 이 직원들에게는 충성스러운 추종자들이 생겨 그들을 찾게 됩니다. 알다시피 어느 식당에 마음에 드는 웨이터가 있으면 우리는 그가 관리하는 테이블에 앉고 싶어 합니다. 그는 우리가 무엇을 원하는지 압니다. 우리 이름을 기억합니다. 우리를 배려합니다. 정중합니다. 우리가 영화 시간에 늦지 않도록 지체 없이 계산서를 가져옵니다. 모든 사람은 친숙한 관계가 주는 느낌을 원합니다. 모든 사람은 인간미 없음에 넌더리가 나 있습니다.

대다수 업체들은 사람들이 오직 가격이나 접근성 때문에, 또는 자기들이 동네에서 유일한 곳이기 때문에 자기들에게서 구매한다는 점을 깨닫지 못하고 있습니다. 인근의 피자집이 생각납니다. 그곳이 사업을 유지한 것은 단지 그곳이 몇 킬로미터 내에 있는 유일한 피자 가게였기 때문이었습니다. 음식이 엉망이었습니다. 서비스도 형편없었습니다. 전화로 6시에 피자를 준비해 달라고 하고 6시에 그곳에 도착하면 아직 만들어 놓지 않았습니다. 주인 남자는 주문이 너무 많았다고 핑계를 댔습니다. 주문이 많은들 우리가 알 게 뭡니까? 조수를 써야죠. 고속 오븐을 들여놔야죠. 주문이 많은 건 그의 문제지 고객의 문제가 아닙니다.

마치 가격이 사람들에게 중요한 유일한 요소인 양 경쟁력 있는 가격 책정에 너무들 많은 시간을 소모합니다. 제가 경험을 통해 발견한 사실이 있습니다. 사람들은 제대로 된 서비스를 받거나 사회적 지위를 인정받거나 자신이 특별한 사람이라는 느낌을 얻을 수만 있다면 대개 어떤 값이라도 지불합니다. 어느 회사와 수십 년 동안 거래하며 수천만 원을 썼는데도, 전화할 때마다 마치 처음 보는 사람처럼 대하는 경우가 얼마나 많습니까? 인간미를 완전히 잃으면 문제가 많습니다. 지난 세월 동안 사업을 유지한 것은 사실상 우리 덕분이었는데도 그들은 우리를 전혀 알지 못합니다. 무례한 일이 아닐까요? 멍청한 일이 아닐까요? 열받는 일이 아닐까요? 모욕적인 일이 아닐까요?

제가 보기에 광고의 유일한 기능은 사람들에게 새로운 제품 출시를 알리거나 기존 사업의 상황 변화를 알리는 데 있습니다. 그렇게 한 뒤에도 광고를 계속할 필요가 있다면 그것은 성공을 가져오는 가장 단순한 규칙들을 지키지 않았음을 나타냅니다. 우리 사업이 순전히 입소문과 좋은 평판에 힘입어 자연히 갑절로 늘지 않는다면 우리는 부족분을 벌충하기 위해 광고 전략에 큰돈을 써야 합니다. 이 얼마나 시간과 돈의 큰 낭비입니까! 기본 규칙은 이것입니다. 고객을 잃는 것에 대해 어떤 이유나 핑계도 댈 수 없고, 모든 고객이 각자 새 고객을 데려오지 않는 것에 대해서도 어떤 이유나 핑계도 댈 수 없습니다.

계산대 앞에 긴 줄이 있을 것임을 알기 때문에 어떤 가게에 들어가지 않고 건너뛰는 경우가 얼마나 많습니까? 이 사업 출혈 요소를 정당화할 수 있는 이유가 있을까요? 계산원이 받는 시간당 보수는 얼마 안 되는 데 반해 계산원 한 사람이 한 시간에 상품 수백만 원어치를 처리하니, 이보다 바보 같은 일이 있을까요? 이것이 편의점이 급증하는 중요한 이유입니다. 즉 사람들은 물건 몇 가지 사려고 하염없이 줄 서서 기다리고 싶어 하지 않는다는 것이 편의점의 발상입니다.

상품을 교환하거나 개인 수표로 결제해야 하는 사람들을 위한 별도의 줄이 있을 필요가 있습니다. 그런 일을 처리하려면 각종 신분증을 내놓아야 해서 지갑이나 손가방을 뒤지기 일쑤고, 신용카드 승인도 다시 받아야 하고, 기타 온갖 성가신 일을 처리해야 하니 말입니다. 달리 가야 할 곳이 있는 사람이라면 이런 일로 시간을 빼앗기고 싶을까요?

식당에 들어가면 종업원이 우리를 테이블로 안내하는데, 이는 우리가 직접 할 수 있는 일입니다. 종업원은 우리가 직접 집어 들

수 있는 메뉴판을 우리에게 건네고, 우리라면 고르지 않을 테이블로 우리를 안내합니다. 그런 다음 상냥하게 미소 짓고 자리를 뜬 뒤에는 완전히 못 본 척합니다. 솔직히 우리에게 아무 관심도 없습니다. 우리를 챙기는 사람이 있는지 다시 살피는 일은 결코 없습니다. 대신에 우리는 계속 앉아서 우리가 그 자리에 있는 것을 누가 알고는 있는지 궁금해합니다. 마침내 식당 보조가 나타나 물을 가져옵니다. 목말라 죽을 참이 아니라면 물 따위는 알게 뭡니까? 그런 뒤에 또 한동안 아무도 나타나지 않습니다. 우리는 주의를 끌어 보려고 미친듯이 신호를 보냅니다. 담당자가 아무도 없음을 알았기 때문입니다.

여기서 중요한 원칙이 나옵니다. 고객의 필요가 잘 챙겨지도록 종합적으로 감독하고 돌보는 직책을 맡고 있는 사람이 있어야 합니다. 종업원들이 이런 일을 돌보기로 되어 있긴 하지만 그들의 태도는 대개 형식적입니다. 그렇죠? 그들은 수행할 직무가 있고 그 직무를 수행합니다. 우리라는 '인간'에 대해서는 눈곱만큼도 관심 없습니다. 그렇다면 이것이 앞서 나온 규칙들에 추가할 마지막 규칙입니다.

이제 규칙 전체를 살펴봅시다.

성공의 규칙

1. 모든 사람은 화장실에 가야 한다.

2. 모든 사람은 발이 아프다.

3. 모든 사람은 또 다른 어떤 것 때문에 괴롭다.

4. 모든 사람은 어찌할 바를 모른다. 그래서 누가 맞이해 주고, 안내해 주고, 그 업체의 서비스를 경험할 때 동반해 주길 바란다.

5. 모든 사람은 배가 고프다.

사람들은 위와 같은 이유로 매장에서 무더기로 나가 버립니다. 백화점에서 쇼핑할 때, 뭔가 살 생각이 있긴 하지만 그 전에 화장실을 이용해야 하는 경우가 얼마나 많습니까? 백화점 사람들이 화장실은 6층에 있다고 알려 주면 우리는 에스컬레이터로 올라가거나 엘리베이터를 기다려야 하니 "아, 이런 젠장." 하게 됩니다. 그리고 발길을 돌려 밖으로 나가 근처 식당 같은 데 가서 오직 거기 화장실을 이용하려고 음료수나 맥주 같은 것을 주문합니다. 매우 중요한 물건을 살 수도 있는 쇼핑 나들이를 한창 하다가 다음 식사 때까지 버티게 해 줄 커피 한 잔이나 도넛 같은 것을 원할 때가 얼마나 많습니까? 우리는 슬슬 배고픔으로 혼미해집니다. 주위를 둘러보지만 뭐라도 먹을 것이 있을 가망은 없습니다. 이런 원초적 본능에 떠밀려 우리는 백화점에서 나옵니다. 되돌아보면 제가 이런 이유로 많고 많은 매장에서 실로 막대한 돈을 쓰지 않았던 경우가 줄줄이 기억납니다.

고객이 앉을 의자 하나 마련해 놓지 않는다면 많은 고객을 너끈히 가게 밖으로 몰아낼 수 있습니다. 매장에서는 입구에서 고객을 맞이할 때 앞서 언급한 인간의 기본적 필요를 모두 해결해 줘야 합니다. 새로 생긴 식당에 들어갈 때조차도 우리에게 "처음 오셨습니까?"라고 물어야 합니다. 처음 왔다고 하면 화장실은 뒤편에 있고, 바는 왼편에 있고, 빨리 서비스가 되는 테이블은 저쪽편에 있다고 알려야 합니다.

빨리 서비스가 되는 테이블을 둔다는 것은 돈 들일 가치가 있는 아주 놀라운 발상이 아닐까요? 식당이나 상점이나 기업 내에 어떤 식으로든 빨리 서비스가 되는 구역을 둔다는 생각을 어째서 아무도 한 적이 없을까요? 사업주의 시간이 그 자신에게 소중하듯이 고객들의 약속 시간도 매우 긴급하고 중요하다는 점을 어째서 아무도 깨닫지 못했을까요?

어떤 업체나 병원에서는 서둘러 주길 바라는 고객이나 환자의 욕구가 마치 그 사람의 성격 결함인 것처럼 대합니다. 그들은 고객을 괴롭힐 수도 있는 육체적 문제들(이 장에서 그 일부를 살펴보았지요.)이 많다는 사실을 거의 깨닫지 못하고 있습니다. 또한 고객은 어찌할 바를 모르고 혼란스러운 상태일 수도 있고 정확히 42분 뒤에 치과 약속이 있을 수도 있습니다. 환자가 나타나든 나타나지 않든 비용을 청구하는 정신과 의사를 만나야 하거나, 카센터가 문 닫기 전에 차를 찾아와야 하거나, 다른 중요한 업무를 처리하거나, 오후 2시에 사람을 만나야 합니다.

사람들은 제멋대로 짜증을 내는 것이 아닙니다. 짜증은 바쁜 상황과 치열한 삶, 우리 모두가 요구받는 많고도 많은 일들을 반영할 뿐입니다.

그러니 생각해 보세요. 이 얼마나 단순하고도 굉장한 발상입니까. 영화 시작을 놓치고 싶지 않은 사람들이나 업무 약속이 있는 사람들은 식당에서 빠른 서비스 구역에 앉을 수 있는 것입니다. 이 구역에서는 손 많이 가는 메뉴는 필요 없습니다. 한시가 급한 사람이 잘 차려진 한 상을 기다릴 턱이 없으니까요.

빠른 서비스 구역이 없는 대신에 특정 메뉴를 별표로 표시해서 빠른 서비스 품목임을 나타낼 수도 있습니다. 어쨌거나 식당에서는 우리가 주문한 뒤에 칠면조 조리에 들어가지는 않습니다. 칠면조는 이미 요리되어 보온 중이고 지시만 받으면 얇게 썰 준비가 되어 있지 않을까요? 얇게 썬 칠면조와 드레싱, 으깬 감자, 완두콩으로 이루어진 한 접시를 차려 내는 데 얼마나 걸려야 할까요? 일반 사람들도 집에서 30초면 할 수 있습니다. 식당에서 20분이 걸릴 이유가 있을까요?

이는 어떤 사업에서도 마찬가지입니다. 어떤 사업 분야에서든 군더더기를 잘라 냄으로써 빠른 서비스를 제공하는 것은 가능한 일입니다. 또한 사람들은 빠른 서비스에 기꺼이 할증료를 지불한다는 사실을 깨달읍시다. 인근의 인쇄소가 생각납니다. 그곳에서는 당일 서비스는 50퍼센트 할증된 요금을 받고, 이틀 걸리는 서비스는 40퍼센트, 사흘 걸리는 서비스는 30퍼센트, 나흘 걸리는 서비스는 20퍼센트를 더 받습니다. 이렇게 하니 급하지 않은 고객은 급한 고객을 위한 요금을 낼 필요가 없고, 급한 고객은 좌절할 필요 없이 목적을 이룰 방법을 얻습니다.

업무 중에 일부 시급한 일이 벌어지는 것은 막대한 이익이 시간에 따라 민감하게 좌우되기 때문입니다. 거액의 돈이 어떤 물품이 배달되거나 어떤 서비스가 제공되기만을 기다리고 있을 수 있습니다.

미국에서 미국특허상표청을 상대하는 일보다 어이없는 일은 아마도 없을 것입니다. 말 그대로 수백 번을 연락하며 몇 달을 허비해도 전화 연결이 안 되거나 전산망을 통한 문의에 응답이 없을 가능성이 있습니다. 상표를 등록하지 않고 제품을 내놓을 수는 없습니다. 오늘날의 경쟁적인 사업 세계에서 그렇게 하는 것은 확실히 현명하지 못한 일일 것입니다. 독특한 제품을 갖고 있다면 말이죠. 이런 단순한 일 하나가 지연된 탓에 거액을 손해 보는 기업들을 생각해 보세요.

오래전에 저도 개인적인 일로 같은 문제를 겪었습니다. 갓 나온 뜨거운 아이디어를 갖고 있는 기업과 그 아이디어를 목마르게 기다리는 시장이 관련된 일이었습니다. 미국 특허상표청에 이백 번 넘게 전화를 걸었지만 아무에게도 연결되지 않았습니다. 편지를 열두 번 보내고 전보도 여러 번 보내다가 결국에는 지역구 상원 의원에게까지 연락했습니다. 하지만 *3개월* 뒤에도 여전히 특허나 상표를 신청하는 서식을 받지 못했습니다. 요청한 것은 그 서식뿐이었는데도 말입니다. 제발 서식만 달라고! 서식 제공은 컴퓨터가 자동으로 처리하게 설정해 놓았어야 할 일이었습니다. 성공의 규칙을 하나 더 추가하겠습니다.

6. 고객은 우리와 거래해서 얻는 결과에 많은 것이 달려 있다.

이는 매우 중요한 원칙입니다. 우리 입장에서는 중요하다고 생각하지 않은 일이 고객의 삶에서는 중요할 수도 있습니다. 우리가 했던 거래들을 되돌아보면 그런 일이 얼마나 중요했는지를 깨닫게 될 것입니다. 우리가 어떤 것을 사려고 할 때는 그저 재미로 사려는 것이 아닙니다. 예를 들어 누구에게 줄 생일 선물로 사려고 한다면, 어떤 날짜까지 물건을 손에 넣는 것이 대단히 중요합니다. 그 물건 없이는 삶이 돌아갈 수 없어 그 물건을 사려는 겁니다. 그 부품을 구하기까지는 온통 물이 샐 것이라 그 부품을 사려는 겁니다. 그 필수 서비스를 받기까지는 중대한 다음 프로젝트를 시작할 수가 없어 그 서비스를 구매하려는 겁니다.

무능이 너무나 만연해 있어 우리는 무능을 의식하지 못하게 됐습니다. 무능에 너무 익숙해져서 그렇습니다. 가장 단순하고 일상적인 평범한 경험을 예로 들어봅시다. 가까운 영화관에 전화해서 어떤 영화를 상영 중인지를 알아봅니다. 맨 먼저 일어날 일은 잘 알아들을 수 없는 말로 녹음해 놓은 메시지를 듣는 것입니다. 그다음에는 이 메시지가 우리에게 영화관 위치를 알려 주는데, 우리는 그 때문에 전화한 것이 아닙니다. 더구나 그런 말은 정보 끝부분에 있어야지 첫 부분에 있으면 안 됩니다. 메시지는 이어서 그날 상영 중인 영화들을 빠르게 알려 줍니다. 전혀 들어 본 적 없는 영화라면 영화 제목을 완전히 놓칩니다. 게다가 쓸데없이 영화가 몇 관에서 상영 중인지 알려 주는데, 이 또한 전혀 관심 없는 내용입니다.

이제 이런 식으로 지연되어 90초가 흘렀고, 우리는 여전히 어떤 영화를 상영하는지, 언제 상영하는지를 모릅니다. 마침내 메시지가 녹음 내용 끝에 이르러 우리로서는 전혀 관심 없는 아동용 낮 시간 영화 안내를 마친 뒤에야 비로소 성인용 저녁 시간 영화를 안내합니다. 이것이 우리가 맨 처음부터 알고 싶어 한 정보입니다. 매우 세심하게도 영화 제목이 반복되지 않게 해 놓았으니 제목을 놓쳤다면 너무나 안된 일입니다. 제목 철자를 알려 주는 것은 기대도 할 수 없습니다. 대개 영화의 연령 제한 등급은 알려 주지만 "이 영화는 로맨틱 코미디입니다."라거나 "살인 미스터리물입니다."라며 영화의 내용이나 장르를 알려 주지는 않습니다. 무슨 이유에선지 영화관 주인은 우리가 영화광이라 영화 일에 대해 모르는 게 없고, 상영 중인 영화의 제목과 배우도

꿰고 있다고 짐작합니다. 이어서 녹음테이프가 끝납니다.

이 정보의 어느 부분도 우리가 애초에 원한 것이 아닙니다. 다른 전화번호도 없습니다. 설사 있더라도 그 번호로 전화를 받을 사람이 아무도 없습니다. 영화가 끝나는 시간은 메시지에 전혀 나오지 않습니다. 그래서 가족을 영화관에 내려 주고 회의에 참석하러 갔다가 다시 태우러 가고 싶지만, 영화가 끝나는 시간을 알 수가 없습니다. 우리는 그냥 어림짐작으로 한 시간 반에서 두 시간 사이에 끝날 것이라고 짐작합니다.

저녁 시간에 가까워질수록 어느 영화관이든 전화 연결이 점점 더 힘들어집니다. 통화 중 신호음을 듣게 되는 것이 일상입니다. 녹음 메시지 들려줄 회선 하나를 더 놓을 돈이 없는 모양입니다. 이런 영화관에 두어 번 전화 연결을 시도한 뒤에 우리는 이런 젠장 하고는 다른 영화관에 전화합니다. 저는 자동 응답기를 기증하고 싶은 생각이 자주 들었습니다. 영화관까지 가려면 몇 킬로미터를 이동해야 하는 마당에, 고작 몇 만 원이면 되는 것을 기증하면 전화할 때마다 통화 중 신호음을 들으며 지체하지 않을 수 있고, 대체 무슨 영화를 상영 중인지도 알 수 있을 테니 말입니다.

게다가 제가 살던 곳에서는 저녁 시간의 첫 상영이 대부분 밤 9시 20분에서 30분 사이 정도에 끝났습니다. 인근 식당들은 모두 9시에 문을 닫았습니다. 영화 관중들이 영화관을 나설 때면 디저트나 커피, 저녁 식사를 즐기러 가거나 친구들과 놀기 위해 갈 곳이 하나도 없었습니다.

어렸을 때 위스콘신주의 작은 동네에 있는 캠프에 가곤 했습니다. 그곳에서는 토요일마다 저녁 7시에 영화 한 편을 상영했습니다. 상영은 그 한 번뿐이었고 그것으로 그 주 상영은 끝이었습니다. 영화 시작 전에 짧은 광고가 나와 "영화가 끝나면 존슨즈 드럭스토어에서 음료수를 즐기세요."라고 했습니다. 존슨즈 드럭스토어는 가게 규모가 엄청났습니다. 제 기억이 맞다면 사실상 영화 관객 전체가 그리로 옮겨 갔습니다. 그곳에서는 그런 군중을 맞이할 준비가 안 되어 있고 종업원이 한 명뿐이라 모두 기다려야 한다는 변명 따위는 하지 않았습니다. 영화가 끝나면 군중이 몰려올 것임을 알고 있었습니다. 그래서 토요일 밤이면 도우미를 더 두었습니다.

우리가 도착하면 이미 점원 네다섯 명이 아이스크림 주걱을 들고 우릴 기다리고 있었습니다. 모든 테이블에 냅킨과 수저가 놓여 있었습니다. 그들은 커피가 떨어졌다는 말 같은 것은 하지 않았습니다. 대신에 큰 커피포트에 갓 끓인 커피를 미리 준비해 놓아 우리가 식당에 들어갈 때면 좋은 냄새가 났습니다. 그리고 주인이 직접 나와 우릴 맞이하며 개인적으로 관계를 맺었습니다.

이렇게 단순하고 상식적이고 소박한 인간적 예의와 배려 덕분에 그곳은 그 같은 성공을 거두고 있었습니다. 우리는 토요일 밤에 존슨즈 드럭스토어에 가는 시간을 일주일 내내 손꼽아 기다렸습니다. 토요일에 갈 것임을 알고 있었기에 사고 싶은 물건을 전부 적어 놓았다가 존슨즈 드럭스토어에서 전부 샀습니다. 그 결과로 그곳은 막대한 매출을 올렸습니다.

주인은 영화 상영 전에 간단한 광고로 매장의 위치와 제공되는 서비스를 알리는 것 말고는 존슨즈 드럭스토어를 광고하는 데 전혀 돈을 들이지 않았습니다. 그러나 그의 매장에 들어서는 순간 우리는 영원한 고객이 되었습니다. 사람들은 알아보고 알아주는 것에 굶주려 있고, 평범한 인간적 예의로 대해 주는 것에 굶주려 있습니다. 인간적 사업을 비인간화하면 치명적인 타격을 받습니다.

책임감을 입증한 고객들, 특히 장기간에 걸쳐 입증한 고객들은 특별한 배려를 받아야 합니다. 사실 그런 고객들은 특별한 배려를 받고 있다는 통지를 받아야 합니다. 38년 6개월 동안 바로바로 요금을 낸 데 대해 어떤 보상이 있어야 합니다! 수돗물, 전기, 가스 등을 공급하는 회사들이 인간미 없는 것을 보면 이 원칙이 필요함을 알 수 있습니다. 전화 회사 고객이 된 지가 90일이 되었든 50년이 되었든 아무 차이가 없습니다. 납부 기한이 지나고 60일이 되면 컴퓨터 자동 출력물을 보내 전화가 끊길 것이라고 알려 줍니다. 얼핏 보기에도 이런 일은 말도 안 되지 않을까요?

10년간 요금을 바로바로 납부한 모든 고객은 분명 특별 범주 A에 속합니다. 20년이 되면 특별 범주 B에 속해야 합니다. 30년이 되면 특별 범주 C에 속해야 합니다. 즉 컴퓨터가 이런 고객들을 특별 범주로 분류해야 합니다. 그런 다음 연체가 생기면 개별 고객의 대리인에게 일을 넘겨 대리인이 고객에게 물어봅니다. 물어보면 고객이 심장마비가 일으켰거나 이혼을 했거나 이달 요금을 내려고 고액 수표를 예치했는데 부도 처리가 된 사정이 있을 수 있습니다. 그러면 고객 대리인이 고객에게 특혜를 제공하고 고객이 계속해서 기쁘고 행복하고 만족할 수 있도록 고객을 위해 뭔가 방안을 생각해 냅니다.

이렇게 한다면 겉보기에도 분명 고객이 배려를 받은 것이며, 충분히 받을 만한 것을 받은 것입니다. 고객이 받을 만하지 않은 것을 제공하는 것이 아닙니다.

이제 다음의 중요한 주제로 넘어갑시다. 별도로 한 장을 할애할 만한 주제입니다.

11장

정상

SUCCESS is FOR YOU

정상에 도달해 그곳에 머무는 일은 몇 가지만 깨닫고 나면 자동으로 이루어집니다. 여러 번 이야기했듯이 성공하는 데는 힘이 들지 않습니다. 성공은 코르크 마개가 물에서 떠오르는 현상과 똑같은 이치로 벌어지는 일입니다. 너무나 많은 사람들이 성공하려고 애쓰다 탈진하는 모습을 지켜보다 보면, 물속에서 허우적거리기만 하고 맨 위로 올라가는 방법은 그냥 떠 있는 것임을 모르는 사람들을 보는 듯합니다. 물에 뜨는 것은 '저 위'에 있습니다. 어떤 원칙들을 일상 활동에서 자동으로 지키기에 이르면 그런 원칙으로 인해 성공이 보장된다는 것은 사실입니다. 우리가 하는 활동이 아니라 그 활동이 비롯하는 원칙으로 인해 성공이 보장됩니다.

이 사실로 인해 지극히 중요한 인식 능력이 생기기도 합니다. 중요한 것과 중요하지 않은 것, 중요한 사람과 중요하지 않은 사람의 차이를 알아봅니다. 여기서 '중요한'은 '일이 되게 하는'을 의미하지 도의적, 사회적으로 중요하거나 중요한 지위에 있음을 의미하지 않습니다. 이 인식 능력이 중요한 것은 성공하는 데 결정적인 역할을 하기 때문입니다. 어떤 원칙이 24시간 내내 우릴 위해 끊임없이 작동하는 상태, 이 상태가 성공을 가져옵니다. 우리가 의식적으로 원칙을 밝히지 않을 때조차 그렇습니다.

이 말을 완전히 이해하려면 '비선형 동역학'이라는 고등 이론 물리학을 조금 이해할 필요가 있습니다. 어떤 관점에서 보면 비선형 동역학은 우뇌를 이해하려는 좌뇌의 시도입니다. 좌뇌는 논리적, 순차적으로 작동합니다. 좌뇌는 상징, 숫자, 언어, 개념을 통해 작동합니다. 즉 정의되어 있고, 라벨이 붙어 있고, 그렇기에 한계가 있는 것들을 통해 작동합니다. 우뇌는 쪼개지지 않은 완전체, 대강의 생각, 일반론, 또는 배타적이지 않고 포괄적인 것을 대상으로 작동한다는 말로 대체적으로 가장 잘 묘사됩니다.

따라서 좌뇌는 디지털 컴퓨터, 우뇌는 아날로그 컴퓨터에 비유하는 것이 가장 적절합니다. 아날로그 컴퓨터는 사물들이 서로 어떻게 닮았는지를 알려 주는 데 반해 디지털 컴퓨터는 사물들이 서로 어떻게 다른지를 알려 줍니다. 이 두 컴퓨터 중 하나는 다른 것 없이 작동하지 못합니다. 예컨대 어떤 것을 다른 것과 사리에 맞게 비교하려면 비교 자체가 타당하도록 그 둘이 같은 부류여야 하며, 이 부류 내에서 우리가 평가할 것들을 설명하는 일부터 해야 합니다.

비선형 동역학의 과학을 '카오스 이론'이라고 부릅니다. 카오스 이론을 한 문장으로 말하면 어떤 논리성도 없어 보이는 현상을 이해하려는 노력이자 무질서하게 보이는 현상 속에서 숨은 질서를 발견하려는 노력이라고 할 수 있습니다. 혼란스러워 보이는 현상에 숨어 있는 질서는 어떤 것일까요? 최근까지도 매일의 날씨 변화에는 제어 패턴이 숨어 있지 않다고 생각되었습니다. 그러나 컴퓨터 그래픽을 통한 비선형 동역학적 분석에 의해 기존 생각과는 반대로 날씨 변화에는 조직화 원칙organizing principle이 숨어 있다는 사실이 밝혀졌습니다. 무질서하고 혼란스러워 보이는 현상에 숨어 있는 원칙을 진보된 컴퓨터 분석법으로 연구하면 분석 결과로 그래픽 디자인 패턴이 나오는데, 이 패턴을 '끌개attractor'라고 부릅니다. 이 책의 목적을 위해서는 끌개란 안에 숨어 있는 패턴으로서 아무런 의미도 양식도 없는 상태나 혼돈 상태로 보이는 것이라고 정의할 수 있습니다.

우주를 이해하면 우연한 일은 아무것도 없음을 깨닫게 됩니다.

만물은 단 하나도 예외 없이 다른 만물과 관련되어 있습니다. 이렇게 생각되지 않는다면, 그것은 그런 관련이 어떤 것인지 보일 만큼 충분히 큰 시각으로 보고 있지 못하기 때문입니다. 예를 들어 헛간에 먼지가 자욱한 것을 혼돈 상태 패턴이라고 생각할 수도 있습니다. 그러나 먼지 입자들이 형성하는 패턴을 비선형 동역학으로 분석하면 공기 흐름, 바람, 온도, 분자, 원자, 끌어당기는 힘, 밀어내는 힘에 기초한 완전하고 전체적인 숨은 조직이 존재한다는 사실이 드러날 것입니다. 숨어 있는 전체적 조직화 패턴을 기술하려면, 컴퓨터를 써서 그래픽 디자인으로 된 눈에 보이는 세계에 그 패턴을 보여 줘야 하는데, 이 디자인은 흔히 많은 곡선과 직선으로 구성되어 있어 좌뇌적이고 선형적이고 논리적이고 순차적인 언어로는 묘사할 수 없습니다.

이 현상을 잘 연구한 사례에서는 물방울 같은 단순한 것을 가지고 현상을 보여 줍니다. 수학적 분석에 따르면 물방울이 형성되는 과정은 예측할 수 있는 것입니다. 그 과정은 물이 나오는 구멍, 물이 지닌 표면 장력, 온도 및 기타 변수에 바탕을 두고 있습니다. 그러나 스포이트 끝에서 차례로 물방울들이 형성되어 떨어질 때, 그중 특정 방울이 형성되어 떨어지는 정확한 순간은 수학적으로 예측할 수 없습니다. 여러 조건은 계속 동일하지만 방울들은 예측할 수 없는 속도로 형성됩니다. 알려진 요인들을 모두 포함해 수학적으로 분석하더라도 다음 방울이 형성되는 순간을 완전히 정확하게 말할 수는 없습니다. 예를 들어 마지막 1000 방울이 10분의 1초 간격으로 떨어졌고 모든 조건이 계속 똑같다 해도, 다음 방울이 10분의 1초 뒤에 떨어진다는 보장은 전혀 없습니다. 사실 놀랍게도 다음 방울은 갑자기 100분의 1초 뒤에 떨어질 수 있습니다. 이 현상은 벌어질 만한 타당한 이유가 전혀 없는데도 거듭 벌어집니다. 삶이 벌어지는 방식과 거의 흡사하지 않습니까?

삶에서는 뜻밖의 일, 예측할 수 없는 일, 예상 밖의 일이 벌어집니다. 그렇죠? 그렇기 때문에 이 세상에서 살아남은 교활한 늙은 여우라면 결코 사냥을 단념하지 않습니다. 물방울이 예측할 수 없게 떨어지는 것은 온 우주가 연관되기 때문입니다. 어떤 사람들은 자기 인생관에 따라 이런 예측 불가능성을 기적이라 부를 것입니다. 뜻밖의 일, 뜻밖의 기쁨, 좋은 운, 운수 좋은 일. 이 모두는 사람들이 이 현상을 설명하기 위해 만든 말입니다. 원시인들은 우주로부터 이 현상을 이끌어 내기 위한 술책으로 신들에게 개입을 청하는 제례를 올리고 제물을 바쳤습니다. 이 현상은 불가능이 가능으로 바뀌는 시작점입니다. 이 현상은 좌뇌에 생소한 것들이 힘차게 작동에 들어가는 바로 그 지점일 뿐만 아니라, 사실상 결과 전체를 결정하는 지점이기도 합니다.

작동 중인 다른 요인들에 비해 1000분의 1밖에 안 될 것 같은 작디작은 요인이 차이를 가져오는 바로 그 요인인 것은, 이 아주 작은 부분이 결정적인 균형점에 집중되어 있기 때문입니다. 끌개가 나타내는 컴퓨터 그래픽 패턴은 웅덩이로 흘러드는 물줄기 속의 소용돌이 흐름에 비유할 수 있습니다. 웅덩이로 들어가는 물줄기의 표면에 땀띠약 가루를 뿌리면 소용돌이치는 패턴이 보입니다. 또한 물이 흘러드는 연못에 갈대를 하나 띄우면 이 갈대가 떠 있는 것만으로 땀띠약 가루가 그리는 패턴이 바뀝니다. 우리가 보기에 갈대는 '아무 일도 하지 않고' 있습니다. 사실 갈대가 하는 일은 그냥 '그 자리에 있는' 것뿐입니다. 우주 안에서 벌어지는 모든 사건들 속에는 포착 가능한 패턴과 조직화 원칙이 존재한다는 사실이 진보된 연구에 의해 입증되었습니다. 사실 조직화 원칙이 존재하지 않는다면 우주는 전혀 존재할 수도 없을 것입니다.

마지막으로 알아 둘 필요가 있는 사실은 하나 이상의 끌개가 장場에 영향을 미치고 있을 수 있다는 점입니다. 이를테면 한 끌개가 다른 끌개들 안에 있으면서 이 끌개의 파워가 다른 끌개들이 보여 주는 패턴을 제어하고, 다른 끌개들은 눈에 보이는 세계 속에서 작용하는 모든 요인을 제어합니다. 다시 말해 끌개들이 곧 조직화 원칙이며 끌개들은 그 파워의 수준이 서로 다릅니다. 이제 우리는 영향력 있는powerful 사람들의 성공 비결 하나를 얻었습니다. 즉 그들은 매우 고귀하고 영향력 있는 원칙에 완전히 전적으로 정렬하고 헌신함으로써 삶 전체가 자동으로 힘들이지 않고 조직화됩니다. 우리는 이제 마하트마 간디가 어떻게 대영제국을 이겼는지를 이해할 수 있습니다. 아주 단순합니다.

　마하트마 간디는 그가 생각하고 행동하고 느끼고 표현한 모든 것이 무한한 파워가 있는 보편적 원칙에 의해 전적으로 활성화되고 조직화되었습니다. 이에 비해 대영제국은 자국의 정치적 목적에만 이익이 되는 제한된 원칙에 바탕하고 있었습니다. 이에 따라 대영제국의 끌개는 마하트마 간디를 활성화하고 있는 끌개에 제압당했습니다. 우리가 역사에서 목격한 일은 더 강력한powerful 끌개의 파워에 순응할 수밖에 없는 덜 강력한 끌개가 밖으로 나타난 것에 지나지 않습니다.

　우리는 이제 사랑과 같은 원칙 속에 그토록 큰 파워가 있는 이유를 이해할 수 있습니다. 경험으로 알고 있다시피 우리는 사랑 때문에 사리로 따지자면 말도 안 되는 일을 할 수도 있고 위험을 감수할 수도 있습니다. 알다시피 예컨대 용서 한 번으로 30년에 걸친 전쟁을 끝낼 수도 있습니다. 군사력을 총동원하고 재력을 총동원해도 해낼 수 없었던 일입니다.

　알다시피 개인 간의 앙갚음 문제에서도 마찬가지입니다. 어떤 일로 누군가를 평생 미워합니다. 매우 잔인하고 부당한 일이었다고 늘 여겨 왔습니다. 그러던 어느 날 밖에서 정원을 가꾸다가 당시에 그 사람이 그렇게 할 수밖에 없었던 것이 슬프다는 생각이 문득 듭니다. 그는 어떤 두려움 때문에 그럴 수밖에 없었습니다. 이해에서 비롯한 연민으로 인해 돌연 강력한 끌개가 형성됩니다. 이럴 때 우리는 가슴에 동기를 부여하는 끌개가 좌뇌의 지적 능력에 동기를 부여하는 끌개보다 훨씬 강력하다는 사실을 발견합니다.

해결할 수 없는 일이 한순간에 즉시 해결됩니다. 용서할 수 없는 일이 용서될 뿐만 아니라 애초에 용서할 일은 아무것도 없었고, 그 사람이 인간적 속성을 지닌 것만이 죄였음을 알게 됩니다. 자신의 인간적 속성을 인정하기만 하면 다른 사람들의 인간적 속성을 용서하는 것은 간단한 일입니다. 이렇게 할수록 힘도 덜 들게 됩니다. 극복할 장애를 많이 만들어 내지 않기 때문입니다.

지금까지의 이야기가 주제에서 벗어난 것 같았겠지만 이제 이야기의 목적이 매우 명확해집니다. 그 목적은 설명하기 힘들어 보이는 것을 명확히 설명하고, 추상적이고 이해할 수 없어 보이는 것을 이해할 수 있게 만드는 것입니다. 우리는 지금 절대적 실상absolute reality에 대해 이야기하고 있습니다. 우리는 지금 궁극의 실용주의에 대해 이야기하고 있습니다. 우리는 지금 엄청나게 성공한 사람들의 자동적 실용주의와 현실성에 대해 이야기하고 있습니다. 그들이 자동으로 정상에 모여드는 것은 그들의 의식을 지배하는 끌개에 의해 그곳으로 끌어당겨지고 있기 때문입니다.

의식이란 에너지의 장이라고 할 수 있습니다. 이 장이 원래는 아무 패턴도 없는 우리의 마음을 활성화하고 우리의 자유 의지를 활성화합니다. 우리에게 선택의 자유가 있다는 것은 혼돈으로 보이는 것을 조직화할 패턴을 결정할 수 있다는 것입니다. 이 패턴이 소용돌이치는 쓸모없는 먼지구름이나 마구잡이로 번지는 수백만 가지 생각처럼 보일 만한 것을 조직화합니다. 우리는 이런 생각들이 마구잡이로 일어난다고 믿었습니다. 하지만 이제는 이런 생각들이 확고한 원칙에 의해 조직화되는 것임을 압니다. 이런 조직화에는 어떤 끌개들이 작용합니다. 이 점을 자각하게 되면 호기심이 생깁니다. 우리 마음을 통해 이 모든 미친 생각들을 움직이는 끌개 패턴은 어떤 것일까? 또는 우리가 좋아하고 존경하는 어떤 이의 성공을 설명해 주는 끌개 패턴은 어떤 것일까?

창조성과 창조 자체의 메커니즘은 무한한 에너지가 지닌 무한한 가능성에 바탕합니다. 형체는 없지만 잠재력은 무한한 에너지입니다. 이 에너지에서 일련의 끌개들이 생겨나는데, 그 패턴은 파워가 가장 강력한 것이 먼저 생겨나고 그보다 덜 강력한 것이 잇따르는 내림순입니다. 이 패턴들이 그 영향력의 장 내에서 벌어지는 모든 것을 통제합니다. 어떤 것도 이 패턴들을 벗어날 수 없습니다.

이런 해석을 중력에 비유할 수도 있습니다. 고등학교 물리 수업에서도 측정해 볼 수 있듯이, 다른 무거운 물체와 나란히 실에 매달려 있는 무거운 물체 하나의 중력은 지구의 중력장에 의해서만 발생하고 옆 물체가 지닌 중력장의 영향은 무시할 정도입니다. 화성이나 달에서 똑같은 실험을 하면 다른 결과가 나옵니다. 이처럼 덜 강력한 중력장은 지구 자체의 더 강력한 중력장에 지배됩니다.

이때 지구의 중력장은 분명 지구와 태양 사이의 중력 관계를 반영합니다. 이 지구와 태양 사이의 중력장은 다시 태양계 전체의 중력장에 좌우됩니다. 태양계의 중력장 자체도 우주의 중력장에 전적으로 좌우됩니다. 우리가 듣기로 이 우주는 수많은 우주 가운데 하나일 뿐이고 실제로는 무한한 수의 우주가 존재합니다. 우리 우주는 그저 더 큰 중력장을 반영할 뿐이고, 이 더 큰 중력장이 순차적으로 더 강력한 중력 패턴을 통해 무한한 수의 우주를 지배합니다.

우리 모두를 지배하는 하나의 끌개 패턴은 분명 생명 자체의 끌개 패턴입니다. 우주에서 어떤 것도 중력의 영향에서 벗어날 수 없듯이 우리가 활동의 바탕으로 삼는 원칙들도 생명 자체의 끌개 패턴과 일치하거나 일치하지 않습니다. 생명에 힘이 되는 것에 지배적 끌개 패턴들이 정렬되어 있을 때, 이 지배적 패턴들과 정렬하면 파워가 나옵니다.

이상의 논의는 맥락을 모르면 추상적으로 보일 수도 있습니다. 하지만 이 논의에서 얻어지는 어떤 매우 실용적인 잣대*를 쓰면 우리 삶에서 무슨 일이 벌어지고 있는지를 '측정'할 수 있습니다. 삶이란 위에서 설명한 끌개 패턴들의 상호 작용을 경험하는 일입니다. 이 끌개 패턴들이 우리가 경험하는 감각과 감정의 세계에 나타납니다.

중요한 것을 알아보는 능력

이제 앞에서 설명한 이해의 틀에 기반해 끌개 패턴 몇을 살펴봅시다. 그러면 지금까지 '철학적'인 논의로 여긴 것이 실은 매우 현실적이고 실용적인 것임을 더 잘 이해하게 될 것입니다. 예를 들어 매우 단순하고 평범해 보이는 개념 내지 원칙인 '친절하고 우호적인 마음가짐friendliness'을 봅시다.

다른 사람들을 친절하고 우호적인 마음가짐으로 대하고 그들의 기분까지 배려하는 것을 삶에서 가장 중요한 원칙의 일부로 여기는 사람은 삶이 어떨까요? 비판적인 관점에서 보면 그런 사람은 남에게 너무 쉽게 동조하거나 서구식 사고방식으로 보기에 충분히 적극적이지 못한 점이 약점이라고 할 수 있습니다. 그러나 이 사람이 내면에서 느끼는 삶은 어떤 것일까요? 이런 사람은

---

* 『의식 혁명』 참조

어떤 세상에서 살고 있을까요? 관찰해 보면 이들이 성공적이고 힘들이지 않는 삶을 살고 있음을 알게 될 것입니다.

친절하고 우호적이면 사람들이 도움을 주고 앞길이 곤란하지 않게 해 줍니다. 친절하고 우호적이면 친구를 많이 얻습니다. 친구가 많으면 적절한 사람들에게 자동으로 연결됩니다. 이런 좋은 것들이 우리 삶에 반드시 주어지도록 사람들이 친절하고 우호적인 마음가짐으로 따뜻하게 배려합니다. 친절하고 우호적인 사람들을 이용해 먹는 일이 때로 있는 것은 사실입니다. 그럼에도 불구하고 친절하고 우호적인 사람들은 우리 가슴속에 따뜻함이 자리 잡게 합니다. 그리고 그들에 대해 우리가 느끼는 의무감이 커져 그것이 조만간에 어떤 긍정적인 방식으로 현실에 나타납니다.

바샤스 슈퍼마켓에서 본 그 놀랄 만한 상패가 생각납니다. 해마다 가장 친절하고 우호적인 종업원에게 주는 상 말입니다. 상상해 보세요. 잡아먹지 않으면 잡아먹힌다고 생각하는 세상에서, 제가 아는 가장 성공적인 벤처 기업 가운데 한 곳에서는 가장 친절하고 우호적인 종업원 선정을 고귀한 조직화 원칙으로 삼고 있었습니다. 정말 놀랍지 않습니까? 이는 고객과 친구가 되기를 지향하는 기업이 있다는 이야기입니다. 바샤스가 고객 충성도를 걱정할 필요가 있을까요? 거의 없습니다. 어떤 사람은 다른 식품점에서 쇼핑할 수도 있겠지만 사람들은 가장 마음 편한 곳으로 다시 이끌려 오게 마련입니다.

우리는 어디가 가장 집처럼 마음이 편할까요? 우리는 어디에 있고 싶어 할까요? 우리가 어느 장소에서 다른 사람들과 만나길 좋아한다면 그곳이 우리에게 집처럼 마음이 편한 곳입니다. 집은 친절하고 우호적인 어떤 것입니다. 우리가 계속 같은 상업 시설에 다시 가는 것은 친근함으로 인해 그곳을 집처럼 마음 편하게 느끼기 때문입니다. 친근함은 친절하고 우호적인 분위기 속에서 빠르게 형성됩니다. 그래서 아주 성공적인 매장이 되려면 입구에 접객원을 둡니다.

성공은 사실 물에 뜬 갈대가 되는 일입니다. 삶에서 상호작용이 이루어지는 패턴을 관찰해 보면 우리가 할 일은 어떤 원칙에 자리 잡고 머무는 것뿐입니다. 그러면 소용돌이와 흐름이 우리 주위에 형성됩니다. 소용돌이와 흐름과 힘이 자동으로 힘들이지 않고 우리 주위를 맴돕니다. 우리는 어떤 일도 할 필요가 없습니다. 근무 시간이 끝날 때면 지치고 탈진한다는 것이 말이 되는 일일까요? 너무나 말이 안 됩니다. 갈대가 물줄기의 흐름을 바꾸는 일 때문에 하루가 끝날 때면 탈진할까요? 오히려 갈대는 물줄기를 구성하는 요소들에서 영양분을 공급받습니다. 성공적으로 살고 있는지 알 수 있는 방법 중 하나는 하루가 지나며 에너지가 증가하는지 보는 것입니다. 하고 있는 일에 너무 심취하기 때문에 하루가 끝날 때면 거의 억지로 일을 멈춰야 합니다. "시간이 너무 빨리 지나갔어. 벌써 5시일 리가 없어. 하루가 어디로 사라진 거야?"라고 말합니다. 바쁘고 성공적인 삶을 사는 사람은 달력 페이지 넘어가는 줄을 모릅니다. 긴 세월도 힘들일 일 없이 짧게 지나간 것처럼 느껴집니다. 성공적인 사람은 따분함이 뭔지 알 지도 못합니다.

  이런 원칙을 사업에 적용하면, 하루하루 사업에 종사하며 우리 가 주목해야 할 중요한 사람이나 중요한 일을 어느 정도 알아볼 수 있는 입장에 서게 됩니다. 대다수 소유주나 사업가, 경영자들 은 중요한 것과 중요하지 않은 것을 구별하지 못합니다. 특히 중 요한 사람과 중요하지 않은 사람을 판별할 수 없어 평판에만 의 존합니다. 그래서 대개는 기만당합니다. 다양한 경험이 부족해 순진한 사람은 유명인 지위가 있거나 까다롭게 구는 사람을 중 요한 사람으로 혼동하기 때문입니다. 중요하지 않은 사람을 중 요하게 간주하는 일이 자주 일어나는 것은 그런 사람이 유명인 이라는 점에 속거나 까다롭게 구는 것에 속거나 밖으로 번쩍이 는 성공의 표시들, 즉 기다란 리무진, 다이아몬드, 유명 디자이너 가 만든 옷, 사회적 지위, 사는 동네, 직함 같은 인습적이고 세속 적인 상징에 속기 때문입니다.

  정말로 성공적인 사람을 한 번도 만나 보지 못한 이들을 위해 그런 사람을 묘사해 봅시다. 우리 자신이 성공적인 사람이 아닌 한 그런 사람을 우연히 마주쳐도 알아보지 못할 공산이 큽니다.

그런 사람은 우리 삶에서 어디에든 있습니다. 단지 누가 그런 사람인지 우리가 알아보지 못할 뿐입니다.

이 장에서 지금까지 설명한 원칙들을 이해할 때 확실해지는 것은 엄청나게 성공한 사람들은 무엇보다도 느긋하다고 묘사될 수 있다는 점입니다. 그들은 힘들이지 않고 허세 없이 일합니다. 까다롭지 않고, 잘난 체하지 않고, 대개 조용합니다. 그들은 적절한 차림새가 아닐 수도 있고 좀 낡아 빠진 차를 몰 수도 있으니 그런 것에 속으면 안 됩니다. 일반적으로 그들은 완전히 보잘것없는 사람처럼 보입니다. 직관력이 있다면 그들이 완벽한 확신이 있는 내면 상태, 그런 확신이 있기에 자신을 전적으로 신뢰하는 태평한 내면 상태에 바탕하고 있음을 알 것입니다. 이 책에서 설명한 원칙들 일부를 이미 이해하고 있어야 비로소 가능한 확신입니다. 이 세상에서 단연 최고로 성공적인 사람들은 (솔직히 그다지 많지는 않지만) 어떤 원칙이 작용하고 있는지를 완전하게 자각하고 의식합니다. 그래서 어떤 결과가 세상에 벌어질지 알고 있습니다. 그러니 그에 대해 무슨 걱정을 하겠습니까?

그들은 매우 창조적인 사람들입니다. 그들은 우주의 법칙이 어떠하다고 굳이 서술하지 않고 그저 법칙을 관찰하는 것을 통해 결과를 알기 때문에 눈덩이를 언덕 아래로 출발시키기만 하면 자동으로 탄력을 얻어 더 큰 눈덩이가 됩니다. 그러니 무슨 문제가 있겠습니까? 앞에서 이야기했듯이 성공은 즉각적입니다. 새로운 끌개 패턴이 창조되는 순간에 번득이는 어떤 앎이 세상에 어떤 결과가 벌어질지를 우리에게 자동으로 알려 줍니다. 크게 성공하는 사람들은 이 패턴에 영향받을 수밖에 없는 결정적 요점을 포착하는 능력이 있습니다.

한 예로 어려움에 처해 쓰러져 가던 어느 회사가 생각납니다. 첫 통화로 저는 이 회사에 어떤 문제가 있고 그에 대해 어떻게 해야 할지를 이미 정확하게 알았습니다. 회사 이름이 완전히 잘못되어 있었습니다. 그런 이름으로 세상에서 성공할 수 있는 방법은 전혀 없었습니다. 이름이 모든 면에서 빠짐없이 잘못되어 있었습니다. 이 이름을 듣는 것만으로도 사람들이 떠올릴 수 있는 무의식적 연상은 불쾌한 것이었습니다. 저는 이 회사에 대해 아무것도 몰랐지만, 그들이 맹렬히 일하고도 아무 성과도 보지 못할 것이라고 예견했습니다. 고객들이 마치 전염병 피하듯이 그들을 피했을 것이었습니다.

조사해 보니 이는 사실로 드러났습니다. 제품 자체는 고급이었고 필요한 것이었고 사방에서 팔릴 만한 것이었는데도 불구하고 그랬습니다. 필요한 일은 이름을 바꾸는 것뿐이었습니다. 저는 전화로 8초면 그들에게 이 이야기를 할 수도 있었습니다. 그러면 그들이 믿었을까요? 그렇지 않았습니다. 그런 일이 가능함을 그들이 알아차리고 있었다면 애초에 제게 전화하지 않았을 것이었습니다. 그래서 저는 그들과 함께 복잡한 과정을 거치며 제가 마치 좌뇌를 써서 어떤 방법으로 분석하고 있는 척했습니다. 그들의 의식이 받아들일 만한 방법이었습니다. 그러고 나서 제가 이름 변경이라는 중대한 최종 판단을 덜컥 내놓았던 것으로 기억합니다.

이 사례는 사실 상황 전체가 재미있었습니다. 이 사람들이 여전히 좀 의심하고 있음을 알 수 있었습니다. 그래서 그들을 설득하기 위해 그 문제를 제 컴퓨터에 있는 고등 수학 공식에 넣어 돌려 봤다고 했습니다. 그러자 비로소 그들이 받아들였습니다.(그 컴퓨터가 제 우뇌라는 이야기는 하지 않았습니다.) 그들은 이제 제 조언이 그들의 좌뇌에 받아들여질 수 있는 논리 패턴에서 나온 것이라고 확신했습니다. 그 결과로 그들은 변화를 도입했습니다. 저는 변화의 결과가 어땠을지 굳이 확인해 볼 필요가 없었습니다. 너무 뻔한 일이었습니다.

어떤 상징이나 음절, 알파벳 배열 속에는 특별한 끌개 에너지 패턴이 있습니다. 이런 것이 무의식 세계에 불러일으킬 수 있는 연상에 의해 성공이 자동으로 이루어집니다. 사실 지난 세월 동안 저는 자동으로 성공을 가져올 이름을 몇 개 지었습니다. 이 이름을 어떤 제품에 붙일지는 누구나 결정할 수 있습니다. 콘플레이크에서 좀약, 골프공 세척기에 이르기까지 뭐든 팔아 줄 만한 이름이니까요.

성공의 비결은 코르크 마개가 되는 것, 갈대가 되는 것, 자체

탄력으로 회전하는 팽이가 되는 것에 있습니다. 끌개 패턴은 탄력momentum을 창출합니다. 이 탄력이 우리로 하여금 보통 사람이라면 정신이 아찔해질 만한 일과를 힘들이지 않고 헤쳐 나가게 해 줍니다. 그래서 다들 저녁 시간이나 밤늦게 일을 마칠 때 우리는 그보다 많은 일을 정오까지 마칩니다.

　우리는 도시에 불을 밝히기 위해 모든 건물을 돌며 건물별로 스위치를 누르거나, 모든 구역을 돌며 구역별로 스위치를 누르거나, 모든 변전소를 돌며 변전소별로 스위치를 누를 수 있습니다. 이것이 일부 사람들이 삶을 사는 방식입니다. 아니면 우리는 도시의 주 스위치를 누를 수도 있습니다. 그러면 모든 것이 동시에 밝아집니다. 이렇게 하는 데 에너지가 더 들지는 않습니다. 사실 하나씩 스위치를 누를 때 들어가는 에너지의 100분의 1을 한 번만 들이면 도시 전체가 동시에 밝아집니다. 이는 힘이 들지 않고 기분 좋은 일입니다. 손으로 스위치를 눌러 도시 전체가 동시에 밝아지는 것을 보는 재미를 상상해 보세요. 우리가 할 일은 이런 식이어야 마땅합니다. 도시 구역마다 스위치를 누르며 밤새 돌아다녀야 마땅한 것이 아닙니다. 그런 방식은 그만두겠다고 결정하세요.

이제 우리는 앞 이야기로 돌아가 엄청나게 성공한 진짜 중요한 사람들은 어떻게 보이며 왜 그렇게 보이는지 이해할 준비가 되었습니다. 앞서 이야기했듯이 금 만들어 내는 공식을 갖고 있기만 하면 더 이상 금이 든 자루를 어깨에 걸머지고 다니지 않아도 됩니다. 성공의 자동 열쇠를 갖고 있으니까요. 특정 분야에 성공을 보여 줄지 안 보여 줄지는 우리의 변덕에 달린 일에 불과합니다. 아무것도 증명할 필요가 없습니다. 따라서 다이아몬드로 치장할 필요가 없습니다. 롤렉스 시계를 가질 필요가 없습니다. 신형 캐딜락 차를 가질 필요가 없습니다. 유명 디자이너가 만든 옷을 가질 필요가 없습니다. 2000달러짜리 양복을 가질 필요가 없습니다.

그런 것을 가져선 안 된다는 말이 아닙니다. 우리는 그런 것을 누리면서도 전적으로 다른 데 바탕할 수 있습니다. 다이아몬드로 치장했지만 단지 그것이 아름답게 여겨지는 할머니 유품이었기 때문에 그랬을 수도 있습니다. 아니면 친구가 준 선물이었을 수도 있습니다. 본인의 미적 기호에 딱 들어맞았을 수도 있습니다. 차이점은 이렇습니다. 진정으로 성공한 사람들은 그 어떤 성공의 상징을 상실한다 해도 대개들 비교적 무관심합니다. 상실감은 흔히 감상적 가치 때문에 생기거나 미적인 면에서 그 무엇으로도 대체할 수 없다는 사실 때문에 생깁니다.

진정으로 성공한 사람들이 알고 있는 사실 한 가지는 이렇습니다. *어떤 것이 비롯하는 곳, 그곳에는 더 많은 것이 있다는 것*입니다. 진정으로 성공한 사람들은 어떤 것이 비롯하는 곳에서는 한계가 없고 다함이 없음을 알고 있습니다. 이 때문에 다소 천진해 보일 수도 있습니다. 소유물을 지켜야 하고 소유욕을 잃지 말아야 한다는 편집증이 세상에 만연해 있지만, 그들은 그런 편집증에 지배되지 않는 듯합니다. 그래서 상대적으로 부주의하게 보일 수도 있습니다. 그들이 인상적으로 보이지 않는 것은 누구에게도 인상을 줄 필요를 못 느끼기 때문입니다. 때로 그들은 딴데 정신 팔린 교수 모습을 하고 있습니다.

저는 제가 '알베르트 아인슈타인 모습'이라고 칭한 모습을 한 사람이 제 사업장에 들어오는 것을 보면 즉시 그 사람에게 주목하곤 했습니다. 까다롭거나, 젠체하거나, 고압적이고 거만하거나, 냉담한 느낌이 있는 태도로 들어오는 사람들은 문제가 많을 것이 뻔했습니다. 그렇지만 그들은 대다수 사업장 주인들이 중요하다고 여길 사람들입니다. 흔히 이런 사람들은 제가 모든 사업에서 버릴 필요가 있다고 생각하는 5퍼센트에 들어갑니다. 95퍼센트의 문제들을 일으키는 5퍼센트의 사람들은 그런 모습일 때가 아주 많습니다.

저는 엄청나게 성공한 사람들 가까이에서 성장할 기회가 있었습니다. 그때 그런 부류의 여자들은 치장을 잘 안 해 거의 볼품없어 보일 때가 많다는 점을 알게 되었습니다. 대개 그들은 잘 맞춘 옷을 사서 평생 입었습니다. 오래된 차를 몰고 교회에 가는 일도 아주 흔했습니다. 이런 것이 제가 개인적으로 알고 지낸 세상에서 가장 부유한 사람들 가운데 일부가 보여 준 특징이었습니다. 그들은 눈에 잘 안 띄고, 비교적 까다롭지 않으며, 평범한 차를 몰았습니다. 그들은 성공의 상징들을 아껴 두었다가 상황 자체가 그런 것을 필요로 하는 적절한 때에만 내보였습니다.

예를 들어 국가적인 공식 방문은 그 자체가 기다란 리무진을 필요로 하는 상황입니다. 이는 그 사람이 아니라 상황 자체가 필요로 하는 것입니다. 따라서 일주일 내내 몰고 다닌 10년 된 저가 자동차를 타고 국가적 행사에 참석하는 것은 부적절한 일이 될 것입니다. 차이점은 이렇습니다. 그들에게 그런 상징은 꼭 필요한 것이 아니라 여흥 거리나 사교상 인사치레, 바른 처신을 위한 세부 사항, 편리한 것에 지나지 않습니다. 허세 부릴 필요는 전혀 느끼지 않습니다. 자기 정력에 자신이 있고 확신이 있는 남자는 모든 여자에게 수작을 걸 필요를 느끼지 않는 것과 같습니다.

자신이 강력한 끌개 패턴과 정렬되어 있어 결과를 걱정하지 않아도 된다는 점을 스스로 완벽하게 알고 있으면 자신감이 우러나옵니다. 겉모습에 신경 쓰는 것은 그러는 것이 적절하고 현실성 있으며 타인에게 친절하기 위해 필요한 상황일 때뿐입니다.

제가 알고 지내 온 세상에서 가장 부유한 사람들 가운데는, 부를 내보이려고 과시하는 것은 다른 이들에게 부러움, 불편함, 적대감, 시기심을 불러일으키기에 꼴사나운 일이라고 여기는 이들이 많았습니다. 그들이 비싼 물건을 찬탄한다면 그 물건 본유의 가치 때문이지 그것이 지위의 상징으로 가치 있어서가 아닙니다. 진정으로 성공한 사람들은 지위의 상징물들이 다른 사람들에게 어떤 의미가 있는지는 알지만, 그런 상징물에 휘둘리지 않으며 그런 문제에 있어 상당히 천진합니다. 그들에게 잡지에 나오는 '유행하는 것'과 '유행 지난 것'의 비교 목록은 우스갯소리일 뿐입니다. 그들은 늘 '유행하는 것'이었고 앞으로도 늘 '유행하는 것'입니다.

솔직히 우리가 어떤 파티에 참석할 때 낡은 구두를 신지 않는 유일한 이유는, 비싼 신발을 신지 않으면 다른 사람들이 우리가 자기들을 예우하지 않는다고 느끼고 기분 상해할 것이라는 데 있습니다. 이와는 반대로 평소에는 물론이고 정원 가꿀 때조차 비싼 신발을 신을 수도 있습니다. 그 가죽의 유연함과 부드러움을 사랑하고 그 신발을 만든 솜씨의 아름다움을 사랑하기 때문입니다.

예를 들어 요즘의 핸드백들을 보면 어떤 것들은 볼썽사납기이를 데 없음을 알 수 있습니다. 사람들이 그런 것을 사는 유일한 이유는, 가방에 유명 디자이너의 이름이 붙어 있으니 자신이 그것을 사려고 많은 돈을 썼다는 사실을 다들 알아줄 것이라는 데 있습니다. 가방 본연의 모습은 정말 끔찍합니다. 짧은 치마 길이가 모든 여성에게 어울리지는 않는 것과 같습니다. 원한다면 얼굴에 더러운 자국을 묻힌 채 온종일 돌아다닐 수도 있습니다. 하지만 그러면 그 자신에게 어떤 문제가 생기지 않을까요? 흉한 모습까지 보여 주지 않아도 삶은 충분히 힘든 것이고, 세상은 우리가 우리의 불리한 점까지 광고하기를 바라지 않습니다. 음치라면 교회에서 큰 소리로 노래하기보다는 작은 소리로 조용히 흥얼거리는 것이 아마도 현명할 것입니다. 죄책감이 들거나 수치스럽거나 쑥스럽기 때문이 아니라 오직 그 공간과 행사의 아름다움을 존중하기 때문에 그렇게 하는 것입니다. 상황에 부적절한 것에 반대하는 주된 논거는 이렇습니다. 그런 것이 애정과 배려가 없고, 사려 깊지 못하고, 아름답지 못하고, 품위가 없기 때문입니다.

진정으로 성공한, 확실하게 정상에 있는 사람들의 마지막 특징은 그 전체적인 품위입니다. 그들의 꾸밈없고 소박하거나 세련되지 못한 행동마저 대체로 품위가 있는 상황 속에서 이루어집니다. 그들은 마치 서투름이 오히려 가장 품위 있을 때를 무의식적으로 아는 듯합니다. 그 순수한 서투름이 다른 사람들을 편하게 해 줍니다.

앞으로는 살면서 이런 경우를 종종 되돌아볼 수 있으면 어떨까요? 갑자기 뭔가 잊은 척하거나 허둥거리는 척했는데, 그 유일한 의도가 다른 사람을 편하게 해 주려는 데 있었던 겁니다. 이런 의도는 우리가 바탕하기에 좋은 터전입니다. 타인을 이렇게 배려하면 자동으로 품위가 따라옵니다. 이런 배려가 있으면 떠오르는 코르크 마개가 됩니다. 이런 배려가 없으면 가라앉는 낚싯봉이 됩니다.

12장

쉽게 성공하는
사람은

SUCCESS is FOR YOU

성공은 우리의 어떤 소유물도 아니고 우리의 어떤 활동도 아닙니다. 성공은 우리가 어떤 존재인지에 따른 자동적 결과입니다. 따라서 성공을 찾을 장소는 우리 내면이지 우리 외부에 있는 세상이 아닙니다. 내면에 있는 ABC로 인해 외부에 A→B→C가 이루어진다는 것, 여기에 우리가 성공하기 힘든 까닭이 있습니다. 모두가 자기 외부에서 성공을 찾으며 세상을 조종하려고 애쓸 뿐 어디서 찾아야 할지를 모르기에 힘든 것입니다. 우리의 삶과 우리가 성취하는 바는, 우리가 내면에서 진정으로 어떤 존재인지에 따른 결과일 뿐입니다. 이 사실 덕분에 우리가 할 일이 수월해집니다.

물에 뜬 갈대의 비유로 돌아가 봅시다. 땀띠약 가루를 물에 뿌려 보면 물줄기가 흐르는 경로에 갈대를 띄우는 것만으로 가루가 그리는 패턴이 완전히 바뀐다는 점을 알 수 있습니다. 마찬가지로 배를 몰 때 그 방향을 나침반 상으로 1도만 바꿔도, 며칠 항해한 뒤에는 그렇게 경로를 살짝 바꾸지 않았다면 도달했을 곳에서 수백 킬로미터 떨어진 곳에 도달하게 됩니다. 이렇듯 내면의 마음가짐을 살짝 바꾸면 우리 삶에 엄청난 결과가 따라올 수 있습니다.

실패에서 성공으로, 또는 성공에서 대성공으로, 또는 대성공에서 엄청난 성공으로 전환하는 일을 수월하게 해 주는 것은 내면에서 마음가짐을 아주 살짝만 바꿔도 작동에 들어가는 자동 되먹임 메커니즘입니다. 여기서 되먹임feedback 메커니즘이란 우리가 지닌 에너지가 재충전되는 현상을 말합니다. 이럴 때 우리는 노력한 만큼 보답을 받게 되어 전체 과정이 즐거워지고 기분 좋은 새로운 발견이 잇따라 펼쳐집니다. 자신이 성장하고 번성하는 모습을 지켜보는 즐거움도 깨닫습니다. 이런 과정에는 몇 가지 사항을 이해하고 간단히 몇 단계를 거치는 일도 포함됩니다.

우리가 완전하게 이해해 두어야 할 첫 번째 중요 사항은 이것입니다. *남의 내면에서 어떤 점을 강화하면 나의 내면에서도 똑같은 점을 강화한다는 것.* 임상에서 관찰되는 이 요인은 대단한 영향을 미칩니다. 이 사실에서 도출되는 명백한 결론은 타인의 긍정적인 점을 끊임없이 지원하는 것을 원칙으로 삼아야 한다는 것입니다. 우리는 의도 없이 우연히 나온 말처럼 누구누구는 부정적이고 누구누구는 긍정적이라고 말합니다. 이런 말은 우연히 나온 것이 전혀 아닙니다. 이런 말은 '남의 내면에서 어떤 점을 강화하면 나의 내면에서도 똑같은 점을 강화한다.'는 임상에서 관찰되는 사실을 쉽게 관찰할 수 있는 실례입니다. 사람들이 대화하는 것을 잘 들어 봅시다. 어떤 사람들은 남의 삶이나 세상일에 대해 온갖 부정적 사실을 묘사하며 험담하는 일에 참여합니다. 이들은 자신이 자기 내면에서 똑같은 점을 강화하고 있음을 깨닫지 못합니다.

저는 아주 어렸을 때 사람들이 모두 성자 같다고 얘기하는 할머니가 한 분 있었습니다. 할머니가 이렇게 말씀하셨던 것이 생각납니다. "누구에 대해서든 좋은 얘기 할 게 없다면, 차라리 아무 얘기도 하지 말아라." 저는 오랫동안 이 말씀에 대해 골똘히 생각했습니다. 그리고 다년간 정신 치료에 종사해 임상 경험이 풍부해지고 치료 과정에서 이 원칙에 따른 결과를 수차례 목격한 뒤에야 비로소 할머니가 말씀하신 의미를 이해했습니다.

우리는 험담하는 친구들을 진심으로 신뢰합니까? 신뢰하지 않습니다. 우리는 그런 친구들에게 우리의 가장 큰 비밀을 털어놓지 않습니다. 식사 자리를 뜨자마자 대화 주제가 우리에 관한 것으로 바뀔 것임을 알기 때문입니다. 따라서 성공의 기본 원칙 중 하나는 신뢰할 수 있는 사람이 되어 사람들이 우리와 우리의 진실성을 신뢰할 수 있도록 하는 것입니다. 사람들은 우리가 자기들의 비밀을 지켜 주고 평판을 보호해 줄지를 알고 싶어 합니다. 사람들이 얻는 평판을 옹호함으로써 우리는 사실 우리가 얻는 평판을 옹호합니다.

할머니 말씀 덕분이었든 뭔지 모를 다른 이유 덕분이었든 간에 저는 타인이 성공하는 데 힘이 되어 주고 그들이 안녕과 행복을 얻는 데 이바지하면 즐겁다는 사실을 일찍이 어린 시절에 발견했습니다. 이렇게 하면 어느덧 그것은 삶에서 즐거움과 만족을 얻는 가장 큰 원천 가운데 하나가 됩니다.

이로부터 다음 원칙이 나옵니다. *아무리 자잘한 일이라도 되도록 타인의 성공에 힘이 되어 준다는 것.* 이는 타인의 성공을 알아보고 알아주는 것을 의미합니다. 그렇게 하면 그들의 내면에서만 아니라 우리 내면에서도 성공이 강화되기 쉽습니다. 사람을 조종하기 위한 아첨을 말하는 것이 아닙니다. 우리가 만나는 모든 사람이 지닌 긍정적 특징을 진심으로 알아주는 것을 말합니다. 여기에는 가게 점원이나 식당 종업원, 다른 사업가들, 가족과 친구들, 손님이나 안면 있는 사람들, 하루 중에 잠시만 함께하는 사람들이 다 포함됩니다. 긍정적인 면을 지각함으로써 삶을 체험하는 다른 영역으로 나아가는 것은 큰 가치가 있는 훈련이자 학습입니다.

그렇게 함으로써 우리는 또한 '얻음'의 마음가짐 대신 '줌'의 마음가짐으로 옮겨 갑니다. 주위의 모든 사람은 우리가 주려는 사람인지 얻으려는 사람인지 알아차립니다. 이들은 다양한 마음가짐에 대해 무의식적으로 매우 다르게 반응합니다. 우리는 어떤 사람이 우리에게서 뭔가를 '얻어' 낼 작정이라는 것을 의식적이거나 무의식적인 수준에서 알아차립니다. 그리고 그에 대해 경계하고 조심하고 저항합니다. 하찮은 짐승들도 이런 것을 감지할 수 있다면 훨씬 더 진화된 존재인 인간들 또한 감지할 수 있다고 확신할 수 있습니다.

주려는 마음가짐 갖기에 저항하는 사람들이 많습니다. 주는 것이 곧 잃는 것이라고 보기 때문입니다. 이들은 되먹임 메커니즘을 이해하지 못합니다. 그래서 주는 것보다 항상 더 많이 돌려받는다는 사실을 알게 될 만큼 오랫동안 시도해 보지를 않습니다. 성공은 자동으로 스스로를 증폭하는 경향이 있습니다. 성공은 눈덩이와 같습니다. 일단 구르기 시작하면 힘들이지 않고 비탈 아래로 구르면서 탄력을 얻고 크기가 커집니다. 우리가 다른 사람들로 하여금 좋은 기분을 느끼게 할 때마다 그들은 감사를 느끼며 우리에 대한 긍정적인 마음가짐이 커지고, 그로 인해 우리 삶의 본성이 완전히 바뀝니다.

어떤 사람들은 마법으로 보호받는 듯한 삶을 산다는 말이 있습니다. 타인에게 마법과 같은 매력이 있도록 수고를 마다하지 않았기에 그렇게 사는 것인 줄 모르고 나온 말입니다. 그런 매력은 내면의 마음가짐에서 나옵니다. 기회주의적이거나 사람을 조종하거나 이득을 노리는 매력이 아닙니다. 그 사람의 본성을 정말로 반영하는 매력입니다.

이런 자질을 이해하려면 타인에게 결코 '선심' 쓰지 마세요. 어째서일까요? 선심 쓴다는 것은 사실 조종하는 것이기 때문입니다. 보답으로 무언가를 기대하고 흥정하는 것이기 때문입니다. 어떤 사람을 위해 뭔가 해 주었으니 그 사람은 내게 되갚을 의무가 있다고 느낀다면, 완전히 요점을 놓친 것입니다. 준다는 것은 보답을 *전혀 기대하지 않음*을 의미합니다.

이 마지막 말은 결정적으로 중요합니다. 우리는 사람들이 다른 이에게서 뭔가를 구매하려는 이유가 사실은 그가 자기에게 신세 지도록 조종하려는 데 있는 경우를 쉽게 관찰할 수 있습니다. "내가 당신을 위해 이렇게 했습니다. 그러니 이제 당신은 나를 위해 저렇게 해야 합니다."라는 것입니다. 이렇게 조종하고 주고받고 흥정하려는 입장은 흔히 "그를 위해 그리도 애썼건만……" 이라며 울분을 토하기에 이르고 맙니다. 이런 입장은 자기 연민이나 울분에 빠집니다. 그리고 실패로 이어질 운명에 처합니다.

우리가 진심으로 누군가를 위해 어떤 일을 할 때는 어떤 형태로도 보답을 기대하지 않고 그렇게 합니다. 알아주거나 알아보는 것조차 바라지 않습니다. 다른 인간을 보살피는 마음에서 그렇게 합니다. 삶 자체의 질에 이바지하는 일이기 때문입니다. 여기에 깊은 이해를 통해서만 발견할 수 있는 비밀이 있습니다. 즉 *우리가 생명에 힘이 되어 주면 생명은 보답으로 우리에게 힘이 되어 줍니다.* 네, 이 말은 철학적으로 들립니다. 그러나 이 뻔해 보이는 말의 의미를 알려면 몸소 관찰하고 체험해야 합니다.

그 의미를 자각하게 해 주는 간단한 실습, 진정한 성공에 관심 있는 사람이라면 누구든 매일 할 수 있는 간단한 실습이 있습니다. *차나 사람으로 붐비는 곳에서 항상 타인이 앞에 끼어들 수 있게 해 주기.* 미친 소리처럼 들립니다. 그렇지 않습니까? 이 실습 속에는 우리로 하여금 성공적인 사람이 되게 해 주는 알아채기 어렵고 비밀스러운 파워가 있습니다. 이 기법대로 실습하면서 결국 발견하게 되는 것은 진정으로 정중한 사람이 되는 즐거움입니다. 정중함이란 어떤 것일까요? 정중함은 타인의 삶과 그들의 행복에 힘이 되어 줌을 의미합니다. 우리는 타인을 막아서는 데서 얻는 단기적 만족에서 그들에게 힘이 되어 주는 데서 비롯하는 장기적이고 내적인 자각으로 전환합니다.

이렇게 실습한 결과로 어떤 일이 생길까요? 처음에는 힘들고 어색하게 느껴질 것입니다. 그렇지만 시간이 지남에 따라 미묘한 즐거움이 생깁니다. 부류가 다른 사람이 되어 가고 있다는 사실이 계속 느껴지는 데서 오는 즐거움입니다. 이로 인해 만족은 순식간에 스쳐 가지만 즐거움은 장기적이고 영속적이라는 점을 자각합니다.

또한 자기 자신을 더 사랑하게 됩니다. 이 사랑은 자기도취증이나 자만심이나 자기중심성이 아닙니다. 정확히 말하자면, 그것은 완전히 다른 생활 원칙에 정렬하는 쪽으로 자신이 바뀌고 있다는 자각입니다. 앞에 끼어들 수 있게 해 주는 것은 자애로워지는 것입니다. 자애롭다는 것은 자신을 위해 갖고 있는 것이 충분하고 남아돌아서 다른 사람들에게 줄 것이 있음을 의미합니다.

물론 우리 자신이 붐비는 곳에서 끼어드는 그 사람일 수도 있습니다. 충분히 그럴 수 있습니다. 그렇죠? 누구든 무례하게 가속 페달을 밟을 수 있습니다. 하나도 어려울 것이 없습니다. 그러나 이것이 바로 저속한 사람이 실패에 이르는 길입니다. 그런 사람은 '나는 이득 보고 너는 손해 본다.'는 수준에서 움직이기 때문입니다. 앞에서 말했듯이 우리는 우리가 세상에서 어떤 것에 힘을 보태면 바로 그것을 우리의 삶에 가져옵니다. 그러니 '나는 이득 보고 너는 손해 본다.'에 힘을 보태는 것은 곧 '손해 본다.'에 힘을 보태는 것입니다. 그렇죠? 붐비는 곳에서 앞에 끼어들 수 있게 해 주면 도량이 넓어지는 것이 느껴집니다. 다른 사람들이 고맙다고 손 흔드는 것이 보입니다. 서로 감사하며 윈윈win-win하는 삶이 됩니다. 감사와 윈윈을 원칙으로 삼고 그에 바탕해 삶을 살기 때문입니다.

쉽지만 우리의 내적 본성 전체에 걸쳐 깊은 영향을 줄 다음 실습은 이렇습니다. *야생 새들에게 먹이 주기.* 그렇습니다. 말 그대로 단순한 실습입니다. 새들이 먹을 수 있는 먹을거리가 있는지 잊지 않고 챙깁니다. 아파트에서 살더라도 말입니다. 창턱에 놓거나 유리창에 부착할 수 있는 새 모이통이 있습니다. 공원에는 새들이 모이는 장소가 있습니다. 어떤 방법으로든 주변에 사는 야생 동물을 지원할 길을 꼭 찾습니다. 사는 곳이 대도시 중심부라도 말입니다. 나아가 우리는 우리가 소유하거나 관리하는 땅과 건물에서 야생 동물 살해를 금지해야 합니다. 먹이로 유인해 가두는 덫을 쓰는 한이 있더라도 죽이지는 못하게 해야 합니다.

다음 실습은 이렇습니다. *사무실이나 집이나 정원에서 항상 뭔가를 기르기.* 토마토도 좋고 분재나 작은 선인장도 좋습니다. 뭐든 기호에 맞는 것이면 됩니다. 다만 개인적으로 책임지고자 하는 것이라야 합니다. 그 책임이 그저 창가 화단에 심은 제라늄 꽃에 물 주는 일이라도 말입니다.

이상의 모든 이야기를 종합해 보면 성공적인 사람이 되는 과정은 세심하고, 관찰력 있고, 잘 알아차릴 수 있는 사람이 되는 과정임이 확실합니다. 잘 알아차리게 되는 과정, 우리 자신의 실제 시야를 넓히는 과정에서, 대다수 사람들이 성공적이지 못한 것은 그들이 말 그대로 보지를 못하기 때문이라는 사실을 관찰하게 될 것입니다.

우리는 모두 어느 가게에 들어갔다가 확연한 결함들이 눈에 많이 띄었던 경험이 있습니다. 그럴 때면 의아해집니다. 어떻게 이들은 이리도 무딜까? 어떻게 이들은 그런 직원을 고용해 이런 저런 매출 기회를 다 놓칠까? 어떻게 이들은 벽은 페인트칠이 필요하고 바닥도 더러운 이 식당에서 사람들이 식사하리라고 기대할까? 어떻게 이들은 앉을 의자도 없으면서 우리가 자기들 가게 앞에서 줄을 서 기다릴 것이라고 기대할까? 어떻게 이들은 문 여는 시간을 알 수 있도록 영업시간을 써 붙여 놓는 수고도 하지 않으면서 우리가 자기들 가게를 애용하리라고 기대할까? 어떻게 이들은 가게 밖에 주소도 붙여 놓지 않고 우리가 자기들 위치를 찾아내리라고 기대할까?

이런 것은 모두 관찰할 수만 있으면 해결될 일들이 아닐까요? 그런데도 주인들은 도무지 보지를 못합니다.

이 장에서 말한 실습을 하면 우리는 점차 눈을 떠서 전에는 해결이 불가능해 보였던 많은 딜레마를 풀 해결책을 알 수 있게 됩니다. 모든 문제를 풀 수 있는 해결책이 이미 존재하고 있음을 알게 됩니다. 세상이 직면하고 있는 모든 문제를 풀 해법은 이미 존재하고 있으면서 사람들이 인지하기만을 기다리고 있습니다.

여러 해 전에 저는 미국에서 아마도 가장 배타적인 비공개 클럽 가운데 하나인 곳에서 회원 후보가 되었습니다. 너무나 배타적이어서 언론과 대중은 그 존재를 전혀 알지도 못하는 곳이었습니다. 이사회는 나라에서 가장 성공적이고 영향력 있는 사람들 몇 명으로 구성되어 있었고, 회원이 되려면 추천자와 함께 돌아다니며 이사회의 모든 구성원을 만나 개인적으로 면접을 치러야 했습니다. 이는 뉴욕시에서 온종일을 보내며, 월스트리트의 금융가들, 은행장들, 신문 머리기사에는 전혀 이름이 나오지 않지만 세상을 움직이는 진정한 유력자들을 만나러, 그들의 명망 높은 사옥 한 곳에서 다른 곳으로 이동하는 일을 의미했습니다.

면접 하나를 치르고 다음 장소로 갈 때마다 저는 점점 더 느긋해졌습니다. 그 모든 이들이 단 한 명의 예외도 없이 동일한 자질을 보여 줬습니다. 즉 그들은 모두 상냥하고, 자애롭고, 친절하고 우호적이고, 놀랄 만큼 대화하기가 쉬웠습니다. 한 사람 한 사람이 저를 편안하게 해 주려고 무진 애를 썼습니다. 그러지 않았으면 어색했을 상황에서 말입니다. 한 사람 한 사람이 저보다 백 배 이상 부유한 이들이었지만 모두가 저를 완전히 동등하게 대했습니다. 그날 저는 J. P. 모건 신탁에서 E. F. 허튼사를 거쳐 씨티은행, 록펠러 재단 등을 돌며 하루가 점점 더 즐거워졌습니다.

저는 그날 밤 집으로 돌아오며 추천자에게 저도 모르게 "그러니까 말이죠, 오늘은 제 평생에서 손꼽을 정도로 즐거운 날이었습니다. 놀랍네요."라고 했습니다. 모든 면접관들은 새 회원이 이 사회에서 면밀한 조사를 받으며 불편하게 여길 수 있음을 아주 잘 알고 있었고, 그래서 불안을 느낄 만한 경우가 생기지 않도록 모두가 애를 썼습니다. 이렇게 그들은 성공에 동반되기 마련인 능력, 즉 상대방의 입장이 되어 그에 대한 연민으로 적절한 행동을 취할 줄 아는 능력을 보여 줬습니다. 성공은 자기 자신을 기분 좋게 느끼고 그 좋은 기분을 다른 사람들과 공유하는 일입니다. 그 결과로 다른 사람들도 그들 자신을 기분 좋게 느낍니다.

어떤 사람들은 "난 수줍음을 많이 타고 남의 시선을 의식하고 내성적이라 그러그러한 일을 못한다."고 말합니다. 이런 경우를 살펴보면 단지 자기 자신을 기분 좋게 느끼지 못하는 데서 그런 특성이 생겨남을 알 수 있습니다. 앞서 말한 실습들은 사람들이 미묘하고도 수월한 과정을 통해 그런 특성을 극복하는 데 도움됩니다. 어색함을 무릅쓰거나 소통 능력을 개발하는 모임에 참여할 필요가 없습니다.

젊은 시절의 저보다 남의 시선을 의식하고 수줍음을 많이 타고 소심한 사람은 없을 것입니다. 저는 여러 사람 앞에서 말을 못했습니다. 파티를 매우 두려워했습니다. 여자에게 데이트 신청할 힘을 내려면 3주는 걸렸습니다. 그러나 제가 들인 습관, 즉 다른 사람들이 성공하도록 돕는 일을 즐기는 습관이 지렛대가 되어 그 모든 점이 바뀌기 시작했습니다.

「바바라 월터스 쇼」에 처음 출연했을 때가 생각납니다. 그녀와 인터뷰하는 동안 저는 예전에 간호 실습생 두 명에게 어떤 기법을 강의하려고 애썼던 일이 떠올랐습니다. 그때 저는 목소리가 기어드는 바람에 그 강의를 짧게 끝내야 했습니다. 계속할 수가 없었습니다. 그러나 월터스와 이야기하면서 느낀 즐거움의 원천은 제가 유명한 토크 쇼에 나왔다는 데 있지 않았습니다. 그 즐거움의 원천은 지금 대화를 할 수 있는 사람인 저 자신을 경험하는 데 있었습니다. 과거에 제가 어땠는지를 고려하면 말입니다. 저는 저의 두려움을 극복했습니다. 이 사실이 환희의 진짜 원천이었습니다. 월터스 또한 방송 중이 아닐 때도 지극히 상냥했는데, 이는 그 정도로 성공한 사람에게서 기대할 만한 면모였습니다.

성공할 수 있는 능력은 모든 사람의 내면에 있습니다. 우리는 누구나 다른 사람들이 그들 자신을 기분 좋게 느끼도록 할 수 있습니다. 그렇게 하는 가운데 우리는 우리 자신을 기분 좋게 느끼기 시작합니다. 이 좋은 기분은 전염되기 시작하면서 우리의 나침반을 갈수록 긍정적인 방향으로 바꿉니다. 이러한 방향 속에 있을 때 성공은 우리가 어떤 존재가 되었는지에 따른 자동적 부산물일 뿐입니다.

성공은 행복과 같습니다. '행복해지려고' 분투하는 것으로는 행복을 얻을 수 없음을 알게 되기 마련입니다. 행복은 어떤 태도로 삶을 살고, 어떤 태도로 자기 자신을 대하고, 어떤 자각을 얻는지에 따른 자동적 결과입니다.

성공의 가장 큰 비밀 하나는 성공을 위해 분투하는 것으로는 성공을 거둘 수 없다는 사실입니다. 행복과 마찬가지로 성공은 우리가 어떤 사람인지, 우리가 어떤 존재가 되었는지, 우리 내면의 마음가짐이 어떤지에 따른 자동적 결과입니다. 어떤 부류의 사람이 되기만 하면 성공은 너무나 자동적이어서 성공에 약간의 흥미도 못 느끼게 됩니다. 성공은 공기와 같습니다. 우리는 공기를 완전히 당연시합니다. 충분한 공기가 없을까 봐 걱정하는 일은 없지 않습니까? 공기량이 충분하다는 것은 기정사실입니다. 무조건 사실로 간주됩니다. '당연하지'에 해당합니다.

성공도 이와 똑같고, 그렇기에 성공은 이미 존재하고 있는 여러분의 것*입니다.

---

* 이 책의 원제(Success is for you)가 된 이 끝말에는 '성공은 당신 것'이라는 표면상 의미와 '성공은 공기처럼 이미 존재하고 있는 것'이라는 맥락상 의미가 있다.

SUCCESS is FOR YOU

감사의 말

우리가 『성공은 당신 것』을 만날 수 있게 된 것은 수잔 호킨스 여사가 남편 데이비드 호킨스 박사의 저작을 되도록 많은 이들에게 보급하고자 헌신한 덕분입니다. 호킨스 여사는 호킨스 박사가 일생 동안 저술하고 강의한 바를 관리하는 사람으로서 한결같이 헌신해 왔습니다. 이에 대해 깊이 감사드립니다.

월리 아놀드, 캐시 아놀드 부부가 이 책에 설명된 원칙들을 그들의 사업에 적용한 일과 월리 아놀드가 호킨스 박사와의 개인적 경험을 흔쾌히 공유한 데 대해 크게 감사드립니다. 토비 프랭크는 원고를 세심히 검토해 이 책의 완성에 큰 도움을 주었습니다. 그녀가 해 준 일은 정말로 유용했습니다. 호킨스 박사의 평생에 걸친 업적을 정리한 글과 도움되는 피드백을 제공한 데 대해 프랜 그레이스에게 감사드립니다.

패티 토우플이 준 도움에 대해서도 감사드립니다.

전기적 기록

데이비드 호킨스(1927~2012)는 공적으로는 의사, 저술가, 강연자의 삶을 살았고, 개인적으로는 궁수, 목수, 대장장이, 악기 연주자, 건축 디자이너로서 취미 활동을 했으며 동물 애호가였다.

제2차 세계대전 중 10대의 나이로 미 해군에서 복무했고, 1953년에 위스콘신 의과대학을 졸업했다. 젊은 의사 시절에는 불교에 끌려 미국에 처음 설립된 선원에 들어갔지만, 한편으로는 영면 전까지 세인트 앤드류 성공회의 일원이기도 했다.

의대 졸업 후 25년간 뉴욕시에서 정신과 의사로 재직하며 특히 조현병과 알코올 중독의 치료 등에서 중대한 돌파구를 열었다. 1956~1980년에 '북부 내쏘 정신건강센터'에서 의료 책임자, 1968~1979년에 '브런즈윅 병원'에서 연구 책임자로 재직하며 뉴욕시에서 가장 큰 진료소를 보유했다.

노벨 화학상 수상자 라이너스 폴링과 함께 『분자교정 정신의학』을 1973년에 집필, 정신의학의 새 분야를 개척했고 그로 인해 유명 TV 토크 쇼에 출연하기도 했다.

뉴욕과 롱아일랜드의 조현병 재단들, 롱아일랜드의 '마음가짐 치유 센터', '뉴욕 전인적 건강 센터 협회', '분자교정 정신의학 아카데미' 등의 공동 설립자거나 의료 고문이었다. 또한 '마스터즈 미술관'의 공동 책임자, '세도나 컨트리/웨스턴 댄스 클럽'의 초대 회장이었고 '해외 참전 용사회'와 '미국 재향 군인회'의 회원, 자선 단체 '세도나 엘크스 롯지'의 회원이었다.

인간의 고통 경감에 대한 기여를 기리는 '헉슬리상', 미국 의학 협회의 '의료인 공로상', 미국 정신의학 협회의 '저명한 평생회원의 재직 50주년' 표창, '분자교정 의학 명예의 전당' 헌액, 세계 인명사전 등재, 과학과 종교에서의 업적을 기리는 '템플턴상' 지명 등 과학적 업적과 인도적 기여로 많은 표창을 받았다.

애리조나주에서 인생의 마지막 30년을 보내며 여러 회복 센터에서 정신과 상담역을 맡았고, 가톨릭이나 개신교의 수도원, 불교 사원에서 정신의학 고문으로 봉사하기도 했다.

1983년에는 의식 연구에 전념하는 '영성 연구소'를 설립한 이후로는 과학과 영성의 연관성을 보여 주는 데 진력했으며, 옥스포드포럼, 웨스트민스터사원, 하버드대학교, 캘리포니아주립대 등에서 강연하기도 했다.

1995년에는 68세의 나이로 건강 및 봉사 분야에서 박사 학위 Ph. D를 받았고, 같은 해에 '의식의 지도'를 제시한 『의식 혁명』을 출간했다. 이 책은 25개 국어로 번역되어 100만 부 이상 판매되었으며, 테레사 수녀나 샘 월튼 같은 저명인사들로부터 찬사를 받았다.

1998년부터 2011년까지는 미국 도처와 서울을 비롯한 해외에서 의식의 과학과 진보된 영적 상태의 실상에 관해 강연했다. 그 결과 2002년 이후로 로스앤젤레스, 서울, 케이프타운, 멜버른에 이르는 세계의 수많은 지역에서 그의 저서를 공부하고 실천하는 스터디 그룹들이 자율적으로 생겨났다.

마지막 강연이 2011년 9월에 개최되었을 때는 세계 각지에서 1700명이 참석했다.

2012년 9월에 영면하기 직전까지도 강의 시리즈 녹화를 마쳤고 마지막 저서 『놓아 버림』을 마무리했다.

자전적 기록

이 책에서 전한 진실은 과학적으로 얻어 낸 결과를 객관적으로 정리한 것이긴 하지만, 모든 진실이 그렇듯 개인적으로 먼저 경험한 것입니다. 어린 나이에 시작되어 평생 동안 이어진 강렬한 자각 상태로부터, 주관적 깨달음의 과정이 우선 열정을 얻고 그런 다음에는 방향을 얻더니, 마침내는 이렇게 차례로 책을 써 내는 형태로 나타났습니다.

세 살 때 불현듯, 존재를 완전하게 의식했습니다. "나는 존재한다."의 의미를 비언어적으로 완전하게 이해했습니다. 곧이어 '나'가 아예 존재하게 되지 못할 수도 있었음을 깨닫고 겁에 질렸습니다. 의식이 없는 상태에서 의식이 있는 자각 상태로 한순간에 깨어난 것이었습니다. 그 순간에 개인적 자아가 탄생했고, '있다'와 '있지 않다'의 이원성을 주관적으로 자각했습니다.

어린 시절부터 사춘기 초기까지 존재의 역설과 자아의 참모습에 대해 내내 되풀이하여 관심이 갔습니다. 개인적 자아는 때로 더욱 큰 비개인적 큰나 속으로 미끄러져 들어갔고, 그러면 비존재에 대한 최초 공포, 즉 무에 대한 근본적 공포가 되살아나곤 했습니다.

1939년에 저는 위스콘신주의 시골에서 자전거로 27킬로미터 길을 돌던 신문 배달 소년이었습니다. 그러던 어느 컴컴한 겨울 밤에 집에서 멀리 떨어진 곳에서 영하 20도의 눈보라에 갇혀 버렸습니다. 자전거가 얼음판에서 구르자 사나운 바람에 신문이 핸들 바구니에서 날아가 얼음과 눈으로 덮인 들판으로 흩어졌습니다. 좌절하고 탈진해서 눈물이 났고, 옷은 얼어서 뻣뻣했습니다. 바람을 피하려고 높이 쌓인 눈 더미의 얼어붙은 표면을 뚫고 들어가 눈을 퍼내서 공간을 만들고, 그 속으로 기어 들어갔습니다. 덜덜 떨리던 것이 곧 가라앉고 너무나 기분 좋은 온기가 느껴지면서 이루 말할 수 없는 평화의 상태가 찾아왔습니다. 그와 더불어 빛이 퍼져 나가고 무한한 사랑이 존재했습니다. 그 사랑은 시작도 끝도 없었고 저 자신의 정수와도 구분이 되지 않았습니다. 모든 곳에 존재하는 이 광명 상태와 저의 자각 상태가 융합하면서 육체와 그 주변도 서서히 사라졌습니다. 마음이 입을 닫았습니다. 생각이 완전히 그쳤습니다. 시간과 묘사를 초월해 어떤 무한한 '현존presence'만이 있거나 있을 수 있었습니다.

그렇게 시간을 벗어난 상태가 있은 뒤에, 누군가 제 무릎을 흔들고 있음을 문득 알아차렸습니다. 얼굴에 걱정이 가득한 아버지가 보였습니다. 몸으로 돌아가거나 몸이 있으면 따르기 마련인 여러 가지 일로 돌아가는 것이 도무지 내키지는 않았지만, 아버지의 사랑과 애절함 때문에 '영'이 몸을 보살펴 다시 기동시켰습니다. 죽음을 겁내는 아버지에게 연민을 느끼는 동시에, 죽음이라는 개념이 우스꽝스러워 보이기도 했습니다.

이 주관적 경험에 대해 누구와도 상의하지 않았습니다. 어떤 맥락에 놓고 경험을 설명해야 하는데, 그럴 만한 맥락이 없었습니다. 성자의 삶을 전하는 이야기에 있는 것 외에는 영적 경험에 대해 들어 볼 일이 별로 없었습니다. 그러나 그 경험 이후로는 세상 현실이라 믿던 것이 그저 얼마 못 갈 것들로 보이기 시작했습니다. 종교의 전통적 가르침이 의미를 잃으면서 역설적으로 저는 불가지론자가 되었습니다. 모든 존재를 비추던 신성의 광명에 비교하면 전통 종교의 신은 그 빛이 흐릿하기 이를 데 없었고, 그렇게 하여 영성이 종교와 자리를 바꾸었습니다.

제2차 세계대전 중에는 바다에서 기뢰를 제거하는 소해정에서 위험한 임무를 수행하다 죽을 뻔한 적도 많았지만 아무런 공포가 없었습니다. 마치 죽음이란 것이 진짜로 있을 수가 없는 일인 듯했습니다. 전쟁이 끝난 뒤 마음의 복잡성에 매료된 저는 정신의학을 배우고자 고학으로 의대에 다녔습니다. 수련 과정을 지도한 정신 분석가는 컬럼비아대학교 교수로, 저와 같은 불가지론자였습니다. 그래서 둘 다 종교를 별로 좋게 보지 않았습니다. 분석 수련은 잘되었고, 직장 생활도 순조로웠고, 성공이 뒤따랐습니다.

그러나 저는 전문직 종사자로 안주하지 못했습니다. 어떤 치료로도 호전되지 않는 치명적 진행성 질환으로 고통받게 되었습니다. 38세도 안 돼 죽을 고비에 처해, 곧 숨을 거두게 될 것임을 알았습니다. 몸은 어떻게 되든 상관없었지만, 저의 영혼은 극심한 고통과 절망에 빠진 상태였습니다. 마지막 순간이 다가오자 이런 생각이 마음에 스쳤습니다. "신이 존재한다면 어떻게 될 수 있을까?" 그래서 저는 기도 속에서 이렇게 외쳤습니다. "신이 존재한다면 지금 도와주실 것을 청합니다." 어떤 신이 되었든, 존재할 수도 있는 그 신에 항복하고 저는 의식을 잃었습니다. 다시 깨어나자 너무나 엄청난 변화가 일어나 있어서, 경외감으로 말문이 막혔습니다.

이전까지의 저라는 사람은 더 이상 존재하지 않았습니다. 개인적 자아나 에고는 없고 힘이 무한정한 '무한한 현존'만 있어서, 존재하는 모든 것이 그것이었습니다. 이전까지 '나'였던 것은 이 '현존'으로 대체되었고, 육체와 그 움직임은 오로지 '현존'의 '무한한 의지'가 통제하는 것이었습니다. 무한히 아름답고 완벽하게 만물로 표출되는 '무한한 일체성'이 명료하게 세상을 비추었습니다.

삶이 계속되면서도 이 움직임 없는 상태가 지속되었습니다. 개인적 의지는 존재하지 않았습니다. 무한히 강력하면서도 섬세하고 온화한 '현존의 의지'가 인도하여 육체는 제 할 일을 바쁘게 해 나갔습니다. 그러한 상태에서는 아무것도 생각할 필요가 없었습니다. 모든 진실이 자명하게 드러나서 아무런 개념을 가질 필요가 없었고 가질 수도 없었습니다. 동시에 몸에서 신경계가 지극히 혹사당하는 느낌이었습니다. 마치 애초에 고안된 회로의 용량에 비해 훨씬 큰 에너지가 신경계에 흐르는 것 같았습니다.

세상에서 효과적으로 제 기능을 할 수가 없었습니다. 삶의 일상적 동기가 공포나 불안과 함께 모두 사라졌습니다. 모든 것이 완벽하기에 추구할 것이라고는 아무것도 없었습니다. 명성과 성공, 돈은 무의미했습니다. 친구들은 진료 업무에 실질적으로 복귀하라고 충고했지만, 그렇게 할 일상적 동기를 전혀 느끼지 못했습니다.

이제는 개인성 이면의 현실을 지각할 수 있는 능력이 있었습니다. 감정 질환은 *나의 개인성이 곧 나*라는 신념에서 생기는 것이었습니다. 이윽고 마치 저절로 그렇게 된 양 진료 업무가 재개되더니, 결국에는 일의 규모가 엄청나게 커졌습니다. 미국 전역에서 환자가 왔습니다. 2000명의 외래 환자를 보자니 50명이 넘는 심리 치료사와 기타 직원, 25개의 진료실, 연구실, 뇌파 실험실이 필요했습니다. 1년에 1000명씩 환자가 늘었습니다. 게다가 앞서 언급했듯이 라디오와 텔레비전에도 출연했습니다. 1973년에는 임상 연구 결과를 『분자교정 정신의학』이라는 책에 전통 양식을 빌어 기록했습니다. 이 책은 시대를 10년은 앞선 저작이어서 상당한 파장을 일으켰습니다.

신경계의 전반적 상태가 서서히 나아지더니 다른 현상이 시작되었습니다. 감미롭고 기분 좋은 에너지 가닥이 연달아 척추를 타고 올라가 뇌로 들어가면서 거기서 강렬하고 끊임없는 쾌감을 일으켰습니다. 만사가 동시 발생적으로 벌어져 완벽하고 조화롭게 전개되었습니다. 기적적인 일이 예사로 일어났습니다. 세상에서 기적이라 부르는 것의 근원은 '현존'이었고 개인적 자아가 아니었습니다. 개인적 '나'로 남아 있는 것은 그러한 현상의 목격자일 뿐이었습니다. 이전의 자아나 생각보다 깊고 더욱 큰 '나'가 벌어지는 모든 일을 결정했습니다.

이러한 상태가 존재한다는 것을 알린 사람들이 역사 속에 있었기에 영적 가르침을 조사하기에 이르렀습니다. 붓다, 깨달은 현자들, 황벽 선사, 또는 라마나 마하리시나 니사르가다타 마하라지와 같은 최근 스승들의 가르침을 살펴보았습니다. 그렇게 하여 위에 서술한 경험들이 유일무이한 것이 아님을 확인했습니다. 『바가바드기타』가 완벽하게 이해되었습니다. 때로는 스리 라마크리슈나나 기독교의 성인들이 전한 것과 똑같은 영적 황홀경에 들었습니다.

세상의 만물과 만인이 빛을 발하며 지극히 아름다웠습니다. 살아 있는 존재 전체가 '광명'을 내뿜게 되어, 움직임 없는 상태와 웅장한 아름다움 속에서 그 '광명'을 드러냈습니다. 인류는 모두 내면의 사랑에서 동기를 얻는 것이 사실이나 다만 자각하지 못하게 된 것이 분명했습니다. 대부분의 사람들이 마치, 잠이 안 깬 자신이 누구인지를 자각 못 하는 사람처럼 삶을 살아갑니다. 주변 사람들이 마치 잠들어 있는 듯이 보였고 믿기지 않을 만큼 아름다웠습니다. 모든 사람과 사랑에 빠진 듯했습니다.

아침과 저녁 식사 전에 한 시간씩 명상 수행을 하던 일상을 중단할 필요가 있었습니다. 명상을 하면 지복이 너무나 강해져 때로 삶에서 제 할 일을 할 수가 없었습니다. 어렸을 때 눈 더미 속에서 일어난 것과 비슷한 경험이 다시 일어나곤 했고, 그 상태를 벗어나 세상으로 되돌아오기가 갈수록 힘들어졌습니다. 만물이 그 완벽한 상태 속에서 믿기지 않을 만큼 아름답게 빛을 발했고, 세상에서 추하게 보는 곳에도 시간을 벗어난 아름다움만이 존재했습니다. 이 영적 사랑이 지각 전체로 번져 나가 이곳과 저곳 또는 그때와 지금 사이의 모든 경계선이 사라졌습니다. 분리가 사라졌습니다.

내면의 침묵 속에서 세월이 가는 동안 '현존'의 강도가 커졌습니다. 삶은 더 이상 개인적인 것이 아니었습니다. 개인적 의지는 더 이상 존재하지 않았습니다. 개인적 '나'는 '무한한 현존'의 매개체가 되어 '현존'이 의도한 대로 계속 바쁘게 움직였습니다. 사람들은 '현존'의 오라 속에서 범상치 않은 평화를 느꼈습니다. 영적 추구자들이 질문에 답해 줄 것을 청했지만, 데이비드와 같은 개인은 더 이상 존재하지 않았기에 그들은 사실 자신의 큰나로부터 솜씨 좋게 답을 얻어 내는 셈이었고, 그 큰나는 저의 큰나와 다른 것이 아니었습니다. 동일한 큰나가 각자에게서 눈을 통해 빛을 내비치었습니다.

상식적으로 이해가 안 되는 기적적인 일들이 일어났습니다. 육체적으로 오랫동안 시달린 수많은 고질병이 사라졌습니다. 시력이 저절로 정상 수준으로 돌아와, 평생 착용한 이중 초점 안경이 더 이상 필요 없어졌습니다.

가끔 강렬한 지복에 찬 에너지 내지 '무한한 사랑'이 어떤 재난 현장을 향해 갑자기 가슴에서 내뿜어지곤 했습니다. 한번은 고속도로에서 운전 중이었는데, 그 강렬한 에너지가 가슴에서 방출되기 시작했습니다. 차가 길이 굽은 곳을 지나자 자동차 사고가 일어난 곳이 나왔습니다. 뒤집힌 차에서 바퀴가 아직도 돌고 있었습니다. 에너지가 대단한 강도로 차에 타고 있던 사람들에게 흘러들더니 저 스스로 멈췄습니다. 또 한번은 어느 낯선 도시에서 거리를 걷고 있었는데, 에너지가 앞 블럭 쪽으로 흘러가더니 갱들이 막 싸우기 시작한 현장에 다다랐습니다. 그러자 싸움꾼들이 뒤로 물러나 웃음을 터트렸고, 에너지는 도로 멎었습니다.

희한한 상황에서 예고도 없이 지각이 심원한 변화를 일으켰습니다. 롱아일랜드섬의 로스먼 식당에서 혼자 식사하던 중에 갑자기 '현존'이 강렬해지더니 급기야 보통 때의 지각에는 분리되어 나타나던 만물과 만인이 시간을 벗어난 보편성과 일체성 속으로 녹아들었습니다. 그 움직이지 않는 '침묵' 속에서 '사건'이나 '사물'은 존재하지 않는 것이며 실제로는 아무 일도 '발생'하지 않는다는 점이 분명해졌습니다. 과거와 현재, 미래가 지각이 빚어낸 인공물이듯, 생사를 거듭하는 분리된 '나'라는 환상도 마찬가지이기 때문입니다. 제약받는 가짜 자아가 그 진짜 근원인 보편적 큰나에 녹아들자 모든 고통에서 벗어나 절대적 평화와 안도의 상태로 귀향했다는, 말로 표현할 수 없는 느낌이 들었습니다. 모든 고통의 유일한 근원은 개별성의 환상입니다. 나는 모든 것을 포함하는 우주이며 '존재하는 모든 것'과 끝없이 영원히 하나임을 깨달을 때, 더 이상의 고통은 있을 수 없습니다.

세상의 모든 나라에서 환자가 왔고, 일부는 더 이상 절망적일 수가 없는 최악의 상태였습니다. 많이 진행된 정신병과 불치의 심각한 정신 이상을 치료받을 수 있을까 싶어, 온몸을 비트는 기괴한 사람들이 이동을 위해 둘러싸 놓은 시트를 적시며 먼 곳의 병원에서 왔습니다. 일부는 긴장증으로 제대로 움직이지도 못했고, 수년간 말을 못 한 사람도 많았습니다. 그러나 환자들은 각기 그 불구가 된 모습의 이면에서 사랑과 아름다움의 정수가 빛나고 있었는데, 아마도 평범한 시각으로는 그 빛을 보기 어려워 그들은 세상에서 전혀 사랑받지 못하게 된 것이었습니다.

하루는 말을 못 하는 긴장증 환자가 구속복에 제압된 채 병원으로 이송되어 왔습니다. 심각한 신경 장애가 있어서 서 있지도 못했습니다. 여자는 바닥에서 꿈틀대다 경련을 일으키기 시작했고 눈도 돌아갔습니다. 머리칼은 떡이 져 엉겨 붙어 있었습니다.

옷도 죄다 찢었고, 귀에 거슬리는 소리로 웅얼거렸습니다. 여자는 집안이 상당히 부유했습니다. 덕분에 다년간 세계 도처에서 수없이 많은 의사와 유명한 전문가들에게 진찰도 받았습니다. 갖은 치료를 다 받아보았지만, 의료계에서는 가망 없는 것으로 보고 포기한 상태였습니다.

비언어적 질문이 짧게 떠올랐습니다. "신이시여, 이 여성에게 어떻게 하기를 바라십니까?" 그러자 여자는 사랑받을 필요가 있을 뿐이며 그것이면 된다는 점을 깨닫게 되었습니다. 여자 내면의 자아가 눈을 통해 빛났고, 큰나가 그 자애로운 정수와 연결되었습니다. 그 순간 여자는 자신이 진정 누구인지를 스스로 알아봄으로써 치유되었습니다. 마음이나 몸에 일어났던 일은 더 이상 여자에게 중요하지 않았습니다.

본질적으로 같은 일이 수없이 많은 환자들에게 일어났습니다. 통상적 기준으로 볼 때 일부는 회복했고 일부는 회복하지 못했지만, 임상적으로도 회복되었는지는 그 환자들에게 더 이상 중요한 것이 아니었습니다. 그들의 내면에서 분노가 그쳤습니다. 사랑받고 있음을 느끼고 내면에서 평화를 느꼈을 때 고통이 그쳤습니다. 이런 현상은, '현존의 연민'에 의해 각 환자의 현실이 새로운 맥락에 놓인 덕에 그들이 세상과 세상의 겉모습을 초월한 수준에서 치유를 경험했다는 말로만 설명할 수 있습니다. 내면에서 큰나가 주는 평화가 시간과 정체성을 초월해 우리를 에워싸고 있었습니다.

아픔과 괴로움은 오직 에고에서 생기며 신에게서 생기는 것이 아님이 분명했습니다. 이 진실이 환자의 마음에 말없이 전해졌습니다. 다년간 말이 없었던 또 다른 긴장증 환자의 경우도 그 점이 정신적 장애물이었습니다. 큰나가 남자에게 마음을 통해 말했습니다. "당신은 당신의 에고가 당신에게 한 일에 대해 신을 원망하고 있습니다." 남자는 바닥에서 벌떡 일어나더니 말하기 시작했고 이 일을 목격한 간호원은 놀라움을 금치 못했습니다.

일이 갈수록 버거워지더니 결국에는 수습이 안 될 정도가 되었습니다. 병원 측에서는 환자를 수용할 병동을 증축하기도 했지만, 병상이 나기를 기다리는 환자들이 여전히 줄을 이었습니다. 한 번에 한 명의 환자를 보는 것으로 인간의 고통에 대응할 수밖에 없다는 사실에 크나큰 좌절을 느꼈습니다. 마치 바닷물을 퍼내는 일과도 같았습니다. 영적 고뇌와 인간적 고통이 끝없이 쏟아진다는, 이 공통 난제의 원인을 다룰 수 있는 무언가 다른 방법이 있어야 했습니다.

그에 따라 다양한 자극에 대한 신체운동학적 반응(근육 테스트)을 연구하게 되었고, 그 결과로 너무나 놀라운 사실이 밝혀졌습니다. 근육 반응은 물리적 세계라는 우주와 마음과 영혼의 세계라는 우주 사이의 '웜홀', 다른 차원 간의 인터페이스였습니다. 자신의 근원을 잊고 잠자는 이들로 가득한 세상에서 상위 현실과의 끊어진 연결을 복구해 모두가 알 수 있게끔 보여 줄 수단이 거기에 있었습니다. 그리하여 생각해 낼 수 있는 모든 물질과 생각, 개념을 테스트하기에 이르렀습니다. 여러 제자와 조수의 도움을 받아 그 같은 연구에 매진했습니다. 이때 중대한 발견을 했습니다. 형광등 불빛이나 살충제, 인공감미료 같은 부정적 자극을 받은 모든 피시험자가 근육 약화 반응을 보였지만, 영적 수련을 하여 자각의 수준이 진보한 사람들은 일반 사람들처럼 약해지지 않았습니다. 그들의 의식 속에서 결정적으로 중요한 무언가가 바뀌었습니다. 나는 세상에 휘둘리는 것이 아니라 내 마음이 믿는 바에만 영향받는 것이라는 점을 깨달을 때 그런 현상이 일어나는 것이 분명했습니다. 아마도 깨달음으로 가는 과정 자체가 질병을 포함하여 존재가 겪는 우여곡절에 인간이 저항할 수 있게끔 능력을 키워 주는 것임을 보여 줄 수도 있을 것입니다.

세상일을 마음속에 그리는 것만으로 세상일을 바꾸어 놓는 능력이 큰나에게 있었습니다. 사랑이 사랑 아닌 것을 대체할 때마다 사랑에 의해 세상이 바뀌었습니다. 이런 사랑의 능력을 매우 구체적으로 어떤 점에 집중하면 문명의 체계 전체가 심원한 변화를 일으킬 수 있었습니다. 이런 일이 일어날 때마다 역사는 새로운 갈림길에 이르렀습니다.

이제 이 같은 중대한 통찰을 세상에 전할 수 있을 뿐만 아니라 눈으로 보여 줘 반박의 여지가 없도록 입증할 수도 있을 것 같았습니다. 인간의 삶에서 엄청난 비극은 언제나, 인간의 정신이 너무 쉽게 기만된다는 점에서 비롯하는 듯했습니다. 불화와 갈등은 인류에게 참과 거짓을 구별할 능력이 없는 데 따르는 불가피한 귀결이었습니다. 그러나 이제 이 근본적 딜레마에 대한 답이 있었습니다. 의식의 본성을 새로운 맥락에서 이해할 수 있게 해주고, 다른 방법으로는 추론만 가능한 문제도 풀어서 설명할 수 있게 해 주는 방법이 있었습니다.

보다 중요한 어떤 일을 위해 뉴욕 생활을 접고 시내의 아파트와 롱아일랜드의 집을 떠날 때가 되었습니다. 저 자신을 도구로 완성할 필요가 있었습니다. 그러자면 뉴욕과 그곳의 모든 일을 떠나 작은 마을에서 은둔하는 삶을 살 필요가 있었기에, 그곳에서 이후 7년을 명상과 연구를 하며 지냈습니다.

아주 강한 지복의 상태가 구하지 않는데도 되돌아와서 결국에는 '신의 현존' 속에 있는 채로 세상에서 제 기능을 하는 법을 익힐 필요가 있었습니다. 세상에서 전체적으로 어떤 일이 일어나고 있는지를 마음이 자꾸 놓쳤습니다. 연구와 저술을 하려면 영적 수행을 모두 중단하고 형상의 세계에 초점을 맞출 필요가 있었습니다. 신문을 읽고 텔레비전을 보면 누가 누구고 주요 사건으로는 어떤 것이 있으며 이 시대의 사회적 담론은 본질이 어떤지 등 그동안 놓친 이야기를 따라잡는 데 도움이 되었습니다.

진실에 대한 비범하고도 주관적인 경험은 집단 무의식에 영적 에너지를 보내 인류 전체에 영향을 미치는 신비가의 소관이지만, 그러한 경험은 인류 중 다수에게 이해되지 않는 것이어서 영적 추구자들에게는 큰 의미가 있지만 그 외 사람들에게는 한정된 의미만 있습니다. 그래서 평범해지려고 노력하게 되었습니다. 그냥 평범한 것도 그 자체로 '신성'의 표현이기 때문입니다. 진정한 자아의 참모습은 일상생활의 노정을 통해서 발견할 수 있는 것이기 때문입니다. 주위를 보살피고 친절을 베풀며 사는 것으로 충분합니다. 나머지는 때가 되면 알게 됩니다. 흔한 일상과 신은 분간되지 않습니다.

그리하여 멀리 한 바퀴 돌아오는 영혼의 여정 끝에 가장 중요한 일로 복귀했습니다. 그 일은 되도록 많은 동료 존재들이 '현존'을 조금이라도 더 잘 파악할 수 있게 하는 것이었습니다.

'현존'은 말없이 평화의 상태를 전달합니다. 평화의 상태는 공간이며, 모든 것이 공간 속에서 공간에 의해 존재와 경험을 갖습니다. '현존'은 한없이 온화하지만 바위처럼 든든하기도 합니다. '현존'과 더불어 모든 공포가 사라집니다. 조용한 수준의 불가해한 황홀경으로서 영적 환희가 일어납니다. 더 이상 시간을 경험하지 않으므로 미래를 우려하거나 과거를 후회하지 않고, 지난 일로 고통받거나 다가올 일을 기대하지 않습니다. 또한 환희의 근원은 종료되는 일 없이 항상 존재합니다. 시작도 결말도 없기에 상실이나 비탄, 욕망이 없습니다. 아무런 할 일이 없습니다.

모든 것은 이미 완벽하고 완전합니다.

시간이 멈추면 모든 문제가 사라집니다. 문제란 어느 시점의 지각이 빚어낸 인공물에 불과합니다. '현존'이 세를 이루면 몸이나 마음과 동일시하는 일은 더 이상 없습니다. 마음에 말이 없어지면 '나는 존재한다.'는 생각 또한 사라지고 '순수한 자각'이 빛을 발하면서 모든 세상과 모든 우주를 넘어, 시간을 넘어, 시작도 끝도 없이, 나인 그것이자 나였던 그것이고 언제나 나일 그것에 광명을 비춥니다.

사람들은 '어떻게 그러한 자각의 상태에 도달하는 것인지'를 궁금해하지만, 그 단계를 밟는 사람은 드뭅니다. 단계가 너무 간단하기 때문입니다. 우선 그런 상태에 도달하려는 욕망이 강렬했습니다. 그러고는 예외 없이 거듭 누구나 용서하고 온화하게 대하는 행동 훈련을 시작했습니다. 자신의 자아와 생각을 포함해 모든 것에 연민을 가져야 합니다. 그런 다음에는 욕망을 정지시킨 채로 매 순간 개인 의지를 항복하려는 자발성이 생겼습니다. 각각의 생각이나 감정, 욕망, 행위를 신께 항복하자 마음은 갈수록 말이 없어졌습니다. 처음에는 모든 이야기와 구절이, 다음에는 발상과 개념이 마음에서 떨어져 나갔습니다. 그런 생각을 가지려는 바람을 놓아 버리면, 더 이상 생각이 자세해지지 않고 절반도 형성되기 전에 산산이 부서지기 시작합니다. 마침내는 생각 이면의 에너지가 채 생각이 되기도 전에, 에너지를 다른 데로 돌릴 수 있게 되었습니다.

명상 상태에서 한순간도 주의를 돌리는 일 없이 끊임없고 흔들림 없게 초점을 고정시키는 과제를 일상 활동을 하는 동안에도 계속해 나갔습니다. 처음에는 그렇게 하기가 매우 힘든 것 같더니, 시간이 가며 습관적으로 되고 자동적으로 되면서 노력이 점점 덜 들어갔고, 마침내는 힘이 하나도 들지 않게 되었습니다. 이 과정은 로켓이 지구를 떠나는 것과 비슷합니다. 처음에는 막대한 힘이 필요하다가 지구 중력장을 벗어나면서 점점 힘이 덜 들고, 마침내는 자체의 탄력만으로 우주 공간을 날아가는 것입니다.

돌연 예고도 없이 자각의 변화가 일어나면서 오해의 여지가 없으며 모든 것을 아우르는 '현존'이 들어섰습니다. 자아가 죽을 때 잠시 우려하는 순간이 있었고, 이어 '현존'의 절대성에 경외감이 순간적으로 솟구쳤습니다. 이 중대 발견은 실로 극적이었고 이전의 어떤 것보다도 강렬했습니다. 일상의 경험에는 이에 견줄 만한 것이 없습니다. 그 심원한 충격이 '현존'과 공존하는 사랑에 완화되었습니다. 그 사랑이 지지하고 보호해 주지 않았으면 이 사람은 완전히 파괴되었을 것입니다.

에고가 무無로 되는 것을 두려워하며 자기 존재에 매달리면서 공포에 떠는 순간이 왔습니다. 대신, 에고가 죽으며 에고는 '만유'로서의 큰나, '모두'로 대체되었습니다. 그 '모두' 속에서 모든 것이 인지되며 그 각각의 본질이 완벽하게 표출되어 뚜렷이 드러나 있습니다. 비국소성과 함께 나는 존재한 적 있거나 존재할 수 있는 모든 것이라는 자각이 들었습니다. 이 사람은 전체적이고 완전하여 정체성과 성별, 인간적 속성조차 넘어서 있습니다. 결코 다시는 괴로움과 죽음을 두려워할 필요가 없습니다. 그 시점부터는 몸에 일어날 일은 중요하지 않습니다. 영적 자각이 어떤 수준에 이르면 몸의 병은 치유되거나 저절로 사라집니다. 그러나 절대적 상태 속에서는 그런 점도 고려 사항이 못 됩니다. 몸이 알아서 예견된 경과를 거쳤다가 출발점으로 되돌아오게 됩니다. 그런 일은 하나도 중요하지 않습니다. 이 사람은 영향받지 않습니다. 몸이 '나'라기보다 '그것'인 것 같이 됩니다. 물건같이, 방 안의 가구같이 됩니다. 그 몸이 개인인 '나'인 양 사람들이 뭐라고 부르는 광경이 코믹해 보일 수도 있지만, 그런 자각 상태를 자각 못 하는 이들에게는 설명할 방법이 없습니다. 그냥 자기 일 얘기를 계속하면서 '섭리'로 하여금 사회 적응을 다루게 하는 것이 최선입니다. 그러나 지복에 도달하면 그 강렬한 황홀경을 감추기가 매우 어렵습니다. 세상 사람들이 눈부셔하기도 하고, 지복에 수반되는 오라 속에 있고자 도처에서 사람들이 찾아오기도 합니다. 영적 추구자들과 영적 호기심이 있는 사람들을 끌어들이기도 하고, 중병을 앓아 기적을 구하는 이들을 끌어들이기도 합니다. 그들에게 자석이자 환희의 근원이 되기도 합니다. 대개 그 지점에서는 그런 상태를 타인과 공유하여 모두의 혜택을 위해 상태를 활용하려는 욕망이 있습니다.

그런 상태에 수반되는 황홀경은 처음에는 전적으로 불안정합니다. 크나큰 고통이 따르는 때도 있습니다. 가장 극심한 고통이 일어나는 것은 상태가 변동을 거듭하다 뚜렷한 이유 없이 별안간 그칠 때입니다. 그런 때로 인해 '현존'으로부터 버림받았다는 극심한 절망과 공포가 생기는 시기가 초래됩니다. 이런 하락기로 인해 길 가기가 몹시 힘들어지므로 그런 좌절을 극복하려면 크나큰 의지가 요구됩니다. 이 수준을 초월해야 하며 그렇지 않으면 심히 괴로운 '은총에서의 하강'으로 거듭 고통받아야 한다는 점이 결국에는 명확해집니다. 그러니 서로 반대되는 모든 것과 그것들이 상충되게 잡아당기는 것을 넘어설 때까지 이원성을 초월하는 고된 과업을 시작할 때면, 황홀경의 영광은 포기해야 합니다. 그러나 에고의 쇠사슬을 기쁘게 포기하는 것과 황홀한 환희의 금 사슬을 포기하는 것은 아주 별개의 일입니다. 마치 신을 포기하는 것처럼 느껴지고 전에는 결코 예상 못 한 새로운 수준의 공포가 생깁니다. 이것이 절대 고독이 주는 최후의 공포입니다.

에고에게 비존재의 공포는 어마어마한 것이었고, 그래서 에고는 그 공포가 다가온다 싶으면 되풀이해서 물러섰습니다. 고통의 목적, 영혼의 어두운 밤의 목적이 이제 명백해졌습니다. 너무나 견디기 힘든 것이라 그 격렬한 고통 때문에 스스로 고통을 극복하는 데 필요한 극도의 노력에 박차를 가하게 되는 것입니다. 천국과 지옥 사이를 자꾸 오가는 일을 참을 수 없게 되면, 존재하려는 욕망 자체를 항복해야 합니다. 그렇게 했을 때만 마침내 '모두인 상태' 대 무無, 존재 대 비존재라는 이원성 너머로 나아갈 수 있습니다. 내면 수행에서는 이 정점이 가장 힘든 단계, 궁극의 분수령이며, 이 단계에서 사람은 존재의 환상을 초월하고 나면 되돌릴 수가 없음을 완전하게 자각합니다. 이 단계에서는 되돌아올 수가 없으며, 그래서 그 비가역성의 유령 때문에 이 마지막 장애가 모든 선택 중에서 가장 공포스러운 선택처럼 보입니다.

그러나 사실 이렇게 최종적으로 자아가 종말을 맞이하면서, 존재 대 비존재라는 유일하게 남아 있는 이원성, 즉 정체성 자체를 해소하는 일은 '보편적 신성' 속으로 녹아서 사라지고, 어떤 선택을 할 개인적 의식이 남아 있지 않습니다. 그때, 그 마지막 걸음은 신께서 내딛는 것입니다.

—데이비드 R. 호킨스

옮긴이 | 박찬준

서울대학교 물리학과를 졸업했다. 1994년 세계 최초의 전자책 서비스 '스크린북 서점'을 열어 2000년까지 운영했다. 데이비드 호킨스 박사의 저술과 강연 내용을 연구하는 모임(cafe.daum.net/powervsforce)에서는 '찰리'로 알려져 있다. 옮긴 책으로 데이비드 호킨스의 『놓아 버림』, 헬렌 슈크만의 『기적수업 연습서』, 어니스트 홈즈의 『마음과 성공』(근간)이 있다.

성공은 당신 것

1판 1쇄 펴냄 2021년 10월 13일
1판 4쇄 펴냄 2023년 7월 19일

지은이 | 데이비드 호킨스
옮긴이 | 박찬준
발행인 | 박근섭
책임편집 | 강성봉
펴낸곳 | 판미동

출판등록 | 2009. 10. 8 (제2009-000273호)
주소 | 135-887 서울 강남구 신사동 506 강남출판문화센터 5층
전화 | 영업부 515-2000 편집부 3446-8774 팩시밀리 515-2007
홈페이지 | panmidong.minumsa.com

도서 파본 등의 이유로 반송이 필요할 경우에는 구매처에서 교환하시고
출판사 교환이 필요할 경우에는 아래 주소로 반송 사유를 적어 도서와 함께 보내주세요.
06027 서울 강남구 도산대로 1길 62 강남출판문화센터 6층 민음인 마케팅부

판미동은 민음사 출판 그룹의 브랜드입니다.